COLLECTION MICHEL LÉVY

LES

GUÊPES

ŒUVRES COMPLÈTES
D'ALPHONSE KARR

PUBLIÉES DANS LA COLLECTION MICHEL LÉVY

AGATHE ET CÉCILE...	1 vol.
LE CHEMIN LE PLUS COURT............................	1 —
CLOTILDE...	1 —
CLOVIS GOSSELIN..	1 —
CONTES ET NOUVELLES..................................	1 —
DEVANT LES TISONS.......................................	1 —
LA FAMILLE ALAIN...	1 —
LES FEMMES...	1 —
ENCORE LES FEMMES.....................................	1 —
FEU BRESSIER..	1 —
LES FLEURS..	1 —
GENEVIÈVE...	1 —
LES GUÊPES..	6 —
HORTENSE..	1 —
MENUS PROPOS...	1 —
MIDI A QUATORZE HEURES............................	1 —
LA PÊCHE EN EAU DOUCE ET EN EAU SALÉE..	1 —
LA PÉNÉLOPE NORMANDE..............................	1 —
UNE POIGNÉE DE VÉRITÉS.............................	1 —
PROMENADES HORS DE MON JARDIN..............	1 —
RAOUL...	1 —
ROSES NOIRES ET ROSES BLEUES...................	1 —
LES SOIRÉES DE SAINTE-ADRESSE..................	1 —
SOUS LES ORANGERS.....................................	1 —
SOUS LES TILLEULS.......................................	1 —
TROIS CENTS PAGES......................................	1 —
VOYAGE AUTOUR DE MON JARDIN...................	1 —

ŒUVRES NOUVELLES D'ALPHONSE KARR
Format grand-18

DE LOIN ET DE PRÈS (2ᵉ édition).....................	1 —
EN FUMANT (3ᵉ édition).................................	1 —
SUR LA PLACE (2ᵉ édition)..............................	1 —
LETTRES ÉCRITES DE MON JARDIN..................	1 —

CLICHY. — Imp. Maurice Loignon et Cⁱᵉ, rue du Bac-d'Asnières, 12.

LES GUÊPES

PAR

ALPHONSE KARR

— CINQUIÈME SÉRIE —

NOUVELLE ÉDITION

PARIS
MICHEL LÉVY FRÈRES, LIBRAIRES ÉDITEURS
RUE VIVIENNE, 2 BIS, ET BOULEVARD DES ITALIENS 15
A LA LIBRAIRIE NOUVELLE
—
1868
Droits de reproduction et de traduction réservés

LES
GUÊPES

Août 1843.

Deuil et fêtes un peu trop mêlés. — Les récompenses de la vertu et les récompenses du vice. — Une grande révélation sur M. Eugène Sue. — Espartero considéré comme abonné. — Les morts payent l'amende. — M. le préfet de police et les affiches. — L'œillet bleu. — Un savant. — On sait enfin à quoi s'en tenir sur les dents des musaraignes. — Les journaux et les épiciers. — Un aubergiste de Trouville et M. Ancelot. — Un journal légitimiste, gastronomique et religieux

AOUT. — Le gouvernement et l'opposition n'étaient pas tout à fait d'accord sur la célébration de l'anniversaire de la révolution de Juillet.

Le gouvernement voyait dans cette fête — des réjouissances à cause de son heureux avénement de 1830.

L'opposition y voyait, au contraire, des réjouissances à cause d'un roi qu'on avait chassé et toutes sortes d'encouragements à chasser son successeur.

Naturellement le gouvernement actuel devait faire tous ses efforts pour faire tomber en désuétude ces anniversaires dangereux. — Il y a longtemps que les *Guêpes* l'ont prédit. Il est naturel à l'homme de vouloir renverser l'échelle après qu'il est monté, et un gouvernement se compose d'hommes.

Mais je ne sais si je ne montre pas, — aux yeux de certaines personnes, — une sorte de probité niaise — en disant que je ne puis m'empêcher de désapprouver hautement — les prétextes dont on s'est servi pour supprimer les fêtes de Juillet.

🐝 Le mensonge est une chose odieuse et lâche, — et je ne vois pas qu'il soit une chose moins odieuse et moins lâche parce qu'il part de personnages plus haut placés. — Je suis précisément d'une opinion contraire.

On a pris pour prétexte l'anniversaire si proche — de la mort déplorable du malheureux duc d'Orléans ; — et les journaux ministériels, — tout en entassant les doléances hypocrites sur ce sujet, — remplissent en même temps leurs colonnes du récit pompeux des fêtes données et reçues dans je ne sais combien de villes de France.

A Caen, — grand bal où dansent le duc et la duchesse de Nemours ; à Tulle, dîners, bals et fêtes où paraît le duc de Montpensier, etc., etc.

Deuil, — larmes, — regrets, à la première colonne des journaux du gouvernement.

Joie, — fête, musique, parure, — bal, à la troisième colonne des mêmes journaux.

C'est un mensonge, — c'est une maladresse ; et puis encore il y a quelque chose qui répugne au cœur d'exploiter ainsi la perte de ceux qu'on a aimés.

🐝 Je ferai plaisir à ceux de mes amis connus et inconnus qui ont, il y a quelques années, répondu à l'appel des *Guêpes* en venant généreusement au secours de nos autres amis les pêcheurs d'Étretat, — en leur donnant cet extrait de la liste des gratifications offertes par le préfet de la Seine-Inférieure aux auteurs d'actes de courageux dévouement :

Jean Beaufils, marin, à Étretat ; — Frédéric Maillard, marin, à Étretat; — Pierre David, marin, à Étretat; — Pierre Martin fils, tisserand, à Étretat; — Jean Coquin, marin, à Étretat; — François Argentin, à Étretat; — François Valin, marin, à Étretat. — Vous voyez comme ce sont de braves gens, — et comme nous serons heureux d'aller leur serrer la main — quand L. Gatayes — va être auprès de moi.

J'ai dit qu'on leur avait offert des gratifications, — je me suis trompé; — les journaux officiels disent *accorder*. — C'est une inconvenance que j'ai déjà eu occasion de signaler en d'autres circonstances. On a bien plus d'égards — quand il s'agit de payer des services honteux. — Il est vrai qu'on paye bien plus cher. — On a donné vingt francs à chacun de ces braves gens. — L'administration me semble prendre un peu trop à la lettre cette phrase de vieille morale égoïste : « que c'est dans son cœur que l'homme vertueux trouve sa récompense. » — L'argent est réservé pour les gens qui vendent eux et les autres; — ces pauvres gens ne pouvant trouver aucune récompense dans leur cœur, — il faut leur en donner une autre.

Le fameux roman d'Eugène Sue, — les *Mystères de Paris*, a un grand tort, — un tort qu'on ne peut lui pardonner : c'est son succès. — Je n'en ai lu que quelques passages, — mais je n'ai pas encore découvert la profonde immoralité qu'on lui pardonnerait si facilement, si le livre avait passé obscur et sans éclat.

Je veux aussi avoir quelques succès ce mois-ci, et j'ai trouvé un bon moyen, — je vais fournir un argument et une arme à l'envie furieuse; voici ce que j'ai découvert sur le père de M. Eugène Sue.

J'aimerais mieux que ma découverte tombât sur le fils; — on dit, il est vrai, — qu'il boit dans un crâne de jeune fille, — qu'il est prévôt dans l'art de la savate, etc.; mais je n'ai pas, à ce sujet, de preuve bien positive.

Faute de mieux, j'ai trouvé bien.

Dans un livre imprimé en 1775, — un gros livre ma foi, — un livre in-folio, recouvert en veau, dont voici le titre : *Dictionnaire raisonné universel d'Histoire naturelle;* — et fait par qui? par M. Valmont de Bomare, démonstrateur d'histoire naturelle avoué du gouvernement, censeur royal, directeur des cabinets d'histoire naturelle, de physique, etc., de S. A. S. monseigneur le prince de Condé, honoraire de la Société économique de Berne, membre des Académies impériale des Curieux de la nature, impériale et royale des sciences de Bruxelles ; associé régnicole de l'Académie des sciences, belles-lettres et beaux-arts de Rouen ; des Sociétés royales des sciences de Montpellier, littéraires de Caen, de la Rochelle, etc., d'agriculture de Paris ; maître en pharmacie ; rien que cela ! — dans ce livre, dis-je, — tome IV, — page 701, voici ce qu'on peut lire ; — l'ouvrage est dans toutes les bibliothèques publiques : « M. Sue, — célèbre chirurgien de Paris, — a donné au cabinet du roi une paire de pantoufles faite avec de la peau humaine, tannée comme celle des quadrupèdes. »

Ah ! vous êtes bien le sang d'Atrée et de Thyeste. Vous ne démentez pas une race funeste. — Que pouvait-on attendre d'un homme dont le père avait de pareilles pantoufles ? LES MYSTÈRES DE PARIS : rien de plus, — rien de moins.

Ah ! — Eugène Sue, — mon cher ami, — vous avez besoin, pour qu'on vous pardonne tout cela, — de faire bien vite un livre qui n'ait aucun succès ; — pensez-y sérieusement. — A moins toutefois que ces ridicules colères ne vous soient parfaitement égales — ou ne vous amusent un peu. — Voyez, — c'est à vous de choisir, — et vous êtes bien capable de prendre le dernier parti. — Parbleu ! — un homme dont le père marchait dans les pieds d'autrui.

Le *National*, journal appartenant aux promesses d'une révolution future, — le *Globe*, appartenant aux tendresses présentes du gouvernement actuel, — avaient accepté la tâche difficile de soutenir le *Napoléon de comédie* qui gouvernait l'Espagne.

✻ Le *Globe*, quoique ses patrons fussent pour la reine Christine ; — le *National*, quoique Espartero fît volontiers mitrailler le *peuple*.

Ces deux journaux, — si peu d'accord sur tous les autres points, — avaient sur celui-là une touchante unanimité. Cela a donné lieu à des calomnies contre eux ; — on a prétendu qu'Espartero était également abonné aux deux feuilles. — Allons, il est heureux pour l'histoire de la gloire humaine qu'Espartero soit tombé aussi honteusement, — embarrassé dans la peau de lion dont il s'était imprudemment affublé.

Si un homme qui répétait mot pour mot dans les assemblées des Cortès les discours de Napoléon imprimés au *Moniteur* ; — si un homme qui avait eu la sottise insolente de s'appeler *duc de la Victoire*, — était resté debout, — la gloire humaine était à jamais déshonorée, — et personne n'en eût plus voulu pour rien.

✻ Un jugement définitif — vient de déclarer que, dans la catastrophe du 8 mai, — ce sont les morts et les blessés qui ont eu tort.

M. Appiau, entre autres, qui a eu un fils tué, un autre défiguré, — qui, lui-même, a été dangereusement blessé, — a été condamné aux dépens, — ainsi que tous les autres blessés demandeurs. — Jamais gens plus cruellement battus — n'ont payé l'amende. — Les morts, par grâce spéciale, — n'auront aucune indemnité à payer à l'administration des chemins de fer. — On a sans doute, — dans cette indulgence que quelques personnes trouvent exagérée, — pris en considération qu'ils ne recommenceront pas.

✻ Il est donc décidé que les malheurs de ce genre peuvent arriver à chaque instant, qu'il n'y a de la faute de personne, — qu'il faut s'y attendre et s'y accoutumer tout doucement. En attendant, quelques personnes ne s'y accoutument pas. — Le roi voulait faire un trajet en chemin de fer, les ministres s'y sont opposés. Jusque-là, rien de mieux ; mais il n'est ni fort adroit, ni fort obligeant pour l'administration, ni fort aimable pour les gens qu'on y expose, — d'avoir fait proclamer dans les journaux ministériels cette opposition à la promenade royale.

🐝 L'Académie a couronné les *Glanes* de mademoiselle Bertin, ce recueil dont les *Guêpes* les premières ont cité de si charmants vers.

🐝 Je dénonce à M. le préfet de police de la ville de Paris — des affiches peintes et immuables, ignoblement ordurières, dont on a orné depuis six semaines les murailles et les maisons de la ville de Paris et de la banlieue.

M. Delessert aurait dû déjà les voir ; — lui qui aime tant à se promener à cheval dans les rues, — se trouve précisément ainsi à la hauteur la plus favorable pour n'en perdre aucuns détails. — Ils sont tels, que je ne puis les donner dans les *Guêpes*; — je me contenterai de dire à M. le préfet de police qu'il les trouvera notamment aux places qui suivent :

A droite et à gauche en entrant dans la rue de Matignon ; — à gauche, au bout de la rue Rousselet ; — sur le mur qui fait le coin de la rue Montaigne et du Faubourg-Saint-Honoré, etc., etc.

M. le préfet me permettra d'ajouter qu'il est honteux que l'administration ferme les yeux sur de pareilles immondices, — dont son devoir est de nettoyer Paris aussi bien que de la boue des rues.

🐝 Je prie — M. Ragonot, — l'intelligent horticulteur, — de vouloir bien m'envoyer l'*œillet bleu* que Janin, dans un de ses derniers feuilletons, raconte avoir vu chez lui, — à moins que cet œillet bleu ne soit destiné au jardin mystérieux où M. de Balzac a déjà planté son azalée qui grimpe.

🐝 On lit dans tous les journaux :

« Dans la dernière séance de l'Académie des sciences, —

M. Duvernoy a lu un deuxième supplément à son Mémoire sur les dents des musaraignes. »

Félicitons la France du nouveau jour qui paraît devoir briller sur cette importante question. Nous regrettons seulement que les journaux n'entrent pas dans plus de détails, — et ne nous disent pas si M. Duvernoy a joint à ses considérations comme savant quelques autres considérations inspirées par la pitié, — s'il a réussi à guérir les maux de dents chez ces animaux.

De par M. le procureur général et M. le préfet de police, — il vient d'être défendu aux épiciers et autres habitants de distribuer et vendre à l'avenir des journaux comme ils le faisaient depuis quelque temps. Nous sommes heureux de pouvoir fournir à MM. les directeurs de ces journaux. et en même temps à MM. les épiciers, un moyen sûr d'éluder l'opposition du parquet et de la préfecture : — ils n'ont pour cela qu'à faire servir chaque journal d'enveloppe à quelque denrée, — à un demi-quarteron de fromage de Gruyère ou de beurre salé, — ce à quoi il n'y aurait aucun moyen de s'opposer. Ils subviendront à cette augmentation dans les dépenses de la rédaction par une légère augmentation dans leurs prix, — augmentation qui, par le fait, ne coûtera rien à leurs abonnés, qui seront agréablement indemnisés par le beurre et le fromage — y inclus.

Voici une carte que l'on distribue au Havre :

HÔTEL DE L'AGNEAU D'OR, A TROUVILLE,

Tenu par David,

Propriétaire dudit hôtel— et *adjoint au maire* de la commune de Trouville.

Voici un piquant usage de l'autorité municipale ; — M. l'adjoint peut marier ses pratiques au dessert.

Il est triste que l'exemple de cet abus ait été donné par M. Ancelot,—qui fait imprimer tous les jours dans les journaux :

THÉÂTRE DU VAUDEVILLE,

Direction de M. ANCELOT, *membre de l'Académie française.*

Les lecteurs des *Guêpes* connaissent déjà un certain M. Aymès ; — nous leur avons parlé de lui en leur disant une fois « de quoi est capable un homme qui a de l'huile à vendre. »

Ce monsieur publie un journal, — un volume chaque mois, où il fait l'éloge de ce qu'il a à vendre. — Comme d'autres journaux et journalistes font l'éloge de ceux qui les achètent ; — nous penserions mal agir envers nos lecteurs si nous négligions de leur donner quelques extraits dudit pamphlet — politique, gastronomique et religieux.

Ce journal s'appelle la *Provence à Paris.*

Nous avons entre nos mains le premier numéro de *cet organe.*

M. Aymès se recommande à la fois — comme cuisinier distingué et comme catholique fervent ; — comme marchand d'huiles et comme fils d'un proscrit. — Des malheurs de ses parents, de son nougat, de son huile, de ses croyances, de ses pruneaux ; — il tient boutique, — annonce, — vend le tout pêle-mêle au choix des personnes. Laissons-le parler lui-même.

Il s'installe dans un modeste logement de la rue du Bac, *avec ses denrées, ses croyances religieuses, ses opinions monarchiques.*

Vous voyez que je n'invente rien.

À propos de principes, — le marchand de pruneaux légitimistes donne ce conseil :

« Rappelons-nous le proverbe hébreu : *Qui festinat ditari non erit innocens ;* — celui qui se presse trop d'être riche ne sera pas innocent. »

Il est possible, monsieur, — que ceci soit de l'*hébreu* pour vous, — mais vous nous permettrez de continuer à regarder cette phrase comme latine.

M. Aymès passe à la description de son établissement ;

dit et l'étendue de son magasin et la contenance de ses pots. Sur l'enseigne on lit :

« Établissement modèle — enté sur la vieille loyauté et les croyances religieuses ; — huile d'Aix, — prunes d'Alger. »

« *Dans l'intérieur de la galerie est un christ en or moulé — sur une croix de bois en palissandre. — des jarres provençales — pleines d'huiles, — de véritables saucissons d'Arles, — des bocaux d'anchois, — des boîtes de sardines.* »

※ « On ne vend pas le dimanche, par respect pour le troisième commandement de Dieu, qui nous dit : *Servez*-moi d'abord sans réserve, en cherchant avant tout le royaume de Dieu et sa justice. »

Je suppose que l'on *sert* aussi les pratiques.

※ La religion n'est pas seule appelée à l'aide de M. Aymès, — de ses huiles, — de ses pruneaux, — de ses nougats, etc.; — il a pensé que quelques manifestations politiques ne feraient pas mal à l'achalandage de sa boutique. — Il a cherché quelle était la croyance politique qui serait de la meilleure défaite, — et il s'est arrêté à une opposition mêlée de légitimité et de république ; — il parle pour le peuple — auquel il *veut donner* de l'huile d'olive — *à deux francs la livre ;* — il parle contre le roi Louis-Philippe, — qu'il compare à certains biscuits, en donnant à ces derniers un immense avantage sur le roi des Français. — Écoutez :

« Calissons d'Aix. — Ce *roi légitime* des biscuits — parut pour la première fois au repas de noces de la seconde femme du *bon roi* René. — Cette princesse, qui ne riait jamais, eut à peine goûté ce précieux biscuit, — que son sourire approbateur signa le passe-port et le titre de noblesse de ce délicieux biscuit : — *Famam acquirit eundo.* »

※ M. Aymès néglige cette fois de nous donner la traduction de cette phrase, — probablement *hébraïque* comme l'autre.

Mais voyez un peu quelle différence entre le roi Louis-Philippe et le biscuit Calisson ; — le biscuit est le roi *légitime*, — tandis que Louis-Philippe a été mis sur le trône par une révolution : — tout l'avantage est pour le biscuit.

Ah ! si le roi Louis-Philippe pouvait se vendre à la livre, — ou en bouteilles, — ou en caisses, — ou en barils, — ou en terrines, — ou en boîtes, — ou en jarres, — ou en fûts, — ou en bocaux, — ou en pâtés, — ou en gelées, — ou en compotes, — comme M. Aymès — ferait son éloge ! — Mais que faire d'un roi qu'on ne peut pas vendre et qui peut-être n'achète pas grand'chose ?

Mais le roi Louis-Philippe n'en est pas quitte à si bon marché. — Le biscuit Calisson, il est vrai, n'est pas destiné à le faire rire, — comme la deuxième femme du bon roi René ; — le biscuit Calisson est subversif de l'ordre de choses actuel ; — le biscuit Calisson ne dissimule pas son intention de ramener en France la branche aînée des Bourbons ; — le biscuit Calisson prépare une nouvelle restauration — pour mériter à M. Aymès, à double titre, le beau nom de *restaurateur*.

Il y a encore le miel, — le miel dont la feinte douceur cache les projets les plus sinistres, — le miel qui, dit-on, prend les mouches, — mais que les mouches d'une police bien organisée devraient prendre à leur tour — à cause de ses opinions dangereuses.

Xénophon raconte que, dans la retraite des dix mille, — beaucoup de soldats furent malades et moururent pour avoir mangé du miel recueilli par des abeilles sur des rhododendrons et des azalées — (les azalées qui grimpent et tapissent les maisons dans les romans de M. de Balzac).

Mais ce miel était moins dangereux pour les Grecs — que le miel de M. Aymès pour la branche cadette ; — écoutez :

« Ce miel, que les abeilles puisent notamment dans le calice de la royale fleur de lis, — possède un arome qui le rend supérieur... » etc.

Voilà un miel, — un miel que peuvent se permettre les plus sévères, les dévouements les plus éprouvés ; — voilà un miel véritablement français ; — voilà un miel qui ne se rallie pas à la cour nouvelle ; — voilà un miel qui refuserait le serment ; — voilà un miel qui ne ferait pas de concession ; — voilà un miel qui sait allier la douceur à la fierté — et au respect de ses devoirs ; — voilà un miel qui ne marchande pas avec ses convictions politiques ; — voilà un miel qui ne transigera jamais.

Non, les abeilles qui le font ne puisent pas au hasard dans toutes les fleurs ; — si elles ne s'astreignent pas seulement à la royale fleur de lis, — si elles ne lui demandent leur miel que notamment, — c'est que le lis ne fleurit que pendant peu de temps ; — mais, quand le lis est défleuri, — soyez sûrs qu'elles ne se plongent que dans le calice des fleurs blanches ; — ce ne sont pas elles qui iraient se compromettre dans des impériales — ou dans des violettes, — fleurs révolutionnaires — justement guillotinées, — justement proscrites par les jardiniers de la Restauration. — Ce ne sont pas elles qui ont figuré sur le manteau impérial. — Non, — non, — ces abeilles-là — ne feraient que du fiel sur de semblables fleurs. — Ce miel légitimiste — d'abeilles fidèles, — pourtant, — « est offert dans de petits barils en poterie de Provence, d'un demi-kilo, à un franc soixante-quinze centimes. »

VIN DE NOÉ. — « Le cep qui le produit remonte, par le canal de la tradition, à celui que planta le père Noé sur le mont Ararat, en Arménie, lorsqu'il sortit de l'arche.

« La bouteille. . . . . 3 fr. »

Prenez garde, — monsieur Aymès, — et vos principes religieux ! Quoi ! vous vendez et vous préconisez un vin qui fi faire des sottises à un patriarche, à un saint, — qui fit faire d'autres sottises à un fils de patriarche et de saint, et que nous fera-t-il faire, à nous, — pécheurs, fils de pécheurs et petits-fils de pécheurs, — et probablement pères de pécheurs? Quoi !

monsieur Aymès, — vous, homme religieux, — vous, marchand d'huiles et de croyances, — vous vendez ainsi l'intempérance, — l'oubli de la dignité, — le manque de respect filial, — vous vendez tout cela au prix de *trois francs la bouteille !* Vous osez vous vanter d'en avoir abaissé le prix ; vous tenez tellement à produire, à répandre ce poison, — vous, cuisinier catholique,— que vous le vendez même par demi-bouteille, — que vous le vendez à prix coûtant !

« A peine pourrons-nous rentrer dans nos déboursés. Nous avons cru pouvoir faire ce sacrifice. — Peut-être, plus tard, serons-nous dédommagés de nos pertes. »

Je me trompais quand je disais que vous vendiez ce vin dangereux — au prix coûtant et sans faire dessus aucun bénéfice ; — vous êtes, monsieur Aymès, plus coupable encore que je ne pensais, — vous le vendez à perte. — Honte à vous, monsieur Aymès, — car, par votre vin de Noé, mis à la portée de toutes les bourses, — les vieillards feront les choses les plus étranges. — Vous ne vendez pas le dimanche pour respecter le troisième commandement de Dieu; mais vous mettez un tel acharnement à faire manquer ces braves vieillards — à tous les autres commandements, que vous leur donnez le vin de Noé à perte.

Monsieur Aymès, — c'est sur votre tête que retomberont les plus vilains péchés des patriarches contemporains, — je vous en avertis.

Je ne parlerai pas de *supion*, ce poisson si exquis, mais si rare, — qu'on en vend dix fois plus qu'on en pêche ; — des andouillettes « *composées* avec la chair des petits cochons sauvages qui se nourrissent d'aromates sur les coteaux des Alpes. »

Je rendrai compte des numéros suivants du journal de ce pontife de la goinfrerie, — de cette sorte de julienne, d'olla-podrida, — de macédoine, — de thon mariné et de fidélité à la branche aînée, — d'andouillettes et de croyances religieuses, — de tartuferie et de charlatanisme.

Septembre 1843.

La reine d'Angleterre en France. — L'air le plus pur selon M. Ancelot. — La justice. — MM. Michelet et Quinet. — Le chemin de fer de Rouen. — Une arrestation. — Faillites. — Le marquis de la Fuite. — Une amende de soixante centimes. — Deux électeurs. — Circonstances atténuantes. — Discours latin. — Diverses classes de journaux. — *Panem et circenses.* — Travailler pour gagner sa vie n'est pas un état. — M. Vivier chez MM. Zimmermann et Adolphe Adam. — Titre métaphysique et dons. — Polémique — Lundi 4 septembre.

Les *Guêpes* ont souvent réclamé le bénéfice de l'égalité pour les rois, les princes, les ministres, etc.

L'aristocratie de la démocratie n'a plus de bornes. — Il faut cependant penser que tout le monde ne peut pas être culotteur de pipes — ou cocher de cabriolet. Il faudrait avoir de l'indulgence, du moins pour les gens qui sont sur le trône par suite de l'hérédité. — Ce n'est pas leur faute, — c'est de naissance.

Ce sont des hommes comme nous, — il ne faut pas leur faire un crime de ce qu'ils sont nés là plutôt qu'ailleurs.

C'est pourquoi — je prends la liberté d'intercéder auprès des journaux en faveur de la reine d'Angleterre, — qui, en qualité de femme, en qualité d'hôte, — a droit à quelques égards, quoiqu'elle soit reine ; — ces messieurs pourraient-ils lui accorder une politesse égale à celle que sait se faire accorder leur portière, — qu'ils appellent madame Cabassol, — madame *** — n'importe quoi ?

Je sais bien que, — comme reine, la reine d'Angleterre est hors la loi, — hors le droit commun, — hors tous les égards ; — mais, comme femme, je ne trouve pas de très-bon goût de l'appeler *Victoria*, comme font ces messieurs des journaux.

Ne craignent-ils pas, d'autre part, que ces airs un peu familiers avec les rois — ne les compromettent dans leur parti — et ne les fassent accuser de fréquenter les têtes couronnées, — ce que le vrai républicain ne peut faire qu'à condition que le corps n'en soit pas ?

🐝 M. Ancelot — de l'Académie française, directeur du Vaudeville, a composé, le 24 août, à l'usage de la quatrième page des journaux, un petit morceau bucolique fort agréable. — Ce morceau a pour but de prouver que l'air qu'on respire au Vaudeville est plus parfumé, plus pur, plus bienfaisant mille fois que celui des bois et des champs.

🐝 Un soir du mois de juillet, une pauvre femme se présenta au poste du Palais de Justice et pria le chef du poste de l'arrêter, s'accusant d'un vol de draps au préjudice de sa logeuse.

Cette femme comparaissait, un de ces jours derniers, devant le tribunal de police correctionnelle, présidé par M. Turbat ; elle déclare se nommer veuve Vanelle.

A la demande du président : « Êtes-vous de Paris ? » la prévenue répond : « Non, monsieur le président. — Qu'êtes-vous venue faire dans la capitale ? — Je venais de Dunkerque, j'ai fait soixante-dix lieues à pied, je suis exténuée de fatigue et sans ressources. — Pourquoi ce voyage ? — C'était pour voir mon fils, qui était mourant à l'hôpital de Paris. — Eh bien ! l'avez-vous vu ? — Hélas ! je suis arrivée trop tard... Il était mort la veille... mon pauvre fils ! »

La malheureuse mère éclate en sanglots.

« Où êtes-vous logée ? — Dans un garni de la rue aux Fèves. — Et vous avez volé les draps de votre lit ? — Je les ai vendus vingt-cinq centimes pour acheter un morceau de pain. — Vous étiez donc bien malheureuse ? — Oh ! oui, monsieur. — Et c'est vous-même qui vous êtes dénoncée ? — Oui, pour me faire arrêter, pour avoir un asile ; car je n'osais plus rentrer au garni de la rue aux Fèves. »

La logeuse de ce garni est entendue comme témoin, et dit que la prévenue n'a pas volé de draps chez elle. Il est à présumer que la pauvre femme a été poussée par la faim et par une extrême misère à s'accuser d'un délit imaginaire pour obtenir en prison un abri et du pain.

Le tribunal, jugeant que le vol n'est nullement établi, acquitte la femme Vanelle. — Et... voilà tout.

Mais que veut-on que fasse cette malheureuse femme? Chaque jour les tribunaux prononcent des amendes pour une somme assez forte.

Votre voisin vous donne un soufflet, — on le condamne à l'amende. Que devient l'amende? — car il ne faut pas croire que c'est le souffleté ou le volé qui en profite. Non, la justice se l'attribue comme consolation du chagrin qu'elle éprouve de voir de pareils faits. — Vous êtes lésé, mais la justice est blessée, la compresse lui revient de droit.

🐝 Les *Guêpes* ont déjà traité cette question — il y a trois ou quatre ans. — Les accusés se divisent en deux classes : la première se compose de ceux qui sont déclarés coupables, et, à ce titre, condamnés à l'amende ; — la seconde, de ceux qui sont acquittés, — mais que la justice a néanmoins enlevés à leurs affaires, — à leurs occupations, — qu'elle a tenus en prison.

🐝 Pourquoi ne leur donnerait-on pas l'amende que payent les autres? c'est-à-dire, pourquoi ne pas faire des amendes un fonds destiné à indemniser ceux qui, accusés par erreur, n'ont, après leur acquittement, de différence avec ceux que la justice a frappés — que celle-ci : — qu'ils ont perdu leur travail — et qu'ils n'ont plus ni à manger ni où dormir?

🐝 MM. Michelet et Quinet ont bien voulu m'envoyer le livre remarquable qu'ils viennent de publier sur les *Jésuites*.

MM. Michelet et Quinet — ont, comme moi, été injuriés grossièrement — dans un journal soi-disant religieux, rédigé par des bedeaux frénétiques; — comme moi ils ont eu la faiblesse de donner les étrivières auxdits bedeaux.

Je regrettais d'avoir répondu à ces gens autrement que par un uste et profond mépris ; — il fallait, pour me consoler un peu, voir tomber dans le même entraînement — deux hommes d'un beau talent et d'un beau caractère.

Les *Guêpes* se sont élevées les premières contre — l'insolence avec laquelle l'administration du chemin de fer de Rouen traite la classe la moins aisée de ses voyageurs, — c'est en général un rôle que lui laissent à remplir beaucoup de journaux se disant amis du peuple.

On lit dans les journaux judiciaires : « FAILLITES. Le sieur Brodesolle, — fabricant de rouge végétal. »

Ce qui prouve qu'en France — les femmes ont renoncé à tous les mensonges de la beauté, — qu'elles n'ont pas besoin de fard et que la nature seule fait les frais de leur teint.—Heureux pays !

Je voudrais voir maintenant la faillite d'un fabricant de *crinoline*.

J'ai entendu beaucoup de personnes et beaucoup de journaux s'élever contre le bon accueil fait en Angleterre à l'ex-duc de la Victoire, — aujourd'hui marquis de la Fuite. — Que veulent ces personnes et ces journaux ? — Qu'on enferme Espartero dans l'île Sainte-Hélène ?

Non. — Les Anglais n'ont pas pris au sérieux ce Napoléon qu'ils ont inventé, — et dont le refuge en Angleterre était encore une contrefaçon qui doit être la dernière.

On m'écrit que j'ai attribué à Denis, tyran de Syracuse, un fait qui se rapporte à Polycrate, tyran de Samos. — J'aime mieux avoir commis cette erreur, — si erreur il y a, — que de ressentir, comme l'auteur de la lettre qui m'est adressée, — tant d'indignation pour si peu de chose.

Fasse le ciel que mon critique me juge assez puni par l'amende de douze sous à laquelle me condamne le port de sa lettre !

※ Un électeur, surpris de ne pas recevoir sa carte au moment des élections, — s'empresse de l'envoyer réclamer.

« Je viens, dit le messager, pour la carte de M.***, électeur. — Il n'y en a pas. — Comment! et pourquoi? — Parce qu'il est décédé. »

L'envoyé revient et dit : « Monsieur, on n'a pas voulu me remettre votre carte. — Pourquoi? — Le monsieur qui est au bureau dit comme ça que vous êtes décédé. »

L'électeur est contraint d'aller lui-même exiger sa carte. Il avait été condamné à mort pour avoir, aux élections précédentes, voté pour le candidat de l'opposition.

※ Voici ce qui arrive à un autre électeur, qui, n'appartenant à aucun parti, vote d'ordinaire sur la figure des candidats et selon que leur air lui *revient* plus ou moins.

Tous les ans il reçoit une lettre qui l'avertit qu'attendu qu'il ne paye plus le *cens* il est rayé des listes électorales. — Comme il paye toujours le même cens, chaque année, au reçu de cette lettre, il prend un cabriolet de régie, — toujours le même, — qui est remisé sous une porte voisine, — et il va à l'Hôtel de ville faire sa réclamation, qui est toujours admise, et on le rétablit sur la liste.

L'année d'après on lui écrit encore qu'il ne paye plus le cens; — il prend le même cabriolet, va au même Hôtel de ville, fait la même réclamation, qui est admise avec le même empressement, etc.

C'est en vain qu'il cherche des causes à cette mesure annuelle convertie en rente pour le cocher du cabriolet remisé en face de sa maison.

Jusqu'à nouvel ordre — les seuls prétextes qu'il ait pu trouver — sont les cinquante centimes perçus par le gouvernement que lui coûte sa réinstallation sur la liste électorale, — et la sollicitude de M. le préfet de la Seine pour les cochers de cabriolet.

🐝 CIRCONSTANCES ATTÉNUANTES. — 1° Une servante de ferme se rend coupable de plusieurs larcins ; — sa maîtresse se contente de lui donner congé, — sans vouloir la livrer à la justice. — La servante empoisonne ses maîtres, — le jury la déclare coupable avec *circonstances atténuantes*.

En effet, tout porte à croire que cette intéressante jeune personne n'a empoisonné ses maîtres que parce qu'ils l'avaient renvoyée ; donc ils sont la cause de ce qui leur est arrivé.

2° Jean-Antoine-Marius Blanc, — veuf, père de quatre enfants, — logeait dans la même maison que sa belle-sœur, fille sage et vertueuse, qui, en souvenir de sa sœur, prenait les plus grands soins des enfants qu'elle avait laissés et dont un couchait habituellement dans sa chambre.

Marius Blanc s'introduit la nuit dans la chambre de sa belle-sœur ; irrité de la résistance qu'elle lui oppose, il l'étrangle, et le lendemain vaque à ses affaires avec le plus incroyable sang-froid.

Le jury, devant lequel il est amené, prenant en considération — que Blanc n'a étranglé Agnès que parce qu'elle lui résistait ; que c'est pour ainsi dire elle-même qui s'est tuée, puisqu'il dépendait d'elle de ne pas être tuée, le jury reconnaît en faveur de l'infortuné Blanc — des *circonstances atténuantes*.

Si je mets une pareille persistance à expliquer certains verdicts du jury qui, au premier abord, pourraient paraître singuliers aux esprits superficiels, c'est que je crains de voir s'amoindrir en France le respect que l'on doit à cette institution.

Je prendrai cependant la liberté de prier humblement ladite institution de ne pas rendre trop difficile la tâche utile que je me suis imposée, — quelques personnes trouvant déjà un peu laborieuses les raisons que j'ai données de quelques jugements.

🐝 Le ridicule thème que l'on fait faire chaque année à la distribution des prix du concours général par un professeur de l'Université a été commis, cette année, par F. Caboche, *inclytus*

Cabochus. Ces lambeaux de phrases pillées à droite et à gauche, — aux poëtes et aux prosateurs anciens, cousus et reliés par des barbarismes, et un odieux patois, qui n'est ni du français ni du latin, — ont été débités sérieusement, — en présence de deux mille personnes, — dont mille femmes qui ne savent ni le latin — ni cette langue cousue, et mille hommes qui font semblant de les savoir.

Cabochus eruditissimus habuit grandos applaudissementos. — Illi præcipuè qui non comprenuerunt unum motum eo vehementius trepignaverunt, — ut, illâ justâ appreciatione, viderentur docti et doctores.

Cabochus præstantissimus fuit invitatus ad dinandum apud ministrum instructionis publicæ, ubi lautè epulatum est, — et cœna mixta fuit sermonum interessantium — quibus melavit doctissimus Cabochus thesauros doctrinæ suæ.

Diversi toasti fuerunt portati, — quorum unus ad sanitatem illustrissimi Cabochi, — qui pateram spumantem hausit, nullâ aquâ mixtâ nisi fletibus attendrissementi.

Sérieusement, — entre les coutumes les plus sauvages, je nie qu'on en puisse trouver une aussi grotesque, aussi absurde, que celle de consacrer toute la jeunesse d'un pays à l'étude d'une langue morte, d'une langue qui ne se parle plus nulle part.

Amenez-moi un sauvage tatoué — avec des anneaux au nez — et des plumes sur la tête, — et osez lui dire que de l'âge de huit ans jusqu'à celui de dix-huit — on enferme, on entasse les jeunes gens dans des chambres — où ils ne sont occupés que de l'étude d'une seule langue, — et cela de telle façon que six sur soixante la savent au bout de ces dix années, — et la savent comme la savent leurs professeurs, c'est-à-dire très-imparfaitement.

Le sauvage vous demandera d'abord si cette langue est une langue d'enchantement qui vous fait trouver des trésors, qui vous fait triompher de vos ennemis, — et vous lui répondrez que non ; — il vous demandera alors si c'est une langue universelle, — vous serez obligé de lui dire que, loin de là, c'est entre toutes les langues celle qui jouit du privilége unique de n'être parlée nulle part et par personne ; — il vous demandera — si on comble d'honneurs et de récompenses ceux de ces jeunes gens qui réussissent à apprendre cette langue — et si cela assure leur existence. — Non, faudra-t-il encore répondre, — non, cela les conduit à être républicains et poëtes, — c'est-à-dire à la prison et à l'hôpital ; mais cela ne leur donne ni état ni moyens d'existence ; — cela les amène à comprendre à peu près une vingtaine de volumes dont on les a tellement ennuyés, qu'ils ont soin de ne les jamais relire de leur vie.

Je vous jure que le sauvage tatoué sera pris d'un rire inextinguible, et, si vous le menez à la Sorbonne où un M. Caboche quelconque débitera son thème, il vous demandera : « Cela intéresse-t-il les auditeurs, tous ces hommes et toutes ces femmes qui remplissent les tribunes ? — Non, ils n'en comprennent pas un mot. »

Ne seriez-vous pas un peu embarrassé ?

Nous avons eu occasion de remarquer qu'il y a plusieurs classes de journaux : D'abord les deux grandes divisions, — ceux qui sont pour le pouvoir, quel qu'il soit, — quoi qu'il fasse et quoi qu'il dise ; — ceux qui sont contre le pouvoir, quoi qu'il dise, quoi qu'il fasse et quel qu'il soit.

Pour ceux-là, — pour les amis du pouvoir, — on peut changer de ministres, — cela leur est égal, — on n'a jamais que de grands ministres ; pour les autres, de même, — on n'en a jamais que de mauvais ; — mais il en est de flottants, — le *Constitutionnel*, par exemple, — pour lequel tout va bien quand M. Thiers est ministre, tout va mal quand il ne l'est pas.

Entre autres signes extérieurs de ces changements de position, il en est un remarquable, — c'est la suppression — des deux initiales S. M. précédant le nom du roi, — qu'on appelle simplement le roi quand M. Thiers est rendu aux douceurs de la vie privée.

Que M. Thiers rentre aux affaires, et dès le lendemain les deux initiales sont rendues en forme de *satisfecit* au roi, qui est appelé alors S. M. Louis-Philippe.

🐜 Voici une nouvelle application de ce procédé que je remarque dans le *National*.

O'Connel, le grand agitateur d'Irlande, — a été longtemps pour le *National* une sorte de fétiche révéré, — et M. Ledru-Rollin lui a écrit une lettre pour offrir le secours de son bras à la future révolution irlandaise. — O'Connell a refusé les propositions de l'avocat. — Depuis ce temps O'Connell, dans les colonnes du *National*, s'appelle M. O'Connell.

🐜 A propos d'avocats, tout ce grand coassement que nous entendons en France n'est produit que par six mille six cent soixante-dix-neuf avocats. — Il faudrait dix fois autant d'autres hommes pour faire autant de bruit.

🐜 Voici encore une toute petite rouerie des journaux, — et du pouvoir et de l'opposition : — ils veulent présenter le comte de Paris, les premiers comme le moins loin possible, les seconds comme le plus loin possible de sa majorité; — ainsi les journaux du pouvoir disent : « Le comte de Paris entre dans sa *sixième* année. » — Et le journal de l'opposition : « Le comte de Paris — vient d'accomplir sa *cinquième* année. »

🐜 *Panem et circenses*, — du pain et des spectacles ; — le pouvoir actuel ne trouve pas trop usée cette vieille maxime de gouvernement. Le ciel s'est chargé de nous donner du pain encore pour cette année, — la moisson est magnifique, — malgré les spéculateurs qui avaient déjà augmenté le prix du pain, — ce qui, même en cas d'une mauvaise récolte, aurait été le plus sot des prétextes, s'il n'en était le plus infâme.

Il s'agit donc des spectacles : — le rival de M. Guizot ava' donné le spectacle — du retour des *cendres* de Napoléon ; M. Guizot offre au public celui d'une visite de la reine d'Angleterre.

🐝 A une des dernières séances de la septième chambre (police correctionnelle), le président interroge une malheureuse femme : « Quel est votre état ? — J'écosse des pois. — Ce n'est pas là un état. »

Nous prendrons la permission de défendre d'office cette pauvre femme : « Qu'appelez-vous un état, monsieur le président ? — Tout le monde ne peut pas être président de la septième chambre. — Écosser des pois, — travailler seize heures par jour pour un mince salaire, — gagner péniblement le pain de chaque jour, — ce n'est pas un état ?

C'est un état que d'être avocat, que d'écosser des mots, — que de défendre toutes les causes, — contre sa raison, contre sa conscience ; — car il y a une chose honteuse pour les avocats, — jamais il ne se trouve une cause si infâme, qu'il ne se rencontre un avocat pour la défendre, — et pour attaquer la cause contraire, — c'est-à-dire la cause du juste, la cause de l'opprimé ; car, ainsi que nous l'avons dit — M. de Kératry et moi, *l'un après l'autre* : « Les avocats s'intitulent fastueusement défenseurs de la veuve et de l'orphelin ; — mais il n'y aurait pas besoin d'avocats pour les défendre, s'il n'y avait pas d'abord d'autres avocats pour les attaquer. »

🐝 Nous avons au moins assez de musiciens prodigieux ; — un musicien prodigieux qui se produirait aujourd'hui n'aurait pas le moindre succès. — On ne se dérange plus pour de simples prodiges, — si ce n'est pour ne pas marcher dessus, ce qui encore n'est pas facile dans une ville qui en est pavée.

Mais voici un homme qui a compris son époque, — il ne se présente pas pour faire des choses étonnantes : — M. Vivier est un homme de bon sens, il serait resté chez lui s'il n'avait eu à nous faire entendre que des choses étonnantes ou même prodigieuses. — S'il vient à Paris, c'est parce qu'il a à faire ouïr des choses impossibles, et qu'il est impossible lui-même.

Dernièrement quelqu'un en parlait à Gatayes et lui narrait ce que fait M. Vivier. — Gatayes, comme vous ne l'ignorez pas, sait un peu ce qui se fait en musique — et comment cela se fait. — Eh bien! Gatayes trouva la chose si absurde, — qu'il ne daigna pas hausser les épaules, qu'il ralluma sa pipe et considéra ce qu'on lui disait comme un bruit insignifiant.

A quelque temps de là, cependant, Adolphe Adam lui dit de M. Vivier absolument la même chose. — Par considération pour Adolphe Adam, — Gatayes descendit quelques échelons du dédain que lui inspirait cette fable — et dit : « Allons donc! tu te moques de moi. »

Adolphe Adam alors l'emmena chez M. Zimmermann, — où Gatayes entendit et vit M. Vivier. — Puis Adolphe Adam donna une soirée où il le lui fit entendre de nouveau.

Voici ce qu'il entendit : — M. Vivier prend un cor, — le premier cor venu, — et sur ce cor il joue en même temps trois parties distinctes. — Je puis apprécier cela, — moi qui, lorsque je sonnais de la trompe de chasse pour étourdir les pianos de mes voisines, — avais tant de peine à faire entendre une seule partie un peu juste.

Il y avait, pour entendre M. Vivier, Spontini, Auber et plusieurs célèbres instrumentistes. — Spontini, pendant que M. Vivier jouait, lui tenait la gorge pour tâcher de découvrir ce qui se passait dans ce gosier fabuleux.

Je ne conseille pas à M. Vivier de laisser faire cette expérience par un *corniste*; — ce pourrait n'être qu'un prétexte que prendrait le corniste pour l'étrangler, — et le jury ne pourrait s'empêcher de voir des circonstances atténuantes dans le fait d'un homme condamné, pour ne pas quitter le cuivre, à se faire étameur de casseroles, tant que vivra M. Vivier. — Gatayes, converti, prétend que M. Vivier a une qualité de son admirable, — que ses sons bouchés ont une puissance extraordinaire et qu'il fait dans les sons graves des notes qu'on assure ne pas exister dans le cor, — de sorte qu'il étend les ressources de l'instrument, si j'ose m'exprimer ainsi, en long et en large.

Il a de plus les mêmes bizarreries dans la voix ; — dans l'intimité, il chante, en s'accompagnant sur le violon, des choses originales de sa composition — et qui ne sont écrites pour aucune voix.

Voici ce que prétend Gatayes. — En attendant que j'aie entendu M. Vivier, — je dirai, comme disait Gatayes avant de l'avoir entendu : « Ça n'est pas vrai. » — Gatayes, qui soutient que c'est vrai, est forcé de convenir néanmoins que c'est impossible.

J'ai eu occasion de comparer les anciens titres, — y compris ceux que donnait Napoléon à ses maréchaux, — à quelques inventions des princes modernes. Ces titres, autrefois, étaient le nom de quelque chose qu'on vous donnait en même temps. — L'ex-reine d'Espagne, S. M. Christine, gênée dans ses affaires, a imaginé le titre métaphysique, c'est elle qui a donné le titre de *duc de la Victoire* à Espartero... qui depuis... mais alors il était vertueux.

L'empereur Nicolas, — qui est cependant fort riche, — vient d'aller plus loin dans ce genre de magnificence ; — il vient, par un ukase, — de donner généreusement à quelqu'un le droit de s'appeler Nicolas.

Je soumets cette idée au gouvernement actuel, — qui est quelquefois embarrassé pour les honneurs à donner à ceux qui l'entourent en récompense du zèle avec lequel ils les sollicitent, — d'autant que, — une fois que ces gaillards ont la croix d'honneur, on ne sait plus quoi trouver de joli et de pas cher pour désintéresser leur désintéressement. — Ne serait-il pas à la fois dans les conditions ci-dessus mentionnées de donner, — par exemple, à M. Dupin, — le droit de s'appeler *Grégoire*, —

ou à M. Martin (du Nord) la permission de se faire appeler à l'avenir *Cloud?*

Lundi 4 septembre.

A Villequier, à quatorze ou quinze lieues du Havre, — au pied d'une montagne chargée d'arbres, est une maison en briques couverte de pampres verts. — Devant est un jardin qui descend à la rivière par un escalier de pierre couvert de mousse. Cette maison, pleine de bonheur il y a quelques jours, vient d'être le théâtre du plus horrible malheur ; elle appartient à madame Vaquerie, mère de M. Charles Vaquerie, qui a épousé, il y a sept mois, mademoiselle Léopoldine Hugo, — fille de M. Victor Hugo.

Lundi matin, — vers dix heures, — M. Charles Vaquerie, — en compagnie de son oncle, M. Vaquerie, ancien marin, et d'un enfant de ce dernier, âgé de dix à onze ans, — prit, pour aller à Caudebec, — à une demi-lieue de Villequier, où il avait affaire, — un canot que son oncle venait de faire construire.

Au moment de partir, il demande à sa jeune femme si elle voulait les accompagner, elle refuse à cause qu'elle n'est pas habillée ; — les trois voyageurs se mettent en route après avoir promis d'être de retour pour le déjeuner.

Quelques instants se sont à peine écoulés, que M. Charles Vaquerie — croit voir que le canot n'a pas assez de lest, — il revient au bas de la maison prendre deux lourdes pierres qu'il met dans le bateau pour lui donner plus de solidité. — La jeune femme alors s'écrie : « Puisque vous voilà revenus, je vais aller avec vous ; — attendez-moi cinq minutes. » — On l'attend, elle monte dans le canot. — Madame Vaquerie la mère recommande de venir pour le déjeuner. — On part.

Madame Vaquerie regarde le canot s'en aller, et n'a qu'une seule idée : « Il fait trop calme, ils ne pourront pas aller à la voile, nous déjeunerons trop tard. »

En effet — la voile du canot retombait languissamment sur le mât. — Pas une feuille ne tremblait aux arbres ; — il n'y avait pas lieu de prévoir un danger, — même pour une mère, — même pour une mère éprouvée coup sur coup par tant de pertes successives.

Cependant — un léger souffle vient de temps en temps gonfler la voile. — On marche lentement, mais on marche, — on arrive à Caudebec — on va voir le notaire auquel M. Ch. Vaquerie allait parler pour des affaires relatives à la succession de son père, mort dernièrement. — Le notaire veut leur persuader de ne pas s'en retourner par la rivière — non qu'il prévoie ni redoute le moindre danger, — mais, au contraire, parce qu'il ne fait pas de vent, parce qu'ils feront la route trop lentement. — Il leur offre sa voiture pour les reconduire à Villequier. — Les voyageurs refusent, — il n'est pas tard, — ils arriveront à temps, — et puis c'est si amusant de voyager sur l'eau, — la rive est si belle !

On se met en route pour le retour, — l'oncle Vaquerie tient la barre du gouvernail, — l'enfant regarde couler l'eau, — les deux époux se tiennent par la main et respirent l'atmosphère de bonheur qui les entoure.

En effet, — Léopoldine Hugo est toujours cette gracieuse jeune fille que nous avons vue croître au sein de cette famille si unie, — toute la vie lui sourit : — elle a dix-huit ans, — elle vient d'épouser un homme qu'elle aime et dont elle est adorée. — Elle est venue ramener la joie dans une famille décimée — qui porte aujourd'hui sept deuils à la fois.

Ch. Vaquerie n'a pas vingt-sept ans. — Depuis trois ans il a donné sa vie entière à l'espoir de ce bonheur dont il jouit maintenant. — Ses amis l'ont vu pendant trois ans — rassembler des meubles curieux, de précieuses bagatelles — « pour elle, quand elle sera ma femme. »

Tout le monde les aime — tout le monde applaudit à leur

félicité, — ils pensent à tout cela, — ils ne désirent rien, — si ce n'est un peu de vent — parce que le canot ne marche pas.

Ah! vous êtes heureux! — ah! vous êtes jeunes! — ah! vous êtes beaux! — ah! vous êtes riches! — ah! vous êtes heureux!

Malheureux!

« Le malheur est un créancier auquel l'homme doit la dîme de sa vie, ce qu'il ne paye pas porte un intérêt usuraire et s'amasse. »

Ah! vous êtes arrivés au comble de vos vœux, — vous avez atteint le but de toutes vos pensées ; — eh bien! c'est derrière ce but, c'est derrière ce bonheur que la mort est embusquée. — Tous les pas que vous avez faits vers votre bonheur, — vous les faisiez vers elle qui vous attendait là.

Tout à coup — entre deux collines s'élève un tourbillon de vent — qui, sans que rien ait pu le faire pressentir, s'abat sur la voile, et fait brusquement chavirer le canot.

Des paysans, sur la rive opposée, — ont vu Charles Vaquerie — reparaître sur l'eau — et crier, puis plonger et disparaître, — puis monter et crier encore, — et replonger et disparaître... — Six fois !... — Ils ont cru qu'il *s'amusait !*

Il plongeait et tâchait d'arracher sa femme qui, sous l'eau, se tenait au canot renversé, mais qui se tenait comme se tiennent les noyés ; — ses pauvres petites mains étaient plus fortes que des crampons de fer. — Les efforts de Charles, — ses efforts désespérés, — ont été sans succès. — Alors il a plongé une dernière fois, et il est resté avec elle.

Charles Vaquerie était bon nageur, — personne n'eût été étonné qu'il eût parié de traverser vingt fois, trente fois, l'espace qui le séparait de la terre : — il n'a pas voulu être sauvé.

Je veux que ce pauvre père, — qui ne sait rien encore au moment où j'écris ces lignes, — qui croit sa fille vivante et heureuse, — je veux que Hugo sache que l'homme auquel il avait donné sa fille a voulu mourir pour ne pas revenir sans elle; — je veux qu'il sache qu'il doit les confondre tous deux dans son amour et dans ses regrets. — Charles Vaquerie a fait tout ce qu'un homme brave, dévoué, amoureux, pouvait faire pour sauver sa femme, — puis, quand il a vu qu'il ne la ramènerait pas avec lui dans la vie, il est resté avec elle dans la mort.

Pendant ce temps-là, que faisait la pauvre mère? — elle attendait dans le jardin — en pensant : « Pas de vent! — Cependant elle prit une longue-vue et regarda dans la direction de Caudebec; — ses yeux se troublèrent, elle appela un pilote et lui dit : « Regardez vite, — je ne vois plus clair, — il semble que le bateau est de côté. »

Le pilote regarda et dit : « Non, madame, — ce n'est pas leur bateau. » Puis, comme il avait bien vu, lui, — le canot chaviré, — il courut en toute hâte avec ses camarades, — mais il était trop tard, — et on apporta quatre cadavres à madame Vaquerie, — sur ce même escalier d'où étaient partis, trois heures auparavant, son fils, sa belle-fille, son frère et son neveu, — heureux et riants...

Qui pourra dire où cette pauvre femme, seule dans sa maison, a pris la force et le courage de ne pas mourir aussi ? — elle ne voulait pas les croire morts; — tous les soins furent inutiles.

On envoya un exprès au Havre, — à un ami de la famille Vaquerie, en lui donnant la triste commission d'annoncer cette épouvantable catastrophe à madame Victor Hugo, qui était à Graville.

Il était onze heures du soir, — tout le monde était couché. — M.*** alla d'abord prévenir madame Lefebvre, sœur de Charles Vaquerie.

Madame Lefebvre est une jeune femme qui, il y a moins de deux ans, — avait un mari, — trois enfants, — un père, une grand'mère, — deux frères, — toute une bonne et honorable famille, aimée et considérée : — en moins de deux ans, la mort lui avait déjà pris son père, sa grand'mère, son mari et deux enfants. — Il fallait lui apprendre qu'elle venait encore de lui prendre un frère et une sœur qu'elle aimait à la fois comme une sœur et comme un enfant, — et deux autres parents.

Elle trouva la force d'aller dire leur commun malheur à madame Hugo. — Madame Hugo était au milieu de ses autres enfants. — Un ami profita de son désespoir, voisin de l'égarement, — pour la faire monter en voiture et l'entraîner à Paris avec les enfants qui lui restaient.

Le lendemain, tout le monde était consterné dans le Havre. — La fatale nouvelle circulait de bouche en bouche ; il y avait quelque chose de funèbre sur tous les visages qui eût fait dire à un étranger : — « Qu'est-il donc arrivé au Havre ? »

Je songeai alors à Hugo, qui est en voyage — et qui va, — chose terrible ! — apprendre la mort de sa fille chérie par hasard, parcourant négligemment un journal — après dîner — dans quelque auberge.

Tout le monde a lu les beaux vers que lui ont tant de fois inspirés ses enfants ; — mais moi, j'ai vu souvent tous ses charmants enfants autour de lui, — et je sais toute la place qu'ils occupent dans son cœur.

On lui a écrit, — mais où ? — en Espagne, où il est allé ; — en France, où il revient peut-être, — presque au hasard, sur la route qu'il doit parcourir.

C'est épouvantable !

Il y a à peine un mois, — comme il venait voir le bonheur de sa fille, — il eut la bonne pensée de me prendre dans ma retraite, — et pendant quelques heures, par une belle nuit d'été, — sur la mer étincelante de phosphore, — je me retrouvai encore une fois au milieu de toute cette heureuse famille, augmentée de Charles Vaquerie, qui les adorait tous, — et plus heureuse que je ne l'avais jamais vue ; — puis le lendemain, il se mit en route le cœur heureux et tranquille, — et je me rappelai qu'il y a quelques mois à peine — il était venu avec moi conduire mon père à sa dernière demeure.

Où est-il? qui les répétera les belles et touchantes choses qu'il me disait ce jour-là?

Je partis en toute hâte pour aller le remplacer auprès du cercueil de sa fille, — pour aller recueillir pour lui dans mon cœur — toutes les tristes circonstances, — tous les poignants détails que veulent savoir ceux qui perdent les objets de leur tendresse.

Il y avait à Villequier — quatre morts dans l'église ; — mais une tendresse ingénieuse avait réuni les deux jeunes époux dans un même cercueil.

L'église était pleine de gens qui pleuraient et qui priaient avec ferveur ; — ce n'est que plus tard que je sus que l'éloignement n'avait permis de convoquer que quelques parents de la famille Vaquerie, — et que presque tous ces gens qui pleuraient et qui priaient étaient des gens du pays — et n'étaient qu'une famille d'affection.

Lorsque je rentrai dans la maison, soutenant le frère de Charles Vaquerie, suffoqué par les sanglots, — je n'essayerai pas de peindre — de quel sentiment de respect et de vénération je fus saisi à l'aspect de ces deux femmes si écrasées, à la vue de leur douleur si profonde et si modeste.

Je ne sais rien de si grand, de si majestueux, de si imposant qu'une douleur pareille.

On l'a dit à propos des voyages et des séparations : — c'est celui qui reste qui est le plus à plaindre ; — on peut le dire surtout à propos de cette triste séparation qu'on appelle la mort.

Léopoldine Hugo et Charles Vaquerie sont morts ensemble, — au milieu de leur beau rêve, — si heureux l'un et l'autre, qu'ils ne pouvaient plus que l'être moins.

Sur la tombe où ils dorment réunis, — c'est pour ceux qu'ils laissent que j'ai fait des prières.

Octobre 1843.

Les fortifications. — Hommage que les *Guêpes* se rendent à elles-mêmes. — Tu l'as voulu, George Dandin. — Révolution parlementaire dans le conseil municipal de Lille. — Une galerie de tableaux. — Le comité viticole. — M. de Lamartine. — La gélatine. — La douane. — Compte rendu.

POLITIQUE RÉTROSPECTIVE. — Depuis quinze jours les journaux ne parlent plus que des fortifications de Paris. Ce qu'il y a de plus curieux, c'est que, entre ceux qui s'élèvent avec plus de véhémence contre les fortifications de Paris, on remarque précisément ceux qui en étaient, en 1841, les partisans les plus fanatiques. Afin que ces paroles des *Guêpes* s'accomplissent (février 1841) : « En vérité, je vous le dis, il viendra un jour où personne ne voudra avoir été partisan des fortifications, — un jour où la Chambre qui les a votées en tirera quelque sobriquet fâcheux. »

Dieu sait ce que les *Guêpes* se sont attiré alors d'invectives et de menaces! Mais elles ne s'en émurent pas, et Grimalkin s'écria — (févr. 1841) : « Parisiens, vous introduisez dans votre ville le cheval de bois (*machina fœta armis*). Et moi, semblable à Laocoon, je lance ma javeline contre l'horrible machine, et je m'écrie :

« ..... O miseri ! quæ tanta insania cives ? »

» Mais, plus encore que Laocoon, — je suis la *Cassandre* de Troie, — et je parle à trop de *Cassandres* :

« Aut hoc inclusi ligno occultantur Achivi,
» Aut hæc in nostros fabricata est machina muros,
» Aut aliquis latet error. »

Et Grimalkin consacra un numéro tout entier et la moitié d'un autre à attaquer les fortifications et par le sarcasme, — et par la colère, — et par les menaces, — le *National* lui-même traita les *Guêpes* d'*amies du château*, et l'on sait ce que cela veut dire ; — c'est quelque chose comme mouchard.

🐝 Les fortifications ont été votées par suite de la coalition des Tuileries et de l'opposition.

🐝 Aujourd'hui l'opposition dresse des listes et invite les citoyens à venir signer une protestation contre lesdites fortifications. — Les uns veulent qu'on s'arrête où on en est.

« ..... Pendent opera interrupta, minæque
Murorum ingentes. »

Les autres veulent qu'on les démolisse et qu'on replante les arbres et les maisons dont elles occupent la place.

Un citoyen, — qui demeurait, — en 1841, rue Coquenard, — a écrit à cette époque aux journaux pour demander à aller travailler de sa personne aux fortifications. — J'attends de jour en jour dans les mêmes journaux une lettre du même citoyen ; c'est à lui qu'est réservé ce corollaire à la destruction des bastilles, — à savoir : de demander qu'on sème du sel à la place qu'occupent aujourd'hui les fortifications.

🐝 Il semblerait, à voir ce revirement des journaux, — que l'opposition systématique se donne bien garde de demander quelque chose qu'elle pourrait obtenir, — car alors il lui faudrait être contente ; — et être contente, pour l'opposition, ce n'est pas être.

Mais, dans la circonstance actuelle, elle n'est pas exposée à ce danger ; — elle a attendu trois ans, — elle a attendu que les travaux fussent presque finis pour demander qu'on ne les exécute pas ; — elle est parfaitement tranquille ; les économes de la Chambre des députés sont comme ces gens qui, dînant chez le restaurateur, n'ont plus faim, mais mangent le plat qu'on leur apporte, parce qu'il faudrait le payer la même chose. — Les députés, — même ceux qui ne sont pas partisans des fortifications, — ne voudront pas perdre tant de millions, et les conserveront, *parce qu'il faudrait les payer la même chose.*

Le roi Louis-Philippe ne s'est pas privé de quelques plaisanteries sur l'opposition, qui, après lui avoir refusé si bruyamment les forts détachés, les lui a donnés si bénévolement quand il a eu l'idée de les demander avec accompagnement d'enceinte continue.

« Il ne fallait que des synonymes, — a dit Sa Majesté. — Si celui-là n'avait pas réussi, j'en avais encore cinq ou six en réserve. »

Les Parisiens seront et resteront fortifiés et embastillés, afin encore que s'accomplissent ces paroles des *Guêpes* (mars 1841) : « Tu l'as voulu, George Dandin. »

On parle avec éloge d'une nouvelle statistique que vient de faire M. Parchappe sur les causes de la folie.

L'ordre dans lequel se présentent ces causes — n'est pas tout à fait honorable pour l'homme. — Les excès de boissons sont la première et la plus commune de ces causes. — Les chances de la fortune arrivent ensuite. — La peur est la troisième. — L'amour — n'arrive qu'en cinquième lieu, — ce qui ferait croire qu'on attribue à l'amour bien des folies qui ne lui appartiennent pas. — Ainsi, on manque d'épouser une amante très-riche, — on devient fou d'amour, — mais aussi de la perte de la fortune. — D'autres fous d'amour — ont essayé de s'étourdir par le punch, — et succombent à la première et à la plus fréquente cause de la folie. — De toutes les choses qui dérangent le cerveau, — la dernière est l'amour du pays et l'exaltation des sentiments patriotiques.

Sur 1,000 fous, — 284 — le sont devenus pour avoir trop bu ; — 141 pour avoir eu des revers de fortune ; — 64 par l'amour d'une femme ; — 6 par l'amour du pays.

🐝 Il y a quelque part un E. Boulaud qui ajoute à sa signature les lettres D. M. P.

Ce M. Boulaud, qui a la manie de m'écrire, m'appelle « *son cher Karr,* » et me dit, entre autres choses, que je suis *un ignorant* et *un savetier ;* — il ajoute que je ferais mieux de raccommoder mes *fillets*—que de parler de l'*houille*.—Voici, du reste, le commencement de la lettre :

« Où diable, *mon cher monsieur Karr*, allez-vous faire intervenir un sauvage dans la question de l'inutilité des études *scolastiques ?* »

🐝 Généralement, la *familiarité* s'engendre par les habitudes que l'on a avec les gens. — M. Boulaud n'est point ainsi fait. — Il ne m'a jamais vu, — et je suis sûr d'avance que si jamais nous nous rencontrons, c'est-à-dire s'il arrive à me connaître un peu davantage, il ne me parlera pas comme il m'écrit.

Où diable, en effet, ai-je été faire intervenir un sauvage pour démontrer le peu de résultats des études scolastiques, — quand j'avais sous la main M. Boulaud, *D. M. P.*, c'est-à-dire médecin de la Faculté de Paris, qui me fait l'honneur de m'appeler *ignorant* en compagnie de MM. de Balzac et Janin, et qui, armé sans doute d'un diplôme qui constate sa capacité, — ne réussit dans ses lettres, mêlées de latin et de français, qu'à prouver une chose, — à savoir : — qu'il ne sait ni le français ni le latin.

🐝 J'ai donné, dans les citations que j'ai faites de sa dernière épître, quelques échantillons de sa manière particulière d'écrire le français. — Donnons un exemple pour le latin.

« Vous ferez mieux, me dit-il, de raccommoder vos *fillets* que de parler de l'*houille*, à quoi vous n'entendez rien. — *Ne sutor ultra crepiTam.* »

M. Boulaud me permettra-t-il de lui dire que les Latins disaient et écrivaient *crepidam*, — de même que les Français disent et écrivent *filets* ?

Mais ce qu'il y a de plus probable dans tout ceci, c'est que je suis tombé dans un panneau, — et que M. Boulaud est auteur de quelque pommade inédite pour faire pousser les cheveux, — et que sa correspondance n'avait qu'un seul but, qui est aujourd'hui atteint : — de se faire nommer dans les *Guêpes* — pour se donner un commencement de notoriété ; — ce que je ne m'étonnerais pas de voir suivi très-prochainement — d'une annonce dans les journaux — de la *pommade*, ou de l'*eau*, ou de l'*huile merveilleuse* du célèbre docteur *Boulaud*, — D. M. P.

Ce sera ma dernière réponse à M. Boulaud. — Dieu veuille que ce soit sa dernière lettre !

La tabatière enrichie de diamants, — manifestation ancienne, et tombée en désuétude en France, de la munificence royale, a reparu au château d'Eu pendant le court séjour qu'y a fait la reine d'Angleterre. — C'est la reine d'Angleterre qui en a donné ; — S. M. Louis-Philippe a donné quelques croix d'honneur, — les unes à de braves soldats blessés, — les autres à des gens qui étaient venus à Eu.

A propos de ce voyage, — les journaux ministériels ont fait une grosse sottise. — A les entendre, cette visite était d'une importance extrême ; ils ont, à ce sujet, entonné la trompette pendant huit jours.

A peine avaient-ils fini leurs chants de triomphe, que la reine d'Angleterre est allée en Belgique, et a fait au roi des Belges une visite beaucoup plus longue et surtout beaucoup plus officielle.

M. Gery Heddebalt avait proposé au conseil municipal de Lille — de substituer à cette indication vague, « *un mem-*

bre », dont on se servait dans les procès-verbaux des séances, — le nom des *orateurs* qui prendraient la parole.

M. Dourlin a fait un rapport sur cette proposition, qui a été admise par le conseil.

A l'instant même MM. Bourlin et Gery Heddebalt ont eu les primeurs de la chose ; — on a envoyé à tous les journaux le résultat de cette délibération, — avec les deux noms Gery Heddebalt et Dourlin en toutes lettres, — tandis qu'autrefois on se fût contenté de mettre : un *membre* a proposé, — un *autre membre* a fait un rapport, etc., de sorte que la France incertaine, ne sachant à qui elle devait cet immense service, eût été obligée d'éparpiller et d'émietter sa reconnaissance sur tous les membres du conseil municipal de Lille.

Je dirai plus : avant cette importante révolution — personne n'eût songé à communiquer aux journaux les procès-verbaux des séances du conseil municipal ; — les conseillers municipaux n'ayant l'espoir d'aucune publicité, pour eux et leurs discours, — en prononçaient peu ou point ; — on faisait à peu près les affaires de la ville, — mais on n'avait pas de véritables séances parlementaires.

Nous ne manquerons pas cette fois plus que de coutume de constater le barbarisme qu'a dû créer toute question à l'ordre du jour. — Les propriétaires de vignes se sont réunis — et ont pris une délibération dont nous allons parler tout à l'heure. — Leur réunion s'est intitulée « *Comité viticole* ». Le barbarisme — (j'appelle barbarisme tout mot inutilement forgé ou pris en dehors de la langue, et c'est ainsi que l'entendaient les Athéniens, qui s'y connaissaient), ce barbarisme, qui veut dire : *Comité des cultivateurs de la vigne* ou *des vignerons*, et qui est formé de propriétaires des vignes, — ce qui n'est pas la même chose ; — ce barbarisme a paru insuffisant pour la question, et du comité *viticole* on a fait un comité *vinicole*, — c'est-à-dire *cultivateur du vin*. — On ne cultive pas plus le vin qu'on ne cultive l'eau-de-vie et le rhum — ou les pantoufles : on cultive la vigne ; — cela rappelle le mot prononcé par un avocat et consigné dans les *Guêpes* : « Le poignard est l'arme de la lâcheté, — ce n'est pas en France qu'on le cultive. »

🐝 Voici quelques-uns des récents verdicts du jury qui ont besoin de l'explication des *Guêpes*, pour que le vulgaire ne se laisse pas entraîner à juger défavorablement l'institution du jury tout entière.

Joseph Bouisson a volé avec *effraction* ; — l'effraction est qualifiée circonstance aggravante ; le jury du Lot a déclaré qu'il y avait dans son affaire des circonstances atténuantes. — De sorte que cela se peut raconter ainsi : Joseph Bouisson a volé avec circonstances aggravantes et atténuantes.

Mais il faut penser d'abord que l'on ne brise une porte que parce qu'elle n'est pas suffisamment solide. — En second lieu, — si on n'avait pas fermé la porte, Bouisson ne l'aurait pas brisée ; — la faute de l'effraction doit donc être imputée au plaignant.

🐝 Charles Samier Pamelard a été déclaré, par le jury du Pas-de-Calais, coupable de banqueroute frauduleuse, — *avec circonstances atténuantes*. Les ennemis de l'institution du jury prétendent — qu'une banqueroute frauduleuse, avec circonstances atténuantes, — n'est plus une banqueroute frauduleuse.

Nous acceptons cette argumentation et nous la suivons. — Nous disons, pour la défense de MM. les jurés : « Pamelard a fait une banqueroute frauduleuse avec circonstances atténuantes, — c'est-à-dire qu'il n'a pas fait de banqueroute frauduleuse. — Il serait donc injuste de le condamner pour banqueroute frauduleuse si l'on admettait en sa faveur des circonstances atténuantes. »

🐝 Jean-Marie Janod, Chrysostome Janod, Ferdinand Janod, ont porté des coups et fait des blessures, avec préméditation, à un garde forestier. — Le jury du Jura a admis en leur faveur des circonstances atténuantes. — En effet, se réunissant trois pour frapper un seul homme, il faut qu'ils ne soient pas bien méchants et qu'ils n'aient pas frappé bien fort pour n'avoir fait que le blesser.

🐝 Jean-Marie Delestang a violé sa fille; — le jury de Lot-et-Garonne l'a déclaré coupable; — mais *avec des circonstances atténuantes*. — Pour cette fois — je ne puis les trouver. — Je prie quelqu'un de MM. les jurés de cette session de suppléer à mon défaut de perspicacité, je m'empresserai de publier l'explication qui me sera donnée.

Cependant je puis dire qu'il faut que MM. les jurés aient été, dans leur âme et conscience, bien convaincus qu'il y avait dans le crime de Delestang des circonstances atténuantes, — pour qu'ils aient consenti à en proclamer, ce qui doit paraître une monstruosité.

🐝 Le 14 octobre 1831, — l'usage de la gélatine a été interdit à l'Hôtel-Dieu par le conseil des hôpitaux, — attendu que la gélatine n'est pas une nourriture, et, ne se contentant pas encore de sa nullité, est nuisible à la santé dans certains cas.

Mais l'usage en a été maintenu à l'hôpital Saint-Louis, — c'est-à-dire que depuis douze ans — le conseil des hôpitaux, de son propre aveu, nourrit les malades qui se sont succédé à l'hôpital Saint-Louis avec une substance qui ne nourrit pas, mais qui ne peut exercer qu'une influence fâcheuse sur la santé; c'est-à-dire que depuis douze ans, — toujours de l'aveu du conseil des hôpitaux, — on a, pour les malheureux malades qui arrivent à l'hôpital Saint-Louis, résolu le problème étrange — de les nourrir un peu moins que si on ne leur donnait pas à manger.

Le conseil des hôpitaux se trompe à Saint-Louis ou à l'Hôtel-Dieu; — s'il se trompe à Saint-Louis, comme il semble ressortir d'autres expériences faites ailleurs, — il laisse mourir les malades de faim, — en les empoisonnant un peu, — pour abréger les lenteurs de cette mort horrible.

S'il se trompe à l'Hôtel-Dieu, — c'est-à-dire — si, malgré son propre sentiment et contre le sentiment d'une foule de médecins et de chimistes distingués, — la gélatine est un aliment sain, — il laisse croire aux malheureux qui, après avoir été traités à l'Hôtel-Dieu, — le sont ensuite à Saint-Louis, —qu'ils sont condamnés, — par une férocité ingénieuse, — à mourir à la fois par le poison et par la faim.

Si la gélatine n'a pas les propriétés délétères qu'on lui attribue sur le corps, — cette croyance ne peut avoir qu'une influence bien pernicieuse sur l'esprit et sur la santé des malades.

Ce serait bien long de mettre douze ans à décider une pareille question; — mais qu'est-ce que mettre douze ans à ne la pas décider? — Et pourquoi ne pas s'abstenir jusqu'à ce qu'on ait une solution?

Voici quatre ans que les *Guêpes* plaident cette cause; — il me semble que ce serait pour tous les journaux une affaire qui vaudrait la peine qu'on en parlât hautement, — et qu'on en parlât jusqu'à une décision formelle, — que l'on devrait réclamer pour le peuple, — avant de réclamer en phrases si boursouflées sa prééminence en Europe — et sa dignité extérieure.

Voici ce qui est arrivé relativement au comité viticole, ou vinicole, ou vignicole, — car les journaux ont admis ces trois mots.

Un certain nombre d'électeurs ont fini par se demander pourquoi ils envoyaient des députés à la chambre — et quel bien il en était jusqu'ici résulté pour eux. — Pour la seconde question, elle était facile à résoudre, — il n'en était résulté aucun bien. — Pour la première, on hésita plus longtemps, puis enfin on conclut que les députés qu'on envoyait ne s'occupaient, comme tous les autres, que d'une chose, c'est-à-dire prendre partie pour ou contre le ministère, c'est-à-dire, entre les douze messieurs qui sont tour à tour ministres, de choisir quelques-uns avec lesquels on arrive aux affaires, et avec lesquels on combat quand ce sont d'autres qui sont ministres; — c'est ce qui s'appelle faire de la politique.

Les cultivateurs et les propriétaires de vignes se plaignaient d'être écrasés, on leur répondait par des *fi donc!* Comment peut-on ainsi s'occuper du bien-être matériel! quel égoïsme! quelle petitesse! — Ce qu'il faut faire à la Chambre, c'est de la politique !

On sait en effet quel superbe dédain une partie de la Chambre et presque toute la presse professent pour les appétits grossiers des gens qui réclament du bien-être, — qui parlent pour des intérêts locaux, — pour des intérêts matériels.

Il est bien plus beau de faire de la politique et de mettre tous ses désirs, toute son ambition dans des choses immatérielles, dans des intérêts psychologiques :

Tels que le *bien général,* — l'*intérêt public,* — l'*honneur du pays.*

Ils ont cru voir que c'est en effet une chose honteuse, et qui ne mérite pas qu'on s'en occupe, — que le bien-être matériel... des autres; et qu'on ne leur disait tant de mal de leur égoïsme — que parce qu'il gênait d'autres égoïsmes !

C'est pourquoi ils se sont rassemblés et ont décidé qu'ils ne confieraient plus le mandat législatif qu'à des hommes qui auraient les mêmes intérêts qu'eux, et qui défendraient ces intérêts à la Chambre.

La presse tout entière s'est élevée contre cette résolution et cette préférence donnée à *d'ignobles intérêts matériels.* C'est qu'en effet cet exemple, qui ne tardera pas à être imité, rendra impossibles les partis et les coteries politiques; chaque député arrivera avec son mandat qui ne sera plus de soutenir tel ou tel ministre, les électeurs commençant à s'apercevoir que cela leur est parfaitement égal, mais d'obtenir tel ou tel avantage.

Ce qu'il y a de plus singulier, c'est que la presse, qui sait bien que les candidats à la députation promettent bien autre chose que cela en fait d'intérêts matériels, non pas aux départements, non pas aux villes, mais aux individus, et n'a aucun blâme pour ces engagements, n'a pas de paroles assez amères pour les électeurs qui ont fait une condition pour le candidat à la députation d'un dévouement entier à leurs intérêts que leur ont tous promis jusqu'ici les candidats qui se sont présentés à leurs suffrages; le grand mal est donc de tenir sa promesse et surtout d'être forcé de la tenir.

C'est ainsi que tout doucement le système constitutionnel s'enhardira, jouera cartes sur tables — et montrera au grand jour les éléments qui le composent.

🐝 M. de Lamartine n'est pas plus modeste que les *Guêpes*, — il n'est pas fâché « *de l'avoir bien dit.* »

Il a écrit ces jours-ci dans un journal :

« Nous sommes de ceux qui ont jugé cette mesure du premier coup d'œil, et qui ont combattu les fortifications dès la première pierre, etc. »

Les lecteurs des *Guêpes* savent que je n'élève guère la voix pour demander de ces libertés métaphoriques qu'on appelle libertés politiques, et qui ne sont que des esclavages et des ennuis, — ou le droit de faire et surtout de dire certaines sottises.

Je n'ai jamais demandé pour le peuple le droit d'aller voter dans les colléges électoraux, c'est-à-dire d'aller perdre son temps, qui est le capital du pauvre, à s'aller faire prendre à toutes sortes d'hameçons, ni la liberté de casser les réverbères, me défiant singulièrement d'une liberté qui a pour invariable résultat de conduire les gens en prison ; mais j'ai demandé que le pain de quatre livres pesât quatre livres ; j'ai demandé que les entrepreneurs des chemins de fer ne fussent pas autorisés à traiter le peuple comme des bestiaux ; j'ai demandé que les impôts pesassent sur le luxe et non sur les besoins; — j'ai demandé que la justice fût gratuite pour les pauvres, de façon que tout le monde *eût* le moyen de ne pas aller aux galères, — et que le plus grand crime — le plus sévèrement puni par les lois humaines, ne fût plus le crime de n'avoir pas d'argent.

Je n'ai pas exigé des fonctionnnaires du gouvernement qu'ils fussent *indépendants*, — c'est-à-dire perfides et voleurs ; — ni des soldats qu'ils eussent *des baïonnettes intelligentes*, c'est-à-dire — qu'ils fussent indisciplinés et traîtres.

Cent fois, sur la plage que j'habite, j'ai ramené mes compagnons les pêcheurs à des idées pacifiques à l'endroit des préposés de la douane, — leur expliquant, de mon mieux, le côté utile de la chose, — pour les engager à se soumettre de bonne grâce à certains ennuis, — qu'il n'est d'ailleurs pas juste de faire retomber sur des sortes de soldats qui n'agissent qu'en vertu d'une consigne.

Eh bien ! — il y a quelques jours, je me suis surpris à ne pas suivre les avis si sages que je donne si libéralement aux autres, et voici comment : je revenais de me promener en mer, — j'amenai la voile de mon canot, et j'échouai sur la plage de Sainte-Adresse. Un douanier s'avança vers moi et me dit : « N'allez pas si vite, — attendez que je vous fouille. »

Je fus un peu surpris de cette proposition, — je voulus demander l'explication, — il me fut répondu par le douanier qu'il *n'avait pas de compte à me rendre*. — Je le répète, je ne suis pas partisan des *baïonnettes intelligentes*, mais je trouvais que celle-ci l'était par trop peu.

Je voulus passer outre, — il m'annonça qu'il allait *m'appréhender* au corps. Je lui répondis — que s'il faisait le moindre geste qui me fît soupçonner l'intention de mettre la main sur moi, j'aurais immédiatement le regret de le jeter du haut en bas de la falaise ; mais j'offris d'aller avec lui au poste où devait être son brigadier.

Nous arrivons au poste, — il n'y avait pas de brigadier, — mais seulement un douanier malade, — auquel, par hasard, la veille, j'avais envoyé quelques grappes de raisin que je savais lui avoir été ordonné par le médecin. — Il me remercie, — et avertit son camarade qu'il me connaît, — que d'ailleurs jamais depuis trois ans on n'a fouillé personne à Sainte-Adresse, etc.

En l'absence du brigadier, je demande à être conduit chez le maire de la commune. Le douanier refuse de me conduire chez le maire, — m'annonce que je suis son prisonnier — et que je ne sortirai du poste qu'après avoir été fouillé.

Il est bon de dire que j'étais vêtu d'un pantalon et d'une chemise de toile, — rien autre chose, — ce qui ne devait pas me donner l'air de cacher beaucoup de choses sous mes vêtements.

On envoie à la recherche du brigadier ; — j'avertis mon ennemi qu'à six heures je m'en irai : — nouvelle menace de sa part de m'appréhender au corps, — nouvelle offre de la mienne de le jeter en bas de la falaise.

A six heures moins un quart, — le brigadier arrive. — Je veux qu'il constate par un procès-verbal — ce qui s'est passé, et notamment le refus de me conduire chez le maire. Le brigadier refuse de dresser un procès-verbal. « Alors, dis-je, menez-moi chez le maire. — Non. — Alors c'est moi qui vais vous y conduire. »

Et, en effet, je le conduis chez le maire, où je fais faire mon procès-verbal, — que j'envoie par la poste à M. Gréterin, directeur des douanes, — qui m'a répondu qu'on allait prendre des informations sur cette affaire et qu'elle ne serait pas perdue de vue.

Certes, je ne demande pas que l'on punisse ce pauvre diable de préposé, mais je voudrais savoir s'il n'y aurait pas moyen d'obvier aux inconvénients qui résultent d'un droit que s'arroge la douane et qu'elle transmet à ses plus infimes subordonnés ; — certes, si l'on fouillait toute personne qui arrive de la mer, ce serait une vexation ; mais on trouve moyen de faire pis que cela.

— On est trois ans sans fouiller personne, — ce jour-là trente personnes partent et arrivent sans être soumises à aucune inspection ; — j'arrive à mon tour, ma figure déplaît à un douanier, — il a le *droit* de me fouiller — sans avoir à donner aucune raison de cette préférence ; — c'est-à-dire que, si cela lui convient, il peut ne jamais fouiller personne, excepté moi, — et moi me fouiller tous les jours, et même plusieurs fois par jour.

Ces mesures blessantes, si elles ne peuvent être évitées tout à fait, ne peuvent-elles être réservées à des cas particuliers ou à des suspicions un peu fondées ?

Et est-il vrai que la douane prétende avoir le droit, — même en l'absence d'un supérieur, — de refuser de conduire devant le maire de la commune sur laquelle on se trouve — le citoyen qui le demande ?

Voici fini le dernier numéro — de la quatrième année des *Guêpes*. — Pendant l'année qui vient de s'écouler, — j'ai dit à tous et sur tout ce que j'ai cru être la vérité. J'ai signé tout ce que j'ai écrit, — j'ai écrit tout ce que j'ai signé. — Pour la quatrième fois je répète avec confiance, à la fin du dernier volume de l'année, ce que j'ai dit en commençant la publication de mes petits livres. C'est-à-dire que je rappelle moi-même mes promesses pour qu'on voie si je les ai tenues :

« Ces petits livres contiendront l'expression franche et inexorable de ma pensée, sur les hommes et sur les choses, en dehors de toute idée d'ambition, de toute influence de parti.

» Je n'appartiens à aucun parti : je juge les choses à mesure qu'elles arrivent, les hommes à mesure qu'ils se manifestent ; je prends peu de choses au sérieux, parce que, n'ayant besoin de personne que de mes amis, et ne leur demandant que leur amitié, je sens, je vois et je juge avec le sang-froid et la gaieté tranquille du spectateur paisiblement assis.

Mais je dois ajouter — que, malgré mes efforts, malgré mes conseils, malgré mes attaques, — les choses humaines sont restées ce qu'elles étaient auparavant. — Les abus auxquels j'ai fait la guerre continuent à se porter parfaitement bien. C'est pourquoi — le 10 novembre, — paraîtra le premier volume de la cinquième année.

Novembre 1843.

Une tempête dans un verre d'eau. — La nouvelle montagne en travail. — Abus de la prérogative royale. — Toasts et discours. — Plus rien. — Quelques annonces, dont l'une tout à fait immodeste. — Un plaidoyer. — Comme quoi la contrefaçon sera à l'avenir prohibée dans les endroits où on ne la fait pas. — Les artisans poëtes. — M. Pâquet. — Une lettre de Belgique. — Observations. — Un préfet marchand de paniers. — Réponse à une réponse de M. Gréterin, directeur des douanes.

HORRIBLE TEMPÊTE DANS UN VERRE D'EAU. — La France et l'Europe ne me paraissent pas s'être occupées suffisamment de ce qui s'est passé depuis quelques mois dans la commune de Montmartre.

On a connu pendant longtemps la commune de Montmartre —comme une colline située à peu près au nord-ouest de Paris ; — son commerce se compose de l'exportation : 1° du lait combiné avec un léger alliage d'eau ; — 2° de ses propres entrailles qu'elle vend sous le nom de plâtre, — comme l'Angleterre vend les siennes sous forme de charbon de terre.

La commune de Montmartre, qui, de temps immémorial, s'était sagement tenue en dehors des agitations politiques, a failli, par ces derniers temps, rompre l'équilibre européen par de violentes collisions administratives. Un simple employé de l'administration des postes a osé prétendre au gouvernement de la commune de Montmartre.

La France était destinée à voir deux fois un spectacle étrange dans l'espace d'un demi-siècle, un sous-lieutenant d'artillerie devenir empereur des Français, et un employé des postes se faire maire de la commune de Montmartre.

J'ai toujours entendu répéter que la fortune aime les audacieux, — *audaces fortuna juvat*, — en sa qualité de femme, — ce que je n'ai jamais pu me persuader assez pour ne pas rester un des hommes les plus timides que je connaisse ; — les élections furent animées ; — de la base au sommet il y eut une immense agitation sur la butte couronnée par la maison de santé du docteur Blanche ; — la butte se divisa en deux camps.

La montagne en travail, — *mons parturiens*, enfanta l'élection de M. Biron. M. Biron, nommé conseiller municipal par la majorité des suffrages des habitants, — a été nommé ensuite maire par ordonnance royale.

Le parti vaincu a protesté, — il a prétendu que le roi n'avait pas le droit de nommer M. Biron maire de Montmartre, — que cette nomination était contraire à la Charte, — que Louis-Philippe avait trahi ses serments. Il paraît que le roi Louis-Philippe tenait furieusement à ce que M. Biron fût maire de Montmartre, puisqu'il s'est porté à de tels excès pour y parvenir.

Cet abus de la prérogative royale, cet acte de tyrannie, a été déféré au conseil d'État. L'agitation non pacifique a continué. — M. Biron sera-t-il maire — ou restera-t-il employé des postes ? — Être ou n'être pas.

Le conseil d'État a maintenu l'ordonnance royale, — ce qui a fait comparer ledit conseil d'État, — par les opposants lettrés de la commune, — au sénat romain sous Caligula et Néron ; la chose ne pouvait pas s'arrêter là.

Où est l'heureux temps signalé par Beaumarchais où *tout finissait par des chansons?* — Hélas ! aujourd'hui tout finit par des discours.

Nous l'avons déjà dit, — le but de tout, en France, est de monter sur quelque chose, — table ou tribune, — et de parler ; — les auditoires ne se composent pas de gens qui écoutent, mais de gens qui attendent leur tour pour parler.

Un recensement confié à cinq employés du ministère de

l'intérieur vient de faire connaître — que Paris renferme cent quarante-neuf sociétés, qui, sous divers prétextes, scientifiques, littéraires, philanthropiques, etc., se réunissent pour parler, — sans compter le Palais de justice et les Chambres.

❧ Les vainqueurs se rassemblèrent donc à un banquet; — les *Guêpes* ont signalé, il y a cinq ans déjà, et plusieurs fois depuis, cette alliance singulière de la nourriture et de la politique; — ce moyen ingénieux de parler de choses sérieuses après boire, et les dénominations qu'elles ont imposées à ces festins — de gueuletons civiques et de ripailles patriotiques, ont été acceptées par tous les partis, mais seulement, chacun les a appliquées à ses adversaires, réservant à ses propres victuailles les noms de *banquets*, de *manifestations*, etc.

Autrefois on dînait pour dîner, on buvait pour boire,—aujourd'hui on dîne pour parler, — on boit pour *toaster*, — cela fait de mauvais dîners, je ne sais si cela fait de bien bonne politique.

Mais comme, d'autre part, on ne peut *toaster* sans boire, — il se trouve qu'après un certain nombre de *toasts*, les têtes sont un peu échauffées; c'est alors que l'on commence à traiter des intérêts les plus sérieux du pays, — comme si, en divers lieux que je ne veux pas nommer, on ne déraisonnait pas suffisamment sur ces matières, même à jeun.

Un journal qui occupe — non sans esprit — dans la presse parisienne, la position de *Père Duchêne ministériel*—a cru devoir ouvrir ses colonnes à un récit du banquet de Montmartre. — Ce journal, qui n'eût pas eu assez de sarcasmes pour un banquet pareil s'il eût été donné par l'opposition, a pris celui-ci au sérieux. —Nous lui empruntons et le récit de la chose — et le discours du nouveau maire.

❧ LE BANQUET DE MONTMARTRE, — « *L'immense majorité* des habitants de la commune de Montmartre s'était réunie pour fêter l'installation de la nouvelle administration.

« Il faudrait retomber à 1830 et à l'enthousiasme que fit

naître la révolution de Juillet pour trouver le précédent d'une réunion aussi belle et aussi imposante. Les vastes salons de l'Hermitage ont été trop petits pour contenir toutes les personnes qui devaient y assister : *deux cent vingt convives* se sont assis à ce banquet. »

HUMBLES OBSERVATIONS. — Pour bien se rendre compte de la joie qu'éprouvait l'*immense majorité des citoyens* de Montmartre, il faut se rappeler qu'en 1830 le peuple qui s'était bravement battu — croyait avoir, en trois jours, secoué le joug d'un despotisme odieux et reconquis la sainte liberté. — Sans examiner ici si cette opinion n'était pas un peu exagérée, il faut dire que c'était là un grand sujet d'enthousiasme et de joie, — et qu'il semble un peu difficile qu'un dîner, même *dans les vastes salons de l'Hermitage*, puisse inspirer autant de joie et un enthousiasme égal. — Le narrateur a donc raison de nous bien préciser ce degré d'allégresse, que nous n'aurions pas deviné, l'inégalité au moins apparente des causes ayant coutume de ne pas faire présumer l'égalité des effets.

Nous comprenons moins comment l'*immense majorité* des citoyens de Montmartre s'était réunie à un banquet où assistaient *deux cent vingt* convives.

Pour que deux cent vingt forment la majorité rigoureuse des habitants, il faut que la commune n'en renferme que quatre cent trente-neuf. — Mais, pour former une *immense majorité*, c'est-à-dire une majorité si grande qu'on *ne peut la mesurer* (ce qui est, si je ne me trompe, le sens d'*immense* en français), une majorité si grande qu'on ne peut la comparer à la minorité absente, il faudrait admettre que la commune de Montmartre ne se compose que de deux cent cinquante à trois cents habitants, — tandis qu'il y a telle rue de Montmartre qui est plus peuplée que cela.

Il faut donc ici reconnaître une erreur : ou les convives étaient beaucoup plus de deux cent vingt, ou l'*immense majorité* des habitants n'assistait pas au festin, — ou cette *majorité* n'était pas *immense*.

« *De nombreux toasts ont été portés.* M. J. Dufour a bu à la santé du maire et de son adjoint. M. Biron s'est levé, et il a prononcé le discours suivant, qui a vivement impressionné l'auditoire. »

HUMBLES OBSERVATIONS. — Constatons les nombreux *toasts*, c'est-à-dire les nombreux verres de vin absorbés, — et donnons notre part de publicité au courage avec lequel M. Dufour (J.) a bu à la santé du maire et de l'adjoint. — Cependant demandons si ces deux toasts ont été portés simultanément et en un seul verre, — ou séparément et en deux verres de vin, — demandons encore pourquoi on n'a bu qu'à la santé d'un seul adjoint, puisque la commune en possède deux, et ensuite quel est celui à la santé duquel on n'a pas bu.

DISCOURS. — Messieurs et chers *concitoyens*, cette haute manifestation d'estime, de confiance et d'amitié nous pénètre d'une vive reconnaissance comme administrateurs, et nous anime d'une juste fierté, comme *citoyens de la commune* de Montmartre. Elle rendra le *fardeau des affaires publiques moins pesant.* »

HUMBLES OBSERVATIONS. — Nous ne chicanerons pas trop M. le maire, en lui faisant observer qu'on n'est citoyen que d'une cité; — nous voudrions savoir s'il ne s'est trouvé personne qui ait eu envie de demander à M. le maire pourquoi il s'était donné tant de peine pour se charger d'un *fardeau aussi pesant* que celui des *affaires publiques* de la commune de Montmartre.

« Les travaux nous paraîtront moins pénibles, les *veilles moins longues*, les tribulations attachées à la condition d'homme public moins amères. »

HUMBLES OBSERVATIONS. — Et aussi pourquoi il s'est forcé si longtemps pour arriver à ces *travaux si pénibles*, à ces *tribula-*

tions si amères d'homme public. — Mais je pense que M. le maire n'eût pas été embarrassé de citer l'exemple de Codrus, qui se fit tuer pour sauver sa patrie. — Pour ce qui est des *veilles si longues* dont se plaint M. le maire, — nous lui demanderons nous-même si, de bonne foi, il ne pense pas que les quinze heures de jour suffiraient pour gouverner très-convenablement la commune de Montmartre, — et nous lui donnerons un très-bon moyen de rendre ces *veilles moins longues* : c'est de se coucher de bonne heure.

« Avec le tribut de vos lumières et de votre patriotisme, votre administration municipale peut donc marcher d'un pas assuré dans ses voies, puisqu'elle vous y rencontre. Ces voies sont celles de l'honneur et du devoir. »

HUMBLES OBSERVATIONS. — Ce n'est pas le maire de Montmartre qu'on accusera jamais, comme on accuse M. Guizot, de faire à l'Europe de honteuses concessions; ce n'est pas M. Biron qu'on appellera jamais le « maire de l'étranger. » — Une contenance énergique tiendra sans cesse en respect les ennemis de la commune de Montmartre. — Jamais le maire de Montmartre ne se laissera dicter des lois, ni par la *perfide Albion,* ni par le *farouche autocrate de toutes les Russies.*

« *Maudit qui s'attellerait par derrière au char communal.* »

HUMBLES OBSERVATIONS. — Nous avions autrefois le *char de la raison.*

Au char de la raison attelés par derrière.

On en a fait plus tard le « char de l'État, » c'était déjà une image usée et médiocre; — mais M. Biron l'a heureusement rajeunie en lui donnant une nouvelle acception.

Le *char communal* de Montmartre — est tantôt une charrette qui porte du lait à la ville, — tantôt un tombereau dans lequel d'industrieux et bons agriculteurs rapportent les boues de Paris pour engraisser leurs terres, qui sont, en général, cultivées avec beaucoup d'intelligence. — Ceux qui connaissent la position de Montmartre et les routes difficiles et escarpées qui conduisent au sommet de la commune, comprendront l'indignation qu'éprouve M. le maire pour tout individu qui s'attellerait par derrière à une de ces charrettes ou à un de ces tombereaux que de vigoureux chevaux ont déjà bien du mal à hisser jusqu'au haut de la butte.

« La commune de Montmartre prouve bien ici, messieurs, qu'elle est à la hauteur du gouvernement constitutionnel. »

HUMBLES OBSERVATIONS. — M. le maire ajoute sans doute cette phrase pour montrer clairement combien, à juste titre, devait être maudit celui qui tirerait une charrette ou un tombereau sur le chemin qui conduit à la commune; — en effet, si l'on entend ici, comme tout l'indique, par gouvernement constitutionnel le siége du gouvernement constitutionnel, c'est-à-dire les Tuileries et les Chambres, — non-seulement il est juste de dire que la commune de Montmartre est à la hauteur de ce gouvernement, — mais j'ajouterai qu'elle est au moins à huit cents pieds au-dessus du niveau dudit gouvernement.

« Messieurs, la commune de Montmartre, elle, ne fait pas une dangereuse confusion des droits politiques et des franchises municipales. Puisse, messieurs, cette sage manifestation servir d'exemple pour d'autres communes. »

HUMBLES OBSERVATIONS. — Je suis obligé de dire ici des choses qui vont peut-être étonner beaucoup M. le maire de Montmartre. — La dernière phrase de son discours est une leçon évidemment adressée au conseil municipal d'Angers. — Je dois avertir M. le maire de Montmartre qu'il fait exactement la même chose.

En effet, l'autorité municipale a pour but, pour droit et pour devoir de veiller à certains intérêts de localité, mais nullement de s'ingérer dans le gouvernement du pays et dans la politique générale. — Les habitants de toute la France ont une part de droits électoraux, en vertu desquels ils envoient à la Chambre des députés des mandataires qui les représentent dans leur part d'intervention, dans la politique et dans le gouvernement.

L'importance emphatique que s'attribuent et M. le maire de Montmartre et MM. les conseillers municipaux d'Angers est également inopportune — et, quoique en sens inverse, arrive précisément aux mêmes résultats.

De même que les flagorneries de certains administrateurs ont amené la sortie de mauvais ton de M. Trouvé — et sont tout aussi coupables.

M. Biron, qui, dans son discours, veut se faire *aussi gros* que M. Guizot, — devrait relire une certaine fable de la Fontaine, tout à fait applicable à la circonstance.

« Après divers autres toasts, plus de cent électeurs ont reconduit l'honorable maire jusque chez lui. »

— HUMBLES OBSERVATIONS. — Remarquons ces *divers autres toasts*, — qui succèdent à de *nombreux toasts* que nous avons déjà constatés, et rappelons-nous que *toasts*, qui, dans le sens politique, veut dire *manifestations pour ou contre le gouvernement*, dans le sens matériel signifie *verres de vin*.

De plus, rapprochons cette circonstance, que *plus de cent électeurs ont reconduit l'*HONORABLE *maire jusque chez lui* — de celle-ci, que les convives étaient au nombre de *deux cent vingt*, — et proposons le dilemme suivant au narrateur de cette imposante solennité :

Plus de cent — signifie — quelques-uns de plus que cent; — supposons cent vingt : — c'est déjà beaucoup, parce que, généralement, on n'exprime en nombres incertains que les chiffres qui doivent gagner de l'importance à cette obscurité. Cent vingt sur deux cent vingt ont conduit l'*honorable maire jusque chez lui*. — Il y a donc eu scission entre les convives? — Pourquoi les *cent* autres ne se sont-ils pas joints au cortége? Ou ils ne l'ont pas voulu, — et alors il n'y a pas eu dans cette imposante réunion l'unanimité dont parle l'historien, — où ils ne l'ont pas pu, — ce qui, rapproché de *toasts nombreux* suivis de *divers autres toasts*, — ôterait un peu de sérieux et de majesté à l'imposante réunion.

Concluons : l'administration municipale est une excellente chose renfermée dans ses modestes attributions ; — c'est une chose ridicule et nuisible quand elle en sort en vue de la publicité, et pour parodier les séances de nos assemblées législatives, qui déjà, elles-mêmes, n'ont pas toujours tout le sérieux désirable.

** Voici les titres de quelques-unes des affiches qui couvrent les murs et les maisons de Paris.

Plus de fumée, — plus de frottage, — plus de vieux habits, — plus d'oignons brûlés, — plus de voleurs, — plus de chapeaux de soie, — plus de mal de mer, — plus de nausées en voiture, — plus d'enfants... oisifs, — plus de cors aux pieds, — etc.

Ce qu'il y a de plus vrai là-dedans, — c'est qu'en joignant à ces affiches celles qui leur disputent les maisons et les murailles, — affiches que je ne puis transcrire ici, — mais que j'ai plus d'une fois signalées à la sollicitude de M. le préfet de police, il n'y a *plus* de mur à Paris sur lequel une femme ne doive craindre de lever les yeux, et que la ville entière est une longue galerie d'images et de descriptions obscènes.

** De progrès en progrès, le système des *circonstances atténuantes* en est arrivé à ce point — qu'un avocat, Me Nogens-Saint-Laurent, a osé plaider en faveur d'un voleur-assassin, et soutenir la thèse que voici (je cite textuellement) : « Les circonstances atténuantes doivent être accordées à l'accusé : le repentir, la *jeunesse*, tout est pour lui. »

Et la jeunesse de sa victime, — pourquoi n'en parle-t-on pas? Mais comment ose-t-on excuser un crime odieux par la jeunesse du coupable? la jeunesse! — mais c'est l'âge où l'on est bon, c'est l'âge où l'on est grand et généreux, c'est l'âge où l'on croit au bien et à la vertu, — c'est l'âge de la confiance et du dévouement.

« Ce qu'il faut remarquer chez cet homme, continue l'avocat, c'est sa stupeur, sa frayeur, sa tristesse. — En présence de cet accablement moral, pitié pour cet homme. »

Je voudrais bien qu'on me dît quel est l'assassin qui, découvert, arrêté, mis en jugement, n'a pas un peu de *stupeur*, de *frayeur*, de *tristesse*, — et alors pour qui sont réservées les sévérités de la loi? pour les victimes, sans doute, en faveur desquelles les assassins n'admettent guère de circonstances atténuantes.

Me Nogens, en terminant, a affirmé aux jurés qu'ils feraient mieux « d'abandonner son client à ses remords. » Cette proposition n'a pas eu le succès qu'on en pouvait attendre — après un précédent qui a fait quelque bruit.

On se rappelle que, dans l'affaire Marcellange, — Besson, assassin de son maître, fût condamné à mort et exécuté, — et que le ministère public, après avoir laissé le temps de prendre la fuite aux dames de Chamblas, épouse et belle-mère de la victime et plus que soupçonnées d'être les complices du meurtrier, — s'écria : « Les dames de Chamblas seront plus cruellement punies que Besson, nous les abandonnons à leurs remords. »

On remarqua cependant que Besson appela du jugement, et que les dames de Chamblas se reconnurent bien jugées et ne firent aucune réclamation.

🐝 Le gouvernement vient de donner à la littérature française et à l'industrie de la librairie une preuve de sollicitude qu'il est juste de constater.

Le gouvernement a enfin compris que, lorsqu'un ouvrage littéraire, œuvre d'un écrivain français, paraît, — il s'en vend en Europe douze à quinze mille exemplaires pour le moins ; — sur ce nombre, à peu près quinze cents sont vendus par l'auteur et le libraire français, — le reste est livré au commerce par la contrefaçon étrangère ; — le gouvernement, dans un traité qui vient d'être sanctionné, a exigé avec une énergie remarquable que la puissance alliée s'obligeât à ne pas tolérer la contrefaçon des ouvrages français.

Il vaut mieux tard que jamais ; on ne pouvait, en effet, s'expliquer comment les écrivains français et le commerce de la librairie continuaient à être scandaleusement dépouillés par un pays qui a avec la France une double alliance ; — le roi Léopold...

— Le roi de Sardaigne ne s'appelle pas Léopold.

— Quoi ! n'est-ce donc pas de la Belgique que vous voulez parler ?

— Non, il s'agit de la Sardaigne ; — c'est le roi de Sardaigne qui s'est engagé à ne pas tolérer dans ses États la contrefaçon des livres français.

— Est-ce qu'on la faisait en Sardaigne, cette contrefaçon ?

— Nullement que je sache.

— Alors, expliquez-moi...

— Rien de si facile : — la Belgique s'est — fait une industrie importante de l'exploitation de nos dépouilles ; si on lui avait demandé à l'amiable de renoncer à la contrefaçon, elle aurait positivement refusé, — et il paraît qu'on ne peut lui demander ce sacrifice autrement, — tandis que, la Sardaigne ne faisant pas de contrefaçon, n'y ayant aucun intérêt d'aucun genre, on a pu lui faire en toute sécurité une demande qu'elle a accordée avec le plus grand empressement.

Il y a une chose qui m'inquiète assez pour que j'en dise ici quelques mots. — Il n'est guère de semaine où les journaux ne nous apprennent que M. Jasmin, coiffeur, est un poëte distingué ; — que M.***, ferblantier, est auteur de poésies ravissantes ; qu'une tragédie en cinq actes et en vers a été lue au premier et au deuxième Théâtre-Français par M. Beuzeville, tisserand. — Et, le lendemain, un autre journal attaque celui qui a donné la nouvelle, et lui dit : « Non, M. Beuzeville n'est pas tisserand, — il est potier d'étain ; — l'estimable corps des potiers d'étain le réclame, — l'étain n'avait pas encore produit de poëte. »

Moi-même j'ai dans ma solitude reçu la visite dernièrement d'un tailleur qui fait de jolis vers. —Il y a quelque part un boulanger poëte, et ailleurs un serrurier qui fait des chansons.

Jusque-là il n'y a pas de mal, si ce n'est que je voudrais voir un certain nombre de poëtes que je sais prendre la place de ces messieurs qui prennent la leur, — et se faire tailleurs, potiers d'étain, boulangers, perruquiers, serruriers, ferblantiers, tisserands, etc. Sans cela nous aurons trop de poëtes, et pas assez de ferblantiers, de tailleurs, etc.

Les journaux nous disent que M. Beuzeville, le dernier venu des poëtes artisans, — n'a reçu aucune espèce d'éducation ;— cela me rappelle ce peintre qui peint sans mains, et se promène à cheval sur son père, — que je lui reprocherai de surmener; et cet homme qui, sur les boulevards, écrit avec le ventre.

Sérieusement, je ne vois pas trop où cela nous conduit : — un bon ferblantier est plus utile au pays qu'un poëte médiocre. — Ce n'est pas là le résultat avantageux que doivent attendre de la propagation des lumières ceux d'entre les bons esprits qui en attendent un résultat avantageux. — A moins d'avoir de grands enseignements ou de grands plaisirs à donner aux gens, un poëte n'est pas plus utile qu'un homme qui joue très-bien aux dominos ou au billard.

Tous ces artisans qui quittent leur état pour faire des vers ne me présentent qu'un symptôme alarmant des conséquences qu'on doit espérer de la vulgarisation de l'éducation. Je comprendrais que, dans toutes les classes de la société, on demandât à l'éducation des armes plus puissantes, des instruments plus énergiques pour toutes les professions; mais, si les choses continuent comme elles commencent, toute la France fera des tragédies, et le pays entier parlera en vers hexamètres.

※ Il est un homme que j'opposerai volontiers à ceux-ci, — c'est un ouvrier qui, à force de persévérance, s'est donné de l'éducation ; — il était jardinier, il n'a pas cessé d'être jardinier, il n'a pas cru devoir tout quitter pour écrire des lignes à peu près d'égales longueurs, terminées par des mots de la même consonnance.

Il est resté jardinier, mais il est devenu un jardinier savant et habile : — ses études, et l'éducation qu'il a conquise, — il les a fait tourner au profit de son état ; — il ne fait pas de tragédies, mais il écrit correctement et avec esprit des ouvrages sur l'horticulture et sur l'agriculture, et les sociétés agricoles les plus savantes l'ont admis et accueilli dans leur sein.

Voilà ce qu'il faut encourager, — voilà un bon et excellent résultat, — et c'est ce qu'on n'encourage pas. — Le roi, qui a donné une montre avec des breloques au perruquier-poëte Jasmin, — ne connaît probablement pas l'existence de Pâquet.

※ Voilà quelle est l'égalité réelle et raisonnable : — un excellent jardinier est l'égal d'un excellent poëte ; mais un mauvais poëte n'est pas l'égal d'un excellent poëte, — ni d'un excellent jardinier.

L'égalité ne consiste pas à être tous la même chose, — mais à être tous au même degré d'excellence dans les diverses carrières. Il y a moins de distance entre un chiffonnier et un poëte qu'entre un grand poëte et un poëte médiocre.

※ C'est un spectacle assez intéressant que de voir les airs que se donne le gouvernement constitutionnel dans l'intervalle des sessions, — lorsque, des trois pouvoirs, deux ont la bouche close.

La royauté quitte le chapeau rond et le parapluie, et endosse le manteau doublé d'hermine et se couronne de chêne, d'aucuns disent de lauriers. Ce n'est certes pas pendant une session qu'on aurait porté à travers Paris, à la salle des séances du conseil d'État, — la statue de S. M. Louis-Philippe qu'on y a installée ces jours derniers.

Je lis en ce moment avec beaucoup d'intérêt — l'histoire du palais de Saint-Cloud, — que je remercie sincèrement M. Vatout de m'avoir envoyée. — Je ne puis m'empêcher de citer ici un petit dialogue du général Bonaparte et du général Lefebvre :

« Eh bien! Lefebvre, lui dit Bonaparte, vous, l'un des soutiens de la République, voulez-vous la laisser périr dans les mains des avocats? — Non, non, répondit *énergiquement* Lefebvre, *jetons* tous ces avocats à la rivière. »

🐝 « Paris, tu es le chef du royaume, mais un chef capricieux et trop puissant. Tu as besoin d'une saignée, pour te guérir et délivrer l'État de tes frénésies. J'espère que, dans peu de jours, on cherchera dans cette plaine tes murs et tes édifices, et qu'on n'en trouvera que les ruines. » — Henri III, faisant le siége de Paris, 252 ans avant la loi sur les fortifications. — (Souvenirs historiques des résidences royales de France, par M. Vatout, premier bibliothécaire du roi.)

🐝 On m'adresse fort poliment de Belgique les observations suivantes : « Vous n'avez pas songé aux vastes bassins sillonnés, par étages, d'immenses feuilles de houille que contiennent la France, la Belgique et l'Angleterre. Vous ne vous êtes pas figuré la petitesse comparative de l'homme, creusant péniblement de chétives galeries dans des couches de plusieurs lieues qui, probablement, ne sont pas toutes connues, etc. »

Je réponds à ces observations qu'elles ne détruisent en rien mon assertion ; quelque grande que soit une quantité donnée, et quelque peu que l'on en retranche à la fois, il viendra nécessairement un jour où cette quantité sera réduite à rien : je ne crois pas avoir dit autre chose.

Je répondrai quelque autre fois aux reproches qu'on me fait relativement à la poésie des Belges ; j'ai cité de mauvais vers faits par un Belge. Si ceux que l'on m'envoie sont bons (je ne les ai pas encore lus), je dirai qu'ils sont bons, comme j'ai dit que les premiers étaient mauvais ; ceux-ci n'en seront pas meilleurs, ceux-là n'en seront pas plus mauvais pour cela.

« D'où peut provenir votre répulsion pour la nation belge? Est-ce parce que nous contrefaisons les livres français? Mais il est connu que les auteurs français les plus irrités contre nous sont ceux que nous ne contrefaisons pas. »

Je n'ai aucune répulsion pour la nation belge, que je n'ai pas l'honneur de connaître. Je me suis plaint de la contrefaçon belge, sans être dans le cas des écrivains dont les Belges ne contrefont pas les livres, car, pour ne parler que des *Guêpes*, il s'en publie en Belgique deux éditions, tandis qu'on n'en publie qu'une en France.

« Est-ce parce que nous prenons parfois à l'étranger ce qui nous paraît bon? Mais il me semble que c'est faire preuve de bon sens et de logique ; et, si nous voulions récriminer, nous dirions avec tout autant de raison que la France nous a emprunté nos chemins de fer, parce qu'elle ne les a adoptés qu'après nous. »

Je crois ici que vous vous trompez, les chemins de fer qu'on a faits en France ne diminuent en rien le produit de ceux que vous avez faits en Belgique : pour que vous puissiez vous plaindre *avec tout autant de raison*, il faudrait que les Français eussent pris, pour faire leurs chemins de fer, les rails que vous aviez placés sur les vôtres, et qu'ils eussent dérobé vos wagons pour transporter leurs voyageurs. — Contentez-vous de faire des livres, si vous voulez, d'après les livres français, faites des *Guêpes* belges — et ne réimprimez pas les *Guêpes* françaises, — faites des *Mystères de Bruxelles* et ne réimprimez pas les *Mystères de Paris ;* — alors vous *emprunterez* aux Français ; — mais de bonne foi, il n'y a pas moyen d'appeler *emprunt* ce qu'on prend sans le consentement des gens, sans la moindre intention de le leur rendre. Je sais la grande réputation et l'immense talent de quelques peintres belges. — C'est précisément, monsieur, parce que vous n'êtes pas pauvres que vous êtes moins excusables — de vouloir vivre des rentes d'autrui. — Quoi qu'il en soit, monsieur, rendez-moi la justice de me croire toujours de bonne foi et de n'attribuer qu'à des erreurs involontaires les fausses appréciations que je vous semblerai émettre dans mes écrits. — J'ai l'honneur d'être, monsieur, avec une parfaite considération, votre serviteur.

Le journal l'*Impartial de Nancy* signale avec une juste indignation le fait suivant : « Un arrêté de M. le préfet autorise la vente de divers objets non retirés et déposés au greffe de la Cour royale, et celle des *anciens paniers servant aux exécutions.* »

Ce serait une chose honteuse que d'acheter ces paniers, une chose presque aussi honteuse que de les vendre ; — nous voudrions bien savoir à quel usage domestique M. le préfet suppose que les acquéreurs emploieront ces paniers qui ont reçu et renfermé des têtes humaines.

A MONSIEUR CRÉTERIN, DIRECTEUR DES DOUANES.

Monsieur, j'ai eu l'honneur de vous écrire il y a six semaines pour me plaindre d'un abus d'autorité de la part d'un préposé des douanes et d'un brigadier. — J'ai joint à ma lettre un procès-verbal des faits qui s'étaient passés, et une attestation de M. le maire de la commune que j'habite, — constatant que ce procès-verbal avait été lu en présence du brigadier de la douane; que ce préposé, interrogé par lui, avait répondu n'avoir rien à y changer, et avait reconnu que les choses s'étaient passées conformément au récit qui en était fait dans ledit procès-verbal.

Le 30 septembre dernier, vous avez eu l'obligeance de me répondre pour m'accuser réception de la lettre et du procès-verbal, et m'annoncer que vous aviez donné des ordres relativement à l'abus dont j'avais porté plainte devant vous.

Par une seconde lettre en date du 21 octobre, — vous me

rappelez les principales circonstances de ma plainte, — et vous finissez par me dire que vous ne pensez pas qu'il y doive être donné suite, parce que « il résulte des renseignements qui vous sont transmis que les faits ne se seraient pas passés *exactement* comme je les rapporte. »

Je vais prendre ici avec vous, monsieur, les précautions que j'avais prises à l'égard du brigadier Féron, précautions que je croyais suffisantes aux yeux de tout le monde pour la constatation d'un fait; — et que je crois encore suffisantes pour les gens de bonne foi et de bon sens. — C'est-à-dire que je vous demande à vous-même si les faits relatifs à notre correspondance sont exactement relatés dans les quelques lignes qui précèdent, — et que je vous prie de me rectifier si je me trompe en quelque chose. — Une fois ceci reconnu par vous, — je puis en tirer les déductions logiques.

Vous avez demandé des renseignements, dites-vous, — à qui? au capitaine et à l'inspecteur principal du Havre; — très-bien. — Pour vous donner ces renseignements, il a fallu que ces messieurs les prissent, — du moins j'aime à le croire. Auprès de qui sont-ils allés les chercher ? — auprès du brigadier Féron! puisqu'il s'agissait des choses qui s'étaient passées entre lui et moi. — Très-bien encore.

Il paraîtrait que le brigadier a présenté les choses d'une manière et moi d'une autre. — On ne peut pas mieux; — donc, entre deux témoignages opposés, la question reste douteuse; l'un de ces témoignages, il est vrai, vient de l'accusé, — mais l'autre vient de l'accusateur. — Le second peut avoir exagéré les faits; — mais le premier les a très-probablement atténués : — donc, même ainsi faite, votre enquête serait parfaitement insuffisante; — mais ce n'est pas tout à fait cela.

Devant le maire de Sainte-Adresse, — le brigadier Féron, ayant entendu par deux fois la lecture de la plainte, et interrogé à plusieurs reprises, a répondu par deux fois — que les faits s'étaient passés ainsi qu'ils y étaient relatés; — M. le maire de la commune a constaté légalement cette réponse du brigadier Féron. — Donc il y a d'une part le brigadier Féron; d'autre part, — le brigadier Féron *et moi*; le témoignage du brigadier Féron, quelque valeur que vous lui accordiez d'un côté, doit avoir la même valeur de l'autre côté. Quelque mince que soit la valeur que vous attribuiez à mon témoignage, — il n'en reste pas moins — que si vous avez une aveugle confiance dans le brigadier Féron, — son témoignage joint au mien — a toujours plus de valeur que le sien tout seul.

Or, si M. le maire de Sainte-Adresse n'a pas fait un faux, le brigadier Féron a attesté que les faits se sont passés conformément au procès-verbal que je vous ai envoyé. Si, plus tard, en face d'une enquête qui lui annonçait qu'il courait risque d'une punition, le brigadier Féron a cru devoir changer un peu les faits, — son premier témoignage n'en subsiste pas moins. S'il n'existait dans la cause que nos deux dépositions contradictoires, accorder une confiance exclusive à l'un des deux serait injuste. Mais, quand il y a en outre, d'une part, ledit Féron — qui nie; d'autre part, moi qui affirme, et le même Féron qui affirme également, — n'admettre que la négation du brigadier, c'est injuste et absurde. Peut-être jusqu'à un certain point pouvez-vous me forcer de me soumettre aux visites impertinentes de vos préposés, — mais vous ne m'obligerez pas à trouver juste ce qui ne l'est pas, à trouver raisonnable ce qui est absurde.

De plus, monsieur, il y a deux points de ma lettre et de ma plainte sur lesquels vous ne m'avez pas répondu. Je désire savoir 1° si la douane, même représentée par ses plus infimes employés, ne relève que d'elle-même; 2° si le brigadier Féron pouvait refuser de dresser un procès-verbal contradictoire et de la déposition de son subordonné et de ma plainte. Je désire savoir, en outre, si ce subordonné pouvait, en l'absence de *tous ses chefs*, refuser de me conduire devant le maire de la commune. Je désire savoir encore si, pour les abus dont se rendent coupables vos employés, c'est à eux-mêmes qu'il faut qu'on se plaigne d'eux-mêmes et qu'on demande leur propre punition, puisque, sur la plainte que je vous ai adressée relativement au brigadier Féron, — vous référez audit brigadier Féron — et vous prononcez d'après sa réponse, — même en face d'une réponse contraire déjà faite par lui.

Par exemple, — monsieur, s'il est une chose ignoble, humiliante et vexatoire, — c'est la visite à laquelle sont soumises les femmes sur les frontières ; vous répondez d'ordinaire que ces visites sont pratiquées par des femmes ; — mais, monsieur Gréterin, vous êtes marié, — vous avez une femme distinguée et bien élevée, que j'ai l'honneur de connaître ; — interrogez-la à ce sujet, demandez-lui si les femmes n'ont de pudeur qu'à l'égard des hommes, — et s'il n'est pas blessant et outrageant que même une femme — vienne porter des mains hardies, — non pas sur la robe, — mais sous la robe, — non pas seulement sous la robe, — non pas seulement sous les jupes, — mais sous le dernier vêtement.

Et, sans avoir cette délicate pudeur des femmes qui les fait femmes et charmantes plus que leur beauté, — un homme lui-même peut-il supporter sans indignation de semblables investigations sur sa personne ?

Eh bien ! si quelqu'un de vos subordonnés, — si quelqu'une de ces créatures habillées en femmes que vous employez à ces perquisitions s'avise d'outrer ces mesures déjà odieuses, — on n'a qu'à s'en plaindre à vous, vous ferez demander à l'employé s'il est coupable, il répondra que non, — et vous écrirez au plaignant : « Monsieur, il résulte des renseignements qui me sont transmis que les faits ne se sont pas passés exactement comme vous les rapportez. »

Même si un magistrat affirme sur sa responsabilité et sa signature que l'employé accusé a avoué les faits devant lui.

Mais, monsieur, vous avez raison : — en ce pays-ci, — on crie, — on se bat, — on se fait ruiner et tuer pour de chimériques et métaphysiques libertés politiques, — et on se soumet bêtement à toutes les tyrannies qui pèsent sur la liberté individuelle. — Pourvu que vous laissiez aujourd'hui aux Français — le droit de parler et de voter, — vous pouvez les battre à tous les coins de rue — et les soumettre à des mesures qui indigneraient même des esclaves. — Recevez, monsieur, l'assurance de ma parfaite considération.

Décembre 1843.

Le livre du marquis de Custine. — Accord du roi de France, de l'empereur de Russie, de M. de Custine et des *Guêpes*. — La Seine mise en bouteilles. — Une envie de femme grosse. — Circonstances atténuantes. — Le gouvernement représentatif est enfin une vérité. — Hautes destinées d'un serpent. — Conseils audit serpent. — Justice rendue à M. Guizot. — M. G. de Saint-Gervais. — M. Ancelot. — Madame Doche. — Madame Roland. — La duchesse d'Orléans et les fleurs. — La régie des contributions indirectes et la Charte constitutionnelle. — Un duel manqué.

Il vient de paraître un ouvrage nouveau de M. le marquis de Custine, un voyageur en Russie. Entre autres plaisirs que nous a donnés le livre de M. de Custine, nous ne pouvons passer sous silence celui que nous avons ressenti de voir que l'auteur, l'empereur de Russie, et un peu aussi le roi de France, partagent sans restriction l'opinion souvent exprimée par les *Guêpes* sur le gouvernement représentatif.

« Je conçois la République, dit le czar à M. de Custine : c'est un gouvernement net et sincère, ou qui du moins peut l'être. Je conçois la monarchie absolue, puisque je suis le chef d'un semblable ordre de choses ; mais je ne conçois pas la monarchie représentative : c'est le gouvernement du mensonge, de la fraude, de la corruption. J'aimerais mieux reculer jusqu'à la Chine que de l'adopter jamais. — Sire, répondit le voyageur, j'ai toujours regardé le gouvernement représentatif comme une transaction inévitable dans certaines sociétés, à certaines époques ; mais, ainsi que toutes les transactions, elle ne résout aucune question, elle ajourne les difficultés. — C'est une trêve signée entre la démocratie et la monarchie, sous les auspices de deux tyrans fort bas, la peur et l'intérêt... Enfin, c'est l'aristocratie de la parole substituée à celle de la naissance, car c'est le gouvernement des avocats. — Monsieur, vous parlez avec vérité, dit l'empereur à M. Custine en lui serrant la main.

L'opinion de S. M. Louis-Philippe, moins clairement exprimée peut-être, parce que ce prince est moins indépendant que les trois autres, à savoir, l'empereur de Russie, M. de Custine et moi, s'est cependant manifestée par une approbation dont la forme n'est pas prodiguée. — Le roi a fait prendre le voyage en Russie de M. de Custine — pour ses bibliothèques particulières.

Des circonstances imprévues viennent de révéler l'existence d'une société en participation entre le gouvernement et certains négociants ; — cette société a pour but une exploitation avantageuse de l'eau de rivière et de l'eau de puits. Tandis que les porteurs d'eau de Paris vendent l'eau au prix de trois liards par seau, le gouvernement, avec l'aide des estimables négociants mentionnés, met la Seine en bouteilles et la débite au prix moyen de dix sous le litre. Voici comment la chose s'exécute :

L'administration des contributions indirectes accepte et reconnaît *vin* et *excellent vin* toute chose liquide ou à peu près qui paye les droits imposés au vin. — Ainsi, *des agents de l'administration assistent aux mixtions d'eau et de vin que font les marchands.* Le partage des bénéfices se fait ainsi : l'administration perçoit sur l'eau que l'on mêle au vin les mêmes droits que si elle était du vin ; — et le marchand vend, à la connaissance de l'autorité, cette eau au même prix que le vin auquel elle est mêlée. — Ces faits ressortent d'une pétition adressée au ministre des finances par soixante entrepositaires de la ville de Rouen.

🐝 Depuis quelque temps on a pris le sage parti de surveiller l'immense approvisionnement de lait de Paris. — L'administration fait verser dans les ruisseaux le lait falsifié; des procès-verbaux sont dressés contre les coupables, — par suite de quoi ils sont condamnés généralement à une amende de cinq francs. Cet exemple commence à être suivi dans les départements. Cette mesure était d'autant plus urgente, — que les habitants naïfs des campagnes ne se contentaient pas de doubler le produit de leurs vaches par l'adjonction de l'eau de puits ou de mare, mais que pour lui rendre la couleur et l'épaisseur, ces bons paysans y mêlaient diverses drogues dont plusieurs ont été reconnues fort malfaisantes. — En cette occasion, comme en plusieurs autres, nous demanderons pourquoi ils sont punis comme *falsificateurs de lait*, — et non pas comme *voleurs*; — pourquoi le vol qu'ils font aux consommateurs d'une partie de lait dont ils reçoivent le prix intégral n'est pas puni de la même peine qu'encourrait le consommateur, s'il leur donnait en payement une pièce qui n'eût pas réellement la valeur pour laquelle il la donne, — à moins que l'empoisonnement ne soit au vol une *circonstance atténuante*.

🐝 A propos de *circonstances atténuantes*, elles viennent d'éprouver un nouveau triomphe. Une femme, à peine âgée de dix-huit ans et mariée depuis six mois, Virginie Fremeau, ayant à se plaindre de son mari, qui lui avait refusé un nouveau bonnet, imagina, pendant le sommeil de celui-ci, de lui couler du plomb fondu dans l'oreille. Lefranc, réveillé par d'horribles souffrances, — n'échappa qu'avec peine à la mort, fut longtemps malade, et gardera toute sa vie les traces du crime de sa femme. La justice intervint, et Virginie Fremeau comparut devant la cour d'assises du département de l'Aisne comme accusée de tentative d'assassinat sur la personne de son mari. L'avocat chargé de la défense de Virginie Fremeau — a plaidé que sa cliente était peut-être grosse, et que son crime ne serait alors qu'une de ces aberrations étranges qui accompagnent parfois l'état de grossesse. — Le jury a accepté cette excuse, et ne s'est pas contenté cette fois d'admettre en faveur de l'accusée des circonstances atténuantes : il l'a déclarée non coupable. — La cour a ordonné sa mise en liberté ; — sans doute elle est retournée chez elle, car la loi oblige le mari à la recevoir dans son domicile. Cette jurisprudence, à mon avis, pourrait bien amener quelques variantes dans les relations conjugales. — En effet, s'il est une fois bien établi qu'une femme en état de grossesse peut impunément égorger son mari, — ou lui couler du plomb fondu dans l'oreille, — ou l'empoisonner ; — s'il est admis que la justice n'a rien à voir dans ces affaires de ménage, que ce sont *envies de femmes grosses* auxquelles personne n'a le droit de trouver à redire, — ce n'est pas sans une certaine appréhension que certains maris exposeront leurs femmes à tomber dans cette situation exceptionnelle. — Ce verdict du jury aura une influence fâcheuse sur la population ; — les femmes tueront un peu plus leurs maris, — et les maris feront beaucoup moins d'enfants à leurs femmes. — De pareilles impunités étant accordées aux femmes grosses, il serait conséquent et logique d'enfermer étroitement une femme, aussitôt qu'on peut la soupçonner en cet état, de lui attacher les pieds et les mains et de la museler.

FACULTÉ DES LETTRES DE PARIS. — Les cours s'ouvriront le 27 novembre, à la Sorbonne.

Littérature grecque. — M. Boissonnade, professeur.

« Ah ! très-bien, M. Boissonnade est un célèbre helléniste... Continuez... — M. Egger exposera... — Quoi ! ce n'est pas le professeur qui professe ? — Jamais. — Que fait-il ? — Il émarge. — Qu'entendez-vous par ces paroles ? — Il touche un traitement. — Continuez... »

Éloquence latine. — M. Leclerc, professeur. — Les lundis à midi, et les jeudis à onze heures, M. Charpentier fera l'histoire de l'éloquence latine. — Continuez.

Histoire de la philosophie ancienne. — Les lundis à neuf heures, et les mercredis à une heure et demie. — M. Cousin, professeur, ne professera pas. — C'est M. Simon qui fera l'histoire de l'éclectisme alexandrin. — Continuez.

Philosophie moderne. — M. Royer-Collard étant professeur, — M. Garnier professera.

« Mais je croyais qu'on entendait par professeur celui qui professe? — Non, je vous l'ai dit, on entend par professeur celui qui émarge. — Et celui qui professe? — Celui-là est agrégé, comme qui dirait accessoire. — N'émarge-t-il pas aussi? — Oui, mais beaucoup moins que celui qui ne professe pas; il émarge accessoirement. — Continuez. »

Histoire ancienne. — M. Lacretelle, professeur. — M. Rosseuw Saint-Hilaire professera.

Histoire moderne. — M. Guizot, professeur. — M. Lenormant professera.

Éloquence française. — C'est le vendredi à trois heures, et le samedi à neuf heures, que M. Villemain, professeur, ne professera pas. — M. Creusez fera le cours.

C'est ainsi que M. Ozanan, qui n'est pas professeur, professera la littérature étrangère que ne professera pas M. Fauriel, qui est professeur, etc., etc., etc.

Une question : Si MM. Leclerc, Cousin, Villemain, Guizot, Fauriel, etc., ne peuvent pas ou ne veulent pas faire le cours, pourquoi sont-ils professeurs? Si MM. Lenormant, Ozanan, Simon, etc., ne sont pas capables de professer, pourquoi professent-ils? S'ils en sont capables et s'ils professent, pourquoi ne sont-ils pas professeurs? Cela a-t-il un autre but que de faire deux parts des beaux morceaux du budget?

🐝 Certains articles des journaux de tribunaux et le succès des *Mystères de Paris* ont mis à la mode de prétendues révélations d'un certain genre. — J'ai entendu réciter et presque jouer une sorte d'horrible proverbe dont il n'est possible de citer que quelques rares passages. — Un jeune homme d'un air doux et timide semble se faire beaucoup prier pour raconter *l'affaire Boulard*. — Ah! oui, *l'affaire Boulard!* s'écrie-t-on de tous côtés; racontez-nous *l'affaire Boulard*. — Le jeune homme, que nous avons appris depuis être un acteur d'un théâtre de boulevard, — cède enfin aux sollicitations et commence : — *Affaire Boulard*. Messieurs, le prévenu Boulard, accusé d'assassinat sur la personne d'un invalide, a paru devant la cour d'assises. — C'est un des hommes les plus enroués qui aient jamais existé. On lit l'acte d'accusation, duquel il résulte que Boulard est accusé d'avoir, dans la nuit de..., assassiné un invalide de plusieurs coups de couteau. Après cette lecture, le président adresse à l'accusé les questions d'usage sur son nom, son âge, etc.

LE PRÉSIDENT. — Boulard, vous venez d'entendre l'acte d'accusation dressé contre vous; qu'avez-vous à répondre?

BOULARD. — *De quoi?...* tout ça c'est des menteries... *Ah !* — (*De quoi?* précède toutes les réponses de l'accusé, comme *Ah!...* les termine. — La première de ces interjections lui donne le temps de chercher et d'arranger sa réponse, la seconde est une sorte de cri triomphal, — comme si sa réplique écrasait complétement l'accusation).

LE PRÉSIDENT. — Vous êtes accusé d'avoir assassiné un invalide qui rentrait à l'Hôtel.

BOULARD. — *De quoi?...* c'est pas vrai... *Ah!*

LE PRÉSIDENT. — Que faisiez-vous sur l'esplanade des Invalides à une heure du matin?

BOULARD. — *De quoi?...* j'attendais l'omnibus... *Ah !*

Le président fait ressortir l'absurdité de ce système de défense. — Plusieurs témoins ont vu Boulard ; il lui est impossible de nier son crime : il se décide à avouer. M. l'avocat général***, qui a une très-épaisse chevelure, — prend la parole et dit :

— Accusé, *retirez* donc ce que vous avez dans la bouche, on ne distingue pas vos paroles.

BOULARD. — *De quoi ?* est-ce que je vous dis quelque chose à vous ? est-ce que je vous parle ?... V'là deux heures qu'il trépigne dans sa boîte et qu'il se *fourre* du tabac dans le nez ! Est-ce que je ne peux pas m'en mettre un peu dans la bouche... moi ?

M. L'AVOCAT GÉNÉRAL. Accusé, vous nuisez à votre cause, tâchez de vous montrer plus respectueux envers la cour.

BOULARD. Ah çà ! mais qui est-ce qui lui parle donc à celui-là ? — On vous dit zut, à vous, vieux velu.

Le président impose silence à Boulard ; le calme, un moment troublé, se rétablit.

LE PRÉSIDENT. Accusé, quelle cause vous a poussé à frapper ce pauvre invalide ?

BOULARD. *De quoi ?* c'était pour avoir son nez... son nez d'argent.

LE PRÉSIDENT. On a entendu des cris horribles qui ont effrayé tout le quartier.

BOULARD. — C'était lui qui criait... C'était pas moi... — J'demande la parole.

LE PRÉSIDENT. Que voulez-vous ?

BOULARD. J'demande qu'on me change de gendarme.

LE PRÉSIDENT. Comment ? pourquoi ?

BOULARD. Oui, j'veux bien être guillotiné, si j'l'ai mérité, mais j'veux pas être empoisonné. — J'ai mon gendarme de gauche qu'a mangé de l'ail.

LE PRÉSIDENT, *se levant*. Avez-vous quelque chose à dire pour votre défense ?

BOULARD. *De quoi ?* C'est pas assez ?... Eh ! bien, j'embête la garde nationale. — (*A l'avocat général.*) Et toi aussi, vieux velu !

LE PRÉSIDENT. La cause est entendue.

L'accusé est condamné à la peine de mort. Suit une scène horrible entre Boulard et l'aumônier des prisons, le *vénérable abbé Montès*. — Il est impossible de rien reproduire de ce dialogue, pendant lequel Boulard n'est préoccupé que de savoir si le crucifix qu'on lui présente est en or. — Arrive la femme de Boulard. Elle lui reproche de n'avoir pas suivi ses conseils, — ce qui l'a amené où il en est, etc.

BOULARD. *De quoi?...* As-tu fini? est-ce que tu vas m'embêter longtemps comme ça?

LA FEMME. Allons, Boulard, mon pauv'vieux, n'nous disputons pas. — Nous n'avons pas le temps; — j'tai apporté ta vieille veste, ça sera bien assez bon... T'as pas besoin de laisser ta neuve... à... tu sais... ça sera pour tes pauvres enfants. — (Elle aperçoit sur la table les restes d'un poulet, dernier repas du condamné.) Tiens! qu'est-ce que c'est que ça?... Ah! j'comprends... t'as pas tout mangé... j'vas prendre le reste, ça sera pour tes pauvres enfants.

Elle enveloppe les restes du poulet dans du papier et les met dans sa poche. Suivent les détails du trajet de la prison au lieu de l'exécution. Nous sommes obligé de les supprimer. — Arrivé au lieu fatal, Boulard, tout abattu qu'il est, veut montrer un féroce courage; — comme les aides du bourreau vont le saisir, — il regarde dans le panier destiné à recevoir sa tête, — un de ces paniers que le préfet de la Meurthe fait vendre aux enchères publiques pour être employés à des usages domestiques. — A cette vue, Boulard s'écrie : « Un instant... un instant... dis donc, Charlot... qu'est-ce que ça veut dire?... qu'est-ce qu'il y a dans ton panier?... d'la sciure de bois!... Minute, — l'gouvernement accorde du son... j'veux du son... j'ai droit à du son... j'veux qu'ma tête soit dans du son! — (On le lie sur la planche.) J'veux parler au peuple... Peuple français... peuple de F... allons, j'bats la breloque... c'est fini... adieu les amis... Charlot... cordon, s'il vous plaît? »

Nous ne pensons pas que la littérature contemporaine aille maintenant beaucoup plus loin dans ce genre.

🐝 Le *Palamède*, — journal du jeu d'échecs, — vient d'être soumis au timbre ; l'administration a vu, dans les dénominations de *roi* et de *reine*, de *cavaliers* et de *fous*, qu'il est forcé d'employer souvent, des discussions et des dissertations politiques ; — les *tours* lui ont paru des allusions aux fortifications de Paris.

🐝 L'administration des postes prend des droits énormes pour le transport de petites sommes que de pauvres ouvriers envoient à leurs familles ; — il serait bien à désirer que ces droits fussent considérablement diminués au moins pour toute somme au-dessous de cinquante francs, c'est-à-dire pour toute somme présumée envoyée par un pauvre à un plus pauvre. — Mais il y a à la Chambre des députés bon nombre de banquiers qui ne souffriront jamais que la poste abaisse ce droit de commission, parce que cela établirait contre eux une concurrence dangereuse.

🐝 L'augmentation du prix des cigares — donne un nouvel attrait à la fraude et à la contrebande. — Voici, d'un négociant en ce genre qui semble bien assorti, une lettre qui, sous le rapport d'une certaine naïveté, nous a paru mériter l'impression :
« Monsieur, j'ai reçu des cigares de toutes qualités ; j'ai de beaux et bons cigares de la Havane, des cigarettes en papier, — idem en paille fine de maïs, — idem en paille de riz du Mexique — pour les dames qui fument — maintenant la mode ayant pris à la capitale comme à celle de Madrid, — ainsi que du fameux tabac turc, — le pareil que fume le grand sultan et ses nymphes, qui composent le sérail, lorsqu'il lui plaît de se faire fumer des cigares aromatisés pour embaumer ses appartements. — J'ai aussi de très-bon tabac chinois — pareil à celui que fume l'empereur de la Chine, — qui coûte cinquante francs la livre ; — ce prix ne devra pas vous étonner, attendu qu'il vient de très-loin, et que la qualité du tabac est fin comme de la

soie, et supérieure à toutes les autres qualités qui peuvent exister.—Il faut simplement écrire son adresse à... rue... n°... »

🙢 Voici le fond du système représentatif : tout le monde est gouvernement ; tout le monde gouverne... « Qui ?...—Comment ?... qui ? — Tout le monde gouverne, dites-vous, — mais qu'est-ce que tout le monde gouverne ? — Eh ! parbleu, les autres. »

Cependant le gouvernement représentatif n'était pas, jusqu'ici, précisément une vérité ; — toutes les classes de la société, ou à peu près, étaient représentées au pouvoir ; les marchands de n'importe quoi étaient à la Chambre avec les défenseurs de n'importe qui, plus connus sous le nom d'avocats ; — beaucoup de pauvres d'esprit même avaient escompté la part du royaume des cieux qui leur est promise — pour une part du gouvernement de la terre, dans diverses positions que je ne me soucie pas de désigner plus clairement. — Mais les serpents d'église seuls n'avaient aucune part au gouvernement du pays. — M. Guizot a cru devoir combler cette lacune dans le gouvernement représentatif. — Le serpent de l'église de Glisolles (département de l'Eure) vient d'être nommé maire de cette commune. Félicitons le ministre qui accepte de bonne foi les conditions du régime constitutionnel.— Nous savons que quelques personnes se sont élevées contre cette nomination, et ont voulu considérer les fonctions du serpent comme n'impliquant pas des études préalables, nécessaires pour faire un bon administrateur. — Nous répondrons à ces personnes que Richelieu et Mazarin, auxquels on ne peut refuser les qualités d'administrateurs — habiles,— étaient hommes d'église, comme le serpent de Glisolles, — outre l'intérêt puissant de donner à toute une classe de citoyens la part d'autorité qui lui est due, et de supprimer l'ostracisme qui éloignait jusqu'ici les serpents d'église des fonctions politiques que M. le maire de Montmartre appelle le fardeau des affaires publiques. Cette mesure avait encore pour excellent résultat de

faire à la fois deux bonnes positions à deux honorables citoyens.
— M.***, qui n'avait été jusque-là que serpent, est aujourd'hui maire de sa commune, — et M. Delacour qui, aussi longtemps qu'il est resté maire de Glisolles, était resté confondu parmi les milliers de dépositaires de l'autorité municipale, et n'avait jamais fait parler de lui, vient, de par les journaux de l'opposition, de passer *homme éclairé, indépendant, aimé et estimé de ses concitoyens*, en sa qualité d'homme destitué. — Un petit procès en police correctionnelle, — le baptême de la sixième chambre, — est tout ce qui lui manque pour prendre sa place parmi les grands citoyens.

Nous avons entendu discuter à ce sujet une question de quelque importance. — Le nouveau maire de Glisolles doit-il priver l'église de son talent de serpent? Doit-il continuer à jouer du serpent les fêtes et dimanches? — Néron et Louis XIV ont été blâmés pour avoir manifesté, sur le trône, un amour peu royal des applaudissements du public : Néron chantait, Louis XIV dansait. — C'est sur ces deux princes à la fois que Racine a fait ces vers :

> Il aime à prodiguer sa voix sur un théâtre,
> A réciter des vers qu'il veut qu'on idolâtre.

Nous engageons M. le nouveau maire de Glisolles à méditer ces grands exemples.

C'est une chose bien embarrassante que d'être à la tête d'un gouvernement fondé sur les majorités, et qui ne peut pas s'appuyer sur les plus dignes, mais sur les plus nombreux ; — un gouvernement où les moutons conduisent le chien, — où les chevaux du fiacre mènent le cocher, où un troupeau d'oies mène ou envoie paître son berger. Aussi, quand je vois ces choses, je me sens pris d'une grande indulgence pour ceux qui sont, de nom, les chefs d'une pareille cohue ; — et, quand ils me semblent se tromper, je serais moins porté à blâmer leur sottise qu'à admirer qu'ils n'en fassent pas davantage. Voici le gouvernement on ne saurait plus perplexe entre l'Université et le clergé, qui, avec plus ou moins de formes et de dissimulation, demandent, au nom de la liberté, le monopole de l'instruction publique.

> De ces deux ennemis l'un et l'autre se pique
> D'avoir la liberté pour but et pour refrain ;
> L'un veut la liberté de tenir seul boutique,
> Et l'autre de fermer celle de son voisin.

Coupez une question en deux, — quelle qu'elle soit, — et vous verrez les gens tenir à honneur d'adopter l'une des deux moitiés de la question. — Proposez n'importe quoi, et le public se croira obligé de se ranger en bataille pour ou contre. — C'est ainsi que se forment les partis, c'est ainsi qu'on nous a tant de fois demandé, avec un mélange d'étonnement et de dédain : « Mais enfin, *pour qui* êtes-vous ?.. De quel parti êtes-vous ? — Je suis pour la raison, messieurs, je suis pour le juste et pour l'honnête. — Vous plaisantez ; la raison, le juste, l'honnête... ce ne sont pas des partis. Il y a trois partis : les légitimistes, les républicains et le gouvernement actuel ; de quel parti êtes-vous ? — Permettez-moi, messieurs, de répondre à votre question par une autre question : — Aimez-vous mieux manger des crapauds au jus ou à la sauce blanche ? — Nous n'aimons les crapauds à aucune sauce. — Fumez-vous les cigares de Manille de la régie par le gros bout ou par le petit bout ? — Nous ne les fumons ni par le gros bout ni par le petit, parce qu'ils sont détestables. — Comment préférez-vous les coups de bâton ? sur le dos ou sur la plante des pieds ? — Nous préférons ne pas avoir de coups de bâton. — Eh bien ! messieurs, je suis comme vous, non pas que je demande à ne pas avoir de gouvernement, au contraire, — je voudrais un gouvernement fort dans les mains des plus intelligents, qui, n'ayant rien à craindre et rien à espérer des classes nombreuses, pauvres et peu éclairées, s'occupât sérieusement des intérêts et du bonheur réel de ces classes, autrement que par des phrases, autrement que pour les faire se ruer sur leurs adversaires ; mais, pour ce qui est des trois partis en présence, je ne vois entre eux de différence que dans le nom des hommes.—L'un tient, l'autre veut prendre, l'autre veut reprendre ; — entre ces trois partis, — s'il faut absolument choisir, je suis pour celui qui tient, parce qu'il tient,— et c'est au fond une meilleure raison que ce n'en a l'air : — pour prendre ou pour reprendre, il faut tirailler et déchirer les choses qu'on veut prendre ou reprendre ; et ces choses-là, voyez-vous, c'est nous, c'est la fortune publique, c'est la liberté, c'est la paix et le calme. »

Entre le clergé et l'Université, notre opinion est à peu près la même : l'éducation que donne l'Université est mauvaise, nous croyons l'avoir démontré plus d'une fois sous toutes les formes ; — elle conduit laborieusement la jeunesse à ne rien savoir.

Celle du clergé est, quant à l'instruction, précisément la même chose, mais l'Université n'a pas jusqu'ici élevé la prétention d'être un État dans l'État, l'Université ne reconnaît pas des lois différentes des lois du pays, l'Université n'a pas son grand maître à Rome, — l'Université fatigue et ennuie la jeunesse, mais ne la fanatise pas, — l'Université reconnaît un pouvoir au-dessus d'elle. Si le clergé enseignant est de bonne foi, il faut que tous ses efforts tendent à persuader à la jeunesse l'horreur du sang, — qui empêche d'être soldat, — la prééminence du célibat, qui empêche d'être père de famille, — la propagation du catholicisme par tous les moyens et l'intolérance envers les autres religions, qui sont contraires aux lois du royaume, au bon sens et à la charité. L'Université peut être tolérante, le clergé ne peut pas l'être ; le clergé peut-il instruire des protestants, des luthériens, des juifs, sans porter atteinte à leur croyance, qui leur est garantie par les lois du pays, — ou sans renoncer à ses propres croyances et à ce qu'il doit considérer comme ses devoirs? Le clergé catholique ne peut avoir entre les mains l'instruction de la jeunesse dans un pays qui professe la liberté des cultes.

D'autre part, le clergé, mêlé aujourd'hui à tous les intérêts, à tous les débats, à toutes les ambitions, n'a plus le prestige de ces hommes de science et de patientes études qui, moins soucieux, du moins en apparence, des intérêts temporels, vivaient dans la retraite et la méditation. — Aucun des grands noms, dans les sciences et dans les lettres, n'appartient au clergé,—si ce n'est à quelque membre foudroyé et anathématisé. — Les évêques, qui, depuis quelque temps, se font journalistes, n'ont réussi qu'à se mettre en opposition avec les lois du pays et avec celles de la grammaire, — dans un journal soi-disant religieux, qui vomit continuellement l'injure et la haine en style des halles.

Le clergé se trompe, le moment n'est pas venu pour lui de relever la tête avec tant d'arrogance. — Non-seulement il n'est pas prudent pour lui d'être intolérant, mais sa tolérance n'est plus aujourd'hui une concession qu'il fait, mais un échange qu'il doit se trouver heureux de faire accepter.

Le clergé a tort, — tout le monde était bien disposé pour lui, il n'est presque pas un esprit intelligent de ce temps-ci qui n'ait fait quelques efforts pour lui rendre depuis quinze ans une partie de sa considération perdue. — Moi-même, pour ma faible part, me joignant à quelques grands esprits dont j'ai l'honneur d'être l'ami, je n'ai cessé, dans mes écrits, de lutter contre l'intolérance voltairienne qui avait succédé à l'intolérance de l'Église

La *Gazette de Manheim* avait raconté que M. Arago, secrétaire de l'Académie des sciences de Paris, décoré par le roi de Prusse de l'ordre du Mérite, avait refusé cette distinction ; M. de Humboldt, chancelier de l'ordre du Mérite, a répondu dans la *Gazette universelle de Prusse* — que M. Arago avait au contraire accepté cette croix avec reconnaissance ; — réplique de la *Gazette de Manheim*, disant que, si M. Arago a accepté la chose en 1842, cela ne prouve pas qu'il ne l'ait pas renvoyée cette année. — Nouvelle réponse de M. de Humboldt, — qui affirme que cette assertion est ridicule et n'est aucunement motivée. Il y a quelqu'un dont le silence dans cette discussion nous a étonné à bon droit : c'est M. Arago. M. Arago a accepté la croix et l'a gardée, — il l'a acceptée et renvoyée, — ou il ne l'a pas acceptée ; — voici, je crois, les trois hypothèses possibles : — dans le premier cas, c'est-à-dire s'il a accepté et gardé la croix, il aurait dû avoir le courage de le dire hautement et de ne pas se laisser attribuer un acte de mauvais goût ; — dans le second et le troisième cas, s'il l'a refusée et renvoyée, il faut croire qu'il a eu pour cela des raisons honorables, et il ne devrait pas laisser dire à M. de Humboldt qu'il l'a acceptée avec reconnaissance. — Cela s'explique par la difficile position que fait à ses grands citoyens le parti auquel s'est donné M. Arago ; — la queue de ce parti exige de ces pauvres grands citoyens qu'ils refusent, honnissent et insultent toute distinction à laquelle — ladite queue n'a aucun espoir de parvenir ; — c'est un mandat facile à remplir quand les choses sont loin ; — il faut voir comment alors ces pauvres pensions, ces pauvres croix, ces pauvres titres, sont traités — à distance ; — mais, quand ils approchent, c'est plus difficile ; — tel chasseur tire sans pitié à trente pas sur d'innocents animaux qu'il ne voudrait à aucun prix étrangler avec les mains ou écraser sous les pieds. — A ce moment, nous avons vu plus d'une fois de grands citoyens se sentir émus de compassion ; — mais, si on accepte, on tâche que cela soit sans bruit, sans éclat ; — on tâche de joindre les profits du plaisir aux bénéfices de la vertu ; — la vertu des grands citoyens comme celle des femmes, consiste à refuser. — C'est ainsi que M. Ganneron et M. O. Barrot, amis de madame de Feuchères, avaient laissé courir dans le temps le bruit qu'ils avaient refusé ou donné aux pauvres le legs qu'elle leur avait laissé, tandis qu'il n'en était rien. — On dit M. de Humboldt très-irrité contre M. Arago, qui se tirera très-mal de cette affaire ; il n'a pas assez accepté pour le roi de Prusse, il n'a pas assez refusé pour son parti : — il mécontente tout le monde ; — en vérité, je vous le dis, monsieur Arago, il viendra un jour où il y aura dans ce parti une terrible réaction contre vous.

M. le docteur Giraudeau de Saint-Gervais, si connu à la quatrième page des journaux, où il annonce sans relâche toutes sortes de marchandises plus ou moins décentes, tant sous son nom que sous celui de M. Trablit, pharmacien, est à la fois actionnaire du théâtre du Vaudeville et ami de M. et de madame Ancelot. C'est lui qui a poussé ces directeurs dans la voie de l'annonce avec une véhémence inouïe. Les pièces du Vaudeville occupent depuis quelque temps un si grand nombre de lignes à la page des annonces, — que les bonbons trop peu secrets de M. de Saint-Gervais ne s'y impriment plus aussi à l'aise. *Madame Roland*, surtout, s'est prodigué à elle-même, au prix de un franc la ligne, des éloges proportionnés à son insuccès. — Le fait est que madame Ancelot, qui a fait de jolies pièces, s'est trompée cette fois, et que *Madame Roland* n'a pas eu de succès. La directrice a été obligée de l'avouer à l'auteur et d'étayer le drame d'une pièce fort comique, — jouée par Arnal. — L'auteur, en échange de cette concession, a exigé de la directrice un redoublement d'éloges (un franc la ligne). Le public néanmoins s'ennuyait de *Madame Roland* et sifflait, ce qui ennuyait les acteurs ; après quatre ou cinq tempêtes, bravement essuyées, madame Doche s'est découragée, — et un soir, au beau milieu de la pièce, elle a dit au souffleur : « Sonnez pour qu'on baisse le rideau. » — Le souffleur, croyant que l'ordre venait de M. Ancelot, a sonné, et la toile s'est abaissée. Grande et légitime colère de M. Ancelot, de l'Académie française, qui a cassé sa canne, une chaise, le souffleur et madame Doche, à laquelle il a ôté, non-seulement le rôle de madame Roland, ce qui était dans son droit, mais aussi celui qu'elle jouait dans l'*Homme blasé*, de quoi les auteurs se sont fâchés. — L'affaire a été portée au tribunal de la commission des auteurs, — et, le lendemain et jours suivants, on a vu à la quatrième page des journaux, entre les bonbons, pâtes et pastilles de M. de Saint-Gervais, — que rien n'égale le succès de *Madame Roland*.

Voici un exemple remarquable d'une sévère exigence, relativement aux formules et à l'étiquette. — M. le baron F*** G***, officier d'un régiment qui était en Afrique, se trouvait à Dieppe, où il allait se marier. — Il écrivit au général Q***, suivant l'usage, pour le prévenir et lui demander la permission de contracter mariage. — M. Q*** lui répondit qu'il ne lui envoyait pas la permission demandée parce que la feuille de papier dont s'était servi le capitaine était trop petite et la marge trop étroite. Il l'engageait à envoyer une autre demande.

Une chose m'a frappé en lisant dans plusieurs journaux le compte rendu du dernier opéra de M. Donizetti. — On s'accorde généralement à reprocher au compositeur des *réminiscences*. — C'est un mot que les musiciens ont imaginé pour eux-mêmes, et que les feuilletonistes ont adopté pour donner de la *couleur* à leurs feuilletons. — Se rappeler les pensées des autres et s'en servir pour ses propres ouvrages s'appellerait du plagiat si les choses étaient commises par un écrivain ; fait par un musicien, cela reçoit le nom plus euphonique de réminiscence. — En bon français, on ne devrait appeler réminiscence que les souvenirs de *sa propre musique*, qui reviendraient inopportunément à l'auteur.

La duchesse d'Orléans s'est créé le plus charmant empire qu'une femme puisse désirer : — elle s'est déclarée protectrice des fleurs ; — elle a institué des prix et des médailles pour récompenser et encourager les efforts et les succès des jardiniers ; — déjà, à Paris et à Lyon, plusieurs de ces médailles ont été distribuées. Elle aime à visiter les jardins et les serres où ses charmantes protégées étalent leurs couleurs et exhalent leur parfum.

🐝 Voici une lettre que le dieu Cheneau — me prie *en ami* d'insérer en entier dans les *Guêpes*. — Comme quelques personnes m'accusent d'avoir inventé le dieu Cheneau, — je rappelle ici son adresse : rue Croix-des-Petits-Champs, n° 15.

« Monsieur *Kaar*, voici la réponse au refus que vous avez fait de partager ma table ; je vous ai autorisé à amener un de vos amis ; sont-ce les amis qui vous manquent ? parlez. J'avais une double raison d'agir ainsi. Je vais *tâcher de vous la faire comprendre*. Jusqu'à ce jour, j'ai été privé de vous connaître, quoique vous soyez venu chez moi pour acheter des boutons et quelques brochures de ma composition. Quels peuvent être les motifs qui vous ont empêché de répondre à mes *veux* ? Serait-ce parce que vous m'appelez dieu ? Lisez l'article évangélique reproduit dans la dernière lettre que je vous ai adressée, et vous verrez que ce nom est consacré aux hommes de bien par les divines Écritures. Vous n'ignorez pas que les dieux ont un vrai plaisir à s'entretenir avec les mortels, surtout avec ceux qui, comme vous, cherchent à se distinguer.

» Serait-ce aussi parce que votre modestie vous ferait croire que vous ne seriez pas dans nos entretiens au niveau de ma divinité ? Ne craignez rien, monsieur A. Karr, ma divinité sait descendre quand il le faut, et communiquer une *flume* du feu qui m'anime à ceux qui ne font que ramper ici-bas.

» Telle est ma position ; je *metterai*, pour remplir ma mission, tout mon bonheur à en étendre l'influence sur vous, qui aspirez à la gloire d'éclairer vos semblables. Mais, monsieur, pour bien servir les autres, il vous importe donc d'apprendre à vous servir vous-même.

» Je me suis aperçu qu'il manquait quelque chose d'essentiel à vos mouches jaunes. Venez, venez, venez donc, monsieur Karr, j'espère vous tirer du marais fangeux du **Parnasse des**

Guêpes, où vous ne coassez pas mal, il est vrai, sans cependant, entre nous soit dit, vous distinguer beaucoup des docteurs de Montmartre. Si vous le permettez, je travaillerai à vous élever au haut de l'Olympe parmi les aigles, mais il faut abandonner les *Guêpes* et leur vil domicile ; alors vous serez au nombre de ceux qui n'ont au-dessus *deux* que l'astre brillant du jour. Que risquez-vous en venant chez moi? *Vous ne sauriez descendre intellectuellement*, et physiquement même il y a à monter.

» Vous avez dédaigné mon invitation, monsieur A. Karr. Vous avez peut-être cru que mon repas ne consisterait qu'en nourriture céleste ; pas du tout, erreur, monsieur A. Karr. Je sais que ce mets vous causerait des inquiétudes et du mal, et je n'ai pas la prétention de changer votre principe sans votre concours. Dans ma religion, on respecte et l'on plaint toutes les affections, selon les capacités. D'ailleurs, lorsque je prie comme homme quelqu'un à ma table, je ne sers que des choses propres à l'estomac des mortels. Du reste, en fait de goût, les dieux, comme vous devez le savoir, n'en manquent pas. Mais, après avoir satisfait le corps, je prends quelquefois la liberté de m'occuper de l'âme ; si j'en rencontre de sensibles, je me plais à verser dans elles les *trésors de la vraie intelligence qui sont en mon pouvoir*.

» Il semblerait à vos semblables que cette réfection spirituelle, la plus précieuse, vous serait inconnue. Vous n'avez, je le vois, jamais été convié au festin des dieux que par moi.

» Ne soyez point fâché contre moi, monsieur *Alphonce* Karr, et *se* serait à *tors*, car je vous ai prévenu que je ne redoutais pas les hostilités des *Guêpes*, et que je défiais même les corbeaux. J'ai dit. Salut, portez-vous bien. CHENEAU, négociant. »

On lit sur tous les bureaux de débit de tabac ces mots en gros caractères : *Contributions indirectes ;* — d'autre part, il est écrit dans la Charte : « Aucun impôt ne peut être établi et perçu s'il n'a été consenti par les deux Chambres et sanctionné par le roi.

» La Chambre des députés reçoit toutes les propositions d'impôt ; ce n'est qu'après que ces propositions ont été admises qu'elles peuvent être portées à la Chambre des pairs.

» L'impôt foncier n'est consenti que pour un an ; les *impositions indirectes* peuvent l'être pour plusieurs années. »

Nous n'avons pas souvenir que ni l'année dernière, ni depuis plusieurs sessions l'administration des tabacs ait été autorisée à *établir* et *percevoir* un nouvel *impôt indirect* ; — c'est donc arbitrairement et contrairement à la loi qu'elle a élevé le prix des marchandises dont elle a le monopole. Il est difficile de savoir quelles bornes aura l'avidité de l'administration, puisqu'on lui permet de les fixer elle-même ; il en pourrait être question à la Chambre ; mais, comme nous l'avons déjà remarqué, à la Chambre des députés on prise et on ne fume pas.

❧ Un grain de sable est peu de chose, mais beaucoup de grains de sable sont une montagne inaccessible — ou un désert dans lequel s'égarent et périssent les caravanes ; — une goutte d'eau est bue en un instant par le soleil, — mais beaucoup de gouttes d'eau font la mer, qui engloutit et dévore les navires, les trésors et les hommes. — Un bottier est un bottier, — un tailleur est un tailleur, — un portier est un portier ; — au point de vue littéraire, chacun d'eux n'est rien, — mais portier, bottier et tailleur — rassemblés au nombre de sept à huit cents — forment un public qui fait trembler l'écrivain le plus audacieux, — devant lequel il s'humilie et fléchit le genou.

❧ On raconte en ce moment l'histoire d'un duel qui n'a pas eu de suite à cause de l'obstination d'un des adversaires à se retrancher dans une position acquise. — M.*** fait demander raison à M. de C*** d'une insulte peu grave ; — il espérait que le duel serait refusé, mais M. de C*** accepte ; — les témoins alors, de part et d'autre, pensent n'avoir plus qu'à régler quelques conditions pour le combat. « A quinze pas, messieurs, dit le témoin de M.***. — Il me semble, messieurs, répond un témoin adverse, que la chose n'est pas assez grave et que nos amis ne sont pas assez maladroits pour qu'on doive rapprocher tellement la distance; vingt-cinq pas seront une distance plus convenable. »

On discute, — on s'accorde à vingt pas. Les témoins de M.*** reviennent le trouver. « Eh bien? — Eh bien, c'est arrangé. — Je le pensais bien. — Vous vous battez demain matin. — Hem? — A neuf heures. — Comment? — Au bois de Vincennes. — Diable! — A vingt pas. »

M.*** paraît un moment embarrassé; mais bientôt, se ravisant : « Vous dites qu'on se battra à vingt pas? j'eusse autant aimé à quinze et même à dix pas. — Nous demandions quinze pas, mais les témoins de C*** ont insisté pour vingt. — Vous leur avez fait cette concession? — Oui. — Très-bien, je ne compte pas leur en faire davantage. — Mais il n'y en a plus à faire. — Il peut s'en présenter : je maintiendrai mes droits. — Personne ne les attaque. — Je suis l'offensé... — Oui, puisque c'est vous qui demandez réparation. — Donc j'ai le choix des armes. — Mais il n'y a pas de... — J'ai le choix des armes, et je choisis l'épée. — Comment l'épée! mais vous avez dit vingt fois devant nous que vous tireriez le pistolet dix fois plutôt qu'une fois l'épée. — Est-ce à propos de cette affaire que j'ai parlé de la sorte? — Non, mais... — Il n'y a pas de mais, je suis insulté, j'ai le choix des armes, je prends l'épée. — Il faut que nous revoyions les témoins. — Pourquoi? — Pour faire de nouvelles dispositions. — Il n'en est pas besoin, vous êtes convenus qu'on se battrait à vingt pas. — Oui... — Eh bien! je ne veux pas vous démentir : je me battrai à vingt pas. — A la bonne heure. — Mais je répète que j'aurais autant aimé à quinze pas ou à dix. — Avez-vous des pistolets? — Non, pourquoi faire? — Comment, pourquoi faire?... belle question, mais pour vous battre. — Pour me battre! mais je ne me bats pas au pistolet. — Ah çà! mais nous ne nous entendons pas, — vous venez de nous dire encore que vous acceptiez les vingt pas. — Eh bien, oui, j'accepte les vingt pas... après? — Comment... après? — J'accepte les vingt pas, mais je n'accepte pas le pistolet, je ne suis pas aux ordres de ce monsieur ; — j'ai fait une concession, je ne reviendrai pas dessus ; — vingt pas si on veut, — je le veux bien ; — maintenant que je l'ai accordé, je ne reviendrai pas là-dessus ; on se battra à vingt pas, pas un de plus, pas un de moins. Ce n'est pas moi qui l'ai demandé, — on me l'a demandé : ça sera comme on a voulu : — j'ai fait une concession, mais je n'en ferai pas deux. Vingt pas, soit, — mais à l'epée. »

Il fut impossible de persuader à M.*** de changer sa résolution. — Il appelait son obstination « maintenir ses droits. » — Le duel n'eut pas lieu.

Il y avait à Paris un comédien de talent, — d'un talent réel et sérieux, c'était Bouffé. — A dire vrai même, c'était le seul comédien hors ligne. — Il était relégué au Gymnase et le moins payé de tous les acteurs de Paris. MM. les sociétaires du Théâtre-Français — n'avaient pas dédaigné de prendre au Vaudeville deux ou trois médiocrités et nullités. — mais ils avaient eu soin de laisser là Bouffé. — Le directeur du théâtre des Variétés n'a pas reculé devant un grand sacrifice d'argent pour le retirer du Gymnase. — Je suis heureux de constater que l'esprit ne sert pas toujours à faire de mauvaises affaires, — et qu'il n'est pas vrai, — comme on le prétend, — que les gens d'esprit sont plus bêtes que les autres. — Mais à quoi sert un directeur au Théâtre-Français ?

Janvier 1844.

La famille Arago. — Les journaux. — Améliorations et élévations des conditions. — Du serment politique. — Nouvelles études de mœurs. — L'Université et le clergé. — Trois variétés de latin de cuisine. — Les fortifications de Paris. — Sur la guerre d'Afrique.

JANVIER. — Malgré la température extraordinairement douce de l'hiver, la jeune femme du prince de Joinville est, dit-on, fort alarmée de la tristesse de cette saison, dont elle n'avait aucune idée. — On a beau lui affirmer que le soleil, les feuilles, les fleurs, tout reparaîtra dans quelques mois, elle croit qu'on la trompe pour la consoler, — que tous les arbres sont morts, qu'il n'y aura plus jamais de feuillage — ni de fleurs ; — que le soleil, aux trois quarts éteint, ne reprendra plus sa force, sa chaleur, ni son éclat ; — que la nuit et la mort ont conquis en partie ce pays ; — elle regrette amèrement toutes ces belles choses qu'elle croit ne revoir jamais.

Nos romanciers modernes publient de la nature une nouvelle édition revue, corrigée et considérablement augmentée. — Nous avons déjà cité quelques-unes des fleurs sorties de leur cerveau. — A l'*œillet bleu* que M. Jules Janin a cru voir dans le jardin du fleuriste Ragonot, frère du chanteur Ragueneau ; à l'*azalée qui grimpe* dans les livres de M. de Balzac, il faut joindre les *chrysanthèmes bleus* qui s'épanouissent dans le roman de *Consuelo* de madame Dudevant. Ces écrivains ont remarqué qu'il y a peu de fleurs bleues, et que la plupart de celles auxquelles a été accordé le privilége de cette magnificence sont des fleurs des champs. — Ils ont songé à réparer cette parcimonie que Dieu a montrée de la couleur de son ciel. Vénus teignait de son sang la rose, qui jusque-là avait été blanche ; — c'est du sang de Pyrame et de Thisbé que le mûrier prit la teinte rouge de ses fruits : — c'est dans leur encrier que madame Dudevant et M. Janin ont trouvé la couleur bleue qu'ils accordent aux chrysanthèmes et aux œillets.

Nous avons déjà cité des vers dans lesquels des amis de la famille Arago disaient :

> François prit toute la science,
> Etienne garda tout l'esprit.

Ces vers semblaient dire que M. François Arago n'avait pas le moindre esprit, et que M. Étienne était un ignorant, — sans parler des autres Arago, — du frère Jacques, qui n'avait à ce compte ni science ni esprit, — ainsi que du jeune Emmanuel, qui n'avait ni esprit ni science.

D'autres louangeurs ne se sont pas cette fois montrés plus adroits ; — ils ont imprimé :

> A toi, François, les cieux ; à toi, Jacques, la terre !

Que restera-t-il à M. Etienne, puisque ses deux frères se sont partagé la terre et le ciel ? A peine le Vaudeville.

⁂ Par une singulière fatalité, M. Victor Hugo, dans l'espace de quelques mois, a dû faire l'éloge funèbre des deux écrivains qui s'étaient le plus opposés à son entrée à l'Académie. — Lemercier et Casimir Delavigne.

⁂ Nous voyons chaque jour les journaux de l'opposition accuser la politique du roi d'être timide et sans énergie ; c'est une accusation injuste, et les gens de bonne foi reconnaîtront qu'il est, au contraire, d'une témérité sans exemple de laisser relever la tête avec tant d'arrogance et d'une façon si provoquante aux gens qui ont renversé du trône le prédécesseur de S. M. Louis-Philippe.

⁂ On se rappelle que, il y a quelques années, à une époque où on craignait une grande cherté de pain, un journal, appartenant au gouvernement, eut la malheureuse idée de raconter, dans un article *Variétés*, qu'il y a des peuples qui mangent de la terre et qui ne s'en portent pas plus mal. — On crut un moment que le gouvernement se proposait de nourrir le peuple avec de la terre. — Quelques Français ont senti cette pensée germer dans leur tête, — et ils ont trouvé moyen de faire manger de la pierre à leurs compatriotes. — Ils mêlent à la fécule de pommes de terre de la poudre d'albâtre dans la proportion de six à sept pour cent.

Il est une réflexion que ne peuvent s'empêcher de faire les gens de bonne foi à la lecture des journaux qui représentent l'opinion des divers partis politiques. — Prenez-en un au hasard : — tous les écrivains qui partagent ses opinions politiques accaparent tout le talent, tout le génie, tous les succès. Les livres, les drames, les tableaux, les statues des artistes ou des auteurs rangés dans le parti opposé sont absurdes, manqués, ridicules.

Tous les orateurs du parti sont de grands orateurs. — Les autres ont une *faconde lourde et embarrassée*—Les hommes du parti sont vertueux, indépendants, entourés de l'estime de leurs concitoyens. — Les autres sont corrompus, esclaves, en exécration au pays.

Quand vous avez lu cela pendant quelque temps, vous vous demandez comment le combat entre les partis peut durer si longtemps ; — comment les gredins, les esclaves, les médiocres, les nuls, détestés de la France, peuvent tenir encore en échec les vertueux, les indépendants, les grands et les forts — estimés du public.

Vous n'avez qu'à lire le journal du parti opposé, — et vous verrez précisément la même chose ; — les génies de l'autre journal sont les médiocrités de celui-ci, — et *vice versâ*. — Les grands orateurs de tout à l'heure ont, à leur tour, la faconde lourde et embarrassée, les corrompus sont devenus les vertueux, les vertueux sont devenus les corrompus.

Aucun parti n'accorde à l'autre un homme de quelque **valeur**, un écrivain ou un artiste du moindre talent. — L'armée de chacun est composée de héros invincibles; — l'armée ennemie de goujats indisciplinés, sans tactique et sans courage, — et l'on ne comprend pas comment la victoire reste toujours incertaine, et comment à chaque combat — on chante un *Te Deum* dans les deux camps.

Un journal de l'opposition n'accordera pas qu'un homme d'État aux affaires ait des souliers bien cirés. Un journal ministériel serait gourmandé par ses patrons s'il reconnaissait que le gilet d'un député de l'opposition est d'une coupe élégante.

Voici, de ce ridicule, un exemple pris au hasard dans un journal de l'opposition radicale :

On vend une coupe de bois à Bar-le-Duc; — mais ces bois appartiennent au duc d'Aumale. — Le journal dit : « Les bois se sont mal vendus, les chênes étaient creux, les ormes couronnés, etc. » Si on le poussait un peu plus loin, il vous dirait que les violettes qui fleurissent dans ces bois n'ont pas d'odeur, que les rossignols qui les fréquentent n'ont pas de voix ou chantent faux.

La séance royale a eu lieu à la Chambre des députés. — Quatre à cinq mille personnes y ont assisté, que l'on ne peut espérer de tromper sur ce qui s'y est passé, — et qui mettront six ou huit mille autres personnes parfaitement au fait. Eh bien, dès le soir et le lendemain, les journaux se livrent à des récits parfaitement contradictoires de tous les détails de la séance.

On lit dans un journal ministériel : « Des cris nombreux et prolongés de Vive le roi! ne sont interrompus que par les cris répétés de Vive le comte de Paris! Vive la reine! Vive la duchesse d'Orléans! — Il y avait dans la personne de Sa Majesté une plénitude de vigueur et de santé qui faisaient paraître le roi rajeuni, il a monté d'un pas ferme les marches du trône et a prononcé son discours d'une voix forte et sonore. »

Prenez un journal de l'opposition... celui que vous voudrez... je copie textuellement :

« *Quelques cris de Vive la reine!* se font entendre; Marie-Amélie présente son petit-fils sur le devant de la tribune; *après un moment d'hésitation, une voix* crie : *Vive la duchesse d'Orléans! Un petit nombre de voix* lui répondent. *La même voix* reprend : *Vive le comte de Paris!* et ce signal est *presque également suivi.*

» Peu d'instants après, les grandes députations et *une longue file* d'officiers d'ordonnance et d'aides de camp entrent précédant Louis-Philippe, qui monte *lentement* les marches du trône, *s'arrête plusieurs fois* pour saluer l'assemblée la main sur son cœur. Des cris de *Vive le roi! partent de plusieurs* bancs et de *quelques* tribunes.

» Louis-Philippe s'assied, ayant à sa droite les ducs de Nemours et de Montpensier, et à sa gauche le prince de Joinville. Après s'être couvert, Louis-Philippe développe *un papier* qu'il tient à la main, et lit d'*une voix moins sonore que les autres années* le discours suivant. »

Je comprends parfaitement que le journaliste, selon ses idées et ses opinions, trouve le discours du roi plus ou moins significatif, plus ou moins bien pensé ou bien écrit. — Mais il est des faits matériels sur lesquels il est impossible de varier à ce point si l'on est tous deux de bonne foi. Entre ces deux récits opposés des mêmes choses, il est évident pour deux mille personnes qu'il y a un des deux journaux qui a impudemment menti.

Les ministres ont fait dire au roi, dans la séance d'ouverture des Chambres : « Toutes les conditions s'élèvent et s'améliorent. » C'est une assertion qu'il nous est impossible d'admettre. Toutes les conditions, il est vrai, s'élèvent ou tentent de s'élever... mais voici de quelle manière : je connais un menuisier qui a fait donner de l'éducation à son fils, afin qu'il puisse devenir notaire. — Le fils ne salue plus son père quand il passe du monde dans la rue et qu'on pourrait le voir, parce qu'il rougirait, devant les jeunes gens qu'il fréquente, d'avoir un père menuisier. — Il fait des dettes que le père paye ; il ne sera pas en état d'acheter une charge avant trois ans ; — mais, à cette époque, son père ne sera plus en état de la payer : son fils l'aura ruiné dans deux ans.

La fortune longue à faire des marchands d'autrefois se composait de l'économie de ce que dépensent de plus qu'eux les marchands d'aujourd'hui. — Un marchand, aujourd'hui, peut et veut devenir député ; il faut qu'il arrive à la fortune, c'est-à-dire au cens d'éligibilité ; il faut jouer gros jeu et un jeu dangereux. — Il y a un billet blanc sur cent noirs ; le billet blanc donne des conditions d'existence qu'un marchand d'autrefois n'eût pas osé rêver ; — les cent billets noirs amènent la ruine et le déshonneur. Combien d'épiciers font faillite pour qu'un seul Ganneron arrive à être député, colonel d'une légion de la garde nationale, soit reçu à la cour et danse avec les filles du roi !

Les poëtes ne sont plus crottés, ni couverts d'habits râpés ; ils ne daignent rêver que sous des arbres dont l'ombre et le feuillage leur appartiennent par des actes authentiques ; ils ont remplacé Pégase — par de vrais chevaux, l'Hypocrène par le vin de Champagne ; — mais plus d'études, ni de méditation, ni de douce paresse, ni de fantaisie : il faut écrire quarante volumes par an.

Le médecin ne se contente plus de trouver une honnête aisance à la fin d'une carrière honorable ; — il monte sur les tréteaux de la quatrième page des journaux, et il crie avec toutes sortes de contorsions grotesques pour amasser la foule et pour vendre au public des drogues infâmes.

Les filles de portiers veulent être artistes ; elles jouent du piano, apprennent à chanter et vont au Conservatoire.—Une sur deux cents quelquefois réussit à avoir du talent, les autres n'ont acquis que le dégoût du travail, le besoin du luxe et de la paresse. — Elles se prostituent.

🐝 Les ouvriers lisent les journaux, suivent les débats des Chambres et causent politique; ils font des vers. — Pour deux ou trois auxquels le roi donne des montres avec des breloques en fruits d'Amérique, il faut compter par centaines ceux qui manquent d'ouvrage ou qui manquent à l'ouvrage, et vivent dans la misère à laquelle ils condamnent leur femme et leurs enfants, — à moins qu'ils ne se fassent tuer dans une émeute où les conduisent et les abandonnent des gens qui se disent leurs amis, en face d'autres amis qui leur tirent des coups de fusil.

Les conditions s'élèvent, non en grandissant, mais en s'étirant; — elles perdent en assiette et en ampleur ce qu'elles gagnent en élévation.

Les conditions s'élèvent par l'envie; — plantez un jeune arbre entre des chênes séculaires, en peu d'années sa tête sera à la hauteur de la tête des plus vieux, mais il sera mince et étiolé, et se brisera au premier vent un peu fort.

Les conditions s'élèvent, mais elles ne s'améliorent pas; au contraire, dans toutes les conditions, le but est plus haut placé, le bonheur est plus difficile qu'autrefois, les désirs sont plus vastes. — Autrefois on jouait l'*ambe* ou le *terne*, aujourd'hui on ne joue plus que le *quine*. — Le quine est une belle chose quand on le gagne, mais la mise au jeu est plus forte, et le nombre des chances favorables est de beaucoup diminué.

Il ne faut pas être dupe de cette égalité apparente — qui fait croire que les plus petits se sont élevés pour y arriver. — Cette apparence d'égalité cache, au contraire, la plus grande et surtout la plus triste inégalité qui ait jamais existé dans la société.

L'ouvrier qui avait une belle veste de velours olive était habillé *autrement* que l'élégant du boulevard de Gand; — l'ouvrier qui aujourd'hui met un habit noir qu'il a acheté à force de privations — appelle la comparaison — et est plus mal que l'élégant.

On ne sait pas ce que tel jeune homme s'impose de privations secrètes—pour pouvoir fumer sur le boulevard des cigares à cinq sous comme tel autre jeune homme plus riche que lui.

Il serait bon, dans l'intérêt de la dignité humaine, de supprimer l'usage du serment politique. — Il est trop évident aujourd'hui qu'on s'en fait un jeu ouvertement. Pourquoi les députés légitimistes ont-ils prêté serment à Louis-Philippe? pour pouvoir siéger à la Chambre et travailler à sa ruine, — absolument comme les députés aujourd'hui dévoués au pouvoir prêtaient serment à Charles X, — c'est-à-dire pour être plus à même de le renverser. — Ceux-ci voudraient bien aujourd'hui dire leur fait aux autres, et leur demander compte d'un certain voyage tout récent à Londres ; mais ils ont peur de voir rétorquer leurs reproches. — Ils ont fait au dernier roi de la branche aînée tout ce que les légitimistes voudraient faire au premier roi de la branche cadette; — ils ne peuvent invoquer contre eux ni la religion du serment ni l'honneur : ils ne peuvent invoquer que la chose la moins respectable du monde, leurs intérêts.

C'est une chose singulière que le *gouvernement*. Un homme qui, pour aucun intérêt, ne vous déroberait un sou — fraudera sans pitié la douane, ou la régie des tabacs, — ou les contributions directes ; voler le gouvernement, ce n'est pas voler. « C'est vous qui avez enlevé ce tronçon de mât qui était là hier, disait dernièrement un douanier à un pêcheur? — Laissez-moi donc tranquille, qu'est-ce que ça vous fait? — Ça me fait beaucoup, c'est à nous, la marine nous l'a abandonné. — Ah ! je ne savais pas ! pardon, je croyais que c'était au gouvernement; mais, puisque c'est à vous, je vous le rendrai. »

De même tel homme qui se croirait déshonoré s'il manquait à sa parole d'honneur donnée à un autre homme, ne se fait aucun scrupule d'un serment prêté au roi. — C'est de la politique.

On a déjà voulu privilégier l'assassinat politique. — Malheureusement pour le gouvernement actuel, il lui est très-difficile de réprimer et ses idées fausses et leur application; il n'a d'avantage que le succès sur ceux qui font aujourd'hui des tentatives qu'il s'efforce de réprimer.

🐝 Il est temps de surveiller le piano ; je lui pardonnerais volontiers son audace et son outrecuidance, mais je ne puis lui passer l'ennui qu'il répand dans les meilleures sociétés. — M. Listz a rendu le piano philosophe et humanitaire ; le piano a pris sa revanche et a rendu M. Listz prétentieux et insupportable. — Voici maintenant un monsieur qui publie des *études de mœurs* pour le piano. — Sont-ce les *Caractères* de la Bruyère, sonate pour le piano, — ou les *Maximes* de la Rochefoucauld, — caprice pour piano et violon ? — On les offre à la curiosité des amateurs. — Nous allons transcrire mot pour mot l'annonce qu'en fait un journal ministériel, — annonce qu'eussent faite volontiers les journaux les plus indépendants, et qu'ils ont peut-être faite :

« CHRONIQUE MUSICALE. — On demande avec empressement chez madame veuve Launer, éditeur de musique, deux remarquables productions, à peine sorties des presses du graveur et de la lithographie, elles révèlent à la fois un génie doué de *la plus piquante originalité* et de la mélodie la plus suave et *la plus onctueuse*. La curiosité s'y attache d'autant plus que, publiées sans nom d'auteur, chacun y inscrit, selon ses impressions, le nom de célébrités qui se gardent bien de s'en défendre. »

(Eh bien ! c'est mal aux célébrités de vouloir ainsi usurper la gloire d'un inconnu et le nom d'un anonyme.)

« La première de ces productions est intitulée un *Veuvage*, *esquisse de mœurs* pour piano seul. C'est un petit chef-d'œuvre de bon goût et d'esprit, où l'auteur débute par un court mais larmoyant et expressif *andante*, d'où s'échappent et tombent les larmes amères que fait répandre la perte d'une épouse adorée. »

(Les larmes ne s'échappent plus des yeux, elles s'échappent des *andante ;* une fois échappées, ce qu'elles ont de mieux à faire, c'est de *tomber,* à moins qu'elles ne préfèrent rester suspendues aux cils de l'andante ; essuyez votre andánte et continuons.)

« Intervient un ingénieux *récitatif.* »

(On sonne, on intervient, — qui est là ? C'est un ingénieux récitatif. — Entrez.)

« Où le *veuf,* qui était prêt à en finir résolûment avec la vie, semble se raisonner et se demander un compte sévère de son inutile désespoir. »

(Le piano traduit alors un petit passage de Cicéron sur le suicide, — qu'il trouve dans le traité de la vieillesse — *de Senectute.*)

« Un flacon de *constance* se présente par aventure sous sa main ; il le débouche par inadvertance et le boit par distraction. L'auteur a trouvé là des effets d'imitation qui vont à merveille au caractère du piano. »

(Les effets d'imitation ?... D'abord le bruit du tire-bouchon qui grince dans le liége, — celui du bouchon qui part, — le glou-glou de la bouteille, — le son du vin dans le gosier, — un petit bruit de lèvres pour exprimer que le vin est bon, — — puis le hoquet.)

« Ces effets l'entraînent tout naturellement à un *allegro vivace* à trois temps. »

(Je comprends parfaitement que *ces effets* entraînent tout naturellement n'importe qui à n'importe quoi qui ne soit pas la même chose.)

« Un *allegro* vivace qui donne à penser que le veuf, tout à l'heure inconsolable, est prêt à se remarier. En effet, dans ce petit *allegro,* éclatent soudainement des *éclairs* de gaieté, des *sentiments* de valses, des *impressions* de contredanses et comme un *parfum des noces prochaines,* qui contraignent l'auditeur à partager l'inconstance. »

(L'inconstance étant le changement, non-seulement l'auditeur partage l'inconstance, mais je déclare que, s'il a le sens commun, il serait capable de l'inventer.)

« La lithographie de cette *Esquisse de mœurs* pour piano rend *très-finement* la pensée du compositeur : elle représente deux médaillons. Le premier montre aux regards le jeune *veuf* dans toute la profondeur de son désespoir, mouchoir humide de larmes, yeux levés vers le ciel, boîte de pistolets sur la table. Le second médaillon représente le jeune *veuf* tarissant une bouteille de *constance* où il vient de puiser des projets de secondes noces. »

(Comme un musicien doit être heureux de trouver un dessinateur qui rend des esquisses de mœurs avec *tant de finesse*. Il s'agit d'un veuf qui pleure ; — qu'imagine le dessinateur ? j'entends le dessinateur qui a de la finesse : il dessine un homme qui pleure, — vous comprenez tout de suite de quoi il est question. — Dans le second médaillon, — il faut montrer le veuf buvant du vin de Constance : l'ingénieux dessinateur vous montre *finement* un homme qui vide une bouteille, — sur laquelle... (que de finesse !) sur laquelle il écrit — *Constance*. »

On annoncera du même auteur : — *Nouvelles Observations sur les murs mitoyens*, — rondo. *Résumé de l'histoire de France*, sonate à quatre mains. *Abrégé de Condillac*, pour piano et flûte. *Opinion d'un pianiste sur la dotation du duc de Nemours*, fantaisie brillante pour piano et violon (obligé). La *Véritable Cuisinière bourgeoise*, variations faciles pour le piano. *Discussion sur le droit de visite et l'alliance anglaise*, pour piano. *Parallèle entre M. Thiers et M. Guizot*, rondoletto. *Definition du procédé Ruolz pour la dorure*, études pour piano, etc.

En ce moment où, grâce au progrès et à la concurrence, on fait des pains de poudre d'albâtre, nous enseignerons aux industriels un pain qui se fait en Norwége, et qui, moins monumental, il est vrai, se fait aussi bon marché, et est peut-être un peu moins nuisible à l'estomac des consommateurs. — Je parle d'une partie notable de sciure de bois ajoutée à la farine ; — mais peut-être vais-je apprêter à rire certains industriels ; — car, dès qu'il y a un moyen de voler autrui, c'est un tort de le croire secret ; il est probable, au contraire, qu'il est très-répandu.

L'UNIVERSITÉ ET LE CLERGÉ. — L'éducation universitaire était une chose assez raisonnable quand certaines classes de la société étaient seules appelées à en profiter. — On étudiait pour être avocat, médecin ou prêtre (quelques vauriens se faisaient poëtes) ; — on apprenait alors de beau et bon latin pour arriver à comprendre et à écrire les trois variétés de latin dit de cuisine — dont se servent et surtout se servaient ces trois professions. — Plus tard, à mesure que les conditions *s'élevaient* sans *s'améliorer* (pardon, ô discours dit de la couronne ou du trône!), les petits bourgeois voulurent que leurs fils eussent précisément la même instruction que les fils des plus gros bourgeois. — Cela fit un peu trop de prêtres, un peu trop d'avocats — et un peu plus de médecins que de malades, — ce qui obligea ces pauvres médecins d'inventer des maladies. — Cette tendance a continué, — et aujourd'hui tout le monde partage une éducation qui ne peut mener qu'à trois professions plus qu'encombrées : — c'est plus que bête.

Le clergé arrive à la rescousse, — et réclame la *liberté d'enseignement*, c'est-à-dire la *liberté* tout entière, de telle façon qu'il n'en reste pas pour les autres. — Le clergé empiète et doit empiéter ; — un prêtre qui a de la foi ne doit penser qu'à empiéter · le clergé demande la liberté de l'enseignement, — *feta armis machina*, — un peu comme un amant demande une conversation le soir, — sous les tilleuls, — en promettant un si grand respect...

Mais, si au moins le clergé arrivait avec un autre programme d'éducation, — s'il offrait une éducation qui pût servir à quelque chose dans la vie, une éducation qui formât, non pas seulement des médecins, des prêtres, des avocats... mais des hommes, une éducation utile — qui vous disposât aux luttes de la vie !

Mais... arriver pour demander à augmenter le nombre des gens qui apprennent à dix élèves sur soixante des choses inutiles, et rien aux cinquante autres ; — arriver pour demander à faire réciter le même rudiment, à faire les mêmes pensums ; — vraiment, cela cesse d'être dangereux, car cela n'est pas fort, cela n'est pas habile.

🐝 A propos des fortifications, en attendant qu'elles défendent Paris contre l'étranger, — contre lequel elles ne le défendraient peut-être pas, — mais auquel personne de ceux qui les ont demandées, consenties et faites, n'a sérieusement pensé, — elles ont amené des choses contre lesquelles je ne sais comment on fera pour se défendre.

Elles ont amené un amas d'ouvriers, la plupart sans état réel, — aujourd'hui sans ouvrage, et qui ne quitteront plus Paris, l'endroit du monde où l'on vit le mieux des rentes et du travail d'autrui. — En outre, — grâce au système absurde des travaux adjugés au rabais, — c'est-à-dire exécutés par les gens les plus aventureux et non les plus capables, plusieurs entrepreneurs ont fait faillite — et ont volé leurs ouvriers — qui se trouvent sans travail pour l'avenir, — sans récompense du travail passé. Aussi, Paris est-il, — surtout en y comprenant la banlieue, le théâtre de plus de vols et d'assassinats qu'il ne l'a jamais été.

🐝 Je ne parle pas souvent de la guerre d'Afrique... parce que (cela fera rire de pitié beaucoup de mes confrères les journalistes)... parce que... je suis vraiment honteux de l'avouer... parce que je n'ai pas sur ce qui se passe là-bas des données d'une certitude satisfaisante, parce que je ne puis *voir* les choses de mes deux yeux.

Cependant les *Guêpes* ont le vol assez bon, — elles ne craignent

pas le vent ni la mer, — ni plusieurs autres choses encore. —
Voici une de mes petites mouches qui me dit à bâtons rompus :

« Défiez-vous des bulletins, — maître; — nos soldats sont braves, mais ils sont en chair et en os; — ils se battent assez bien — pour que les bulletins n'aient pas besoin de mentir. L'affaire du 22 juin ne fut qu'une échauffourée. — L'émir, disait-on, avait été détruit, comme toujours. — Trois jours après, il était aux portes de Mascara. — Le 12 septembre, la *Providence seule* sauva une poignée de spahis jetés à plus de cent lieues en avant de l'infanterie sur un camp ennemi, où ne se trouvèrent par hasard que des domestiques et quelques hommes à pied qui gardaient les bagages. — Il était sept heures du matin, et Abd-el-Kader faisait par hasard du fourrage avec sa cavalerie. — Dix minutes plus tard, et sans l'arrivée d'un bataillon et de deux pièces de canon, le sacrifice de nos soldats était consommé. — Le 22 du même mois, trois cent cinquante cavaliers français furent culbutés deux fois, — et le bulletin chanta effrontément victoire.

» Un colonel que l'on cherchait à faire mettre à la retraite quinze jours avant sa nomination au grade de maréchal de camp, un vieux soldat, un brave officier, le général Tempoure, a fait avec quatre cent cinquante chevaux ce qu'on aurait pu faire cinq mois plus tôt, ce qu'on aurait fait certainement au 22 septembre si on avait été bien conduit. — Il a détruit, le 11 novembre, les deux bataillons réguliers d'Abd-el-Kaker. — Cent ennemis sont restés sur le champ de bataille; plus de trois cents prisonniers ont été ramenés. — Le général Tempoure est un officier simple et modeste; — il a su se procurer de bons renseignements, et s'en est habilement servi : il a dérobé sa marche à l'ennemi, il l'a enveloppé, et, par une charge impétueuse et bien dirigée, il l'a anéanti. — C'est là toute la tactique possible en Afrique. — Mascara est en proie à l'intrigue et à l'illégalité, — au caprice. — . . . . »

Février 1844.

Un ostensoir à vendre. — Les claqueurs. — Saint Adhémar. — La *Réforme* et les *Guêpes*. — Les révélations de M. Madier de Montjau. — La direction des Beaux-Arts. — L'École buissonnière. — Le fisc. — M. de Salvandy. — Trois fauteuils de l'Académie. — Le serment. — Flétrissures réciproques. — De Paris à Rouen par le chemin de fer, impressions de voyage. — Le ruisseau.

Comme Gatayes flânait en Normandie, il apprit par hasard que le curé d'une petite commune faisait restaurer son église; — il avait déjà vu des églises *restaurées*, c'est-à-dire honteusement couvertes d'un badigeon payé au moyen de la vente des vitraux, remplacés par du verre blanc, et dépouillées quelquefois de sculptures d'une grande beauté. — Gatayes, alléché par l'espoir peu vertueux de profiter des bévues du prélat iconoclaste, alla faire une visite au curé. — Il trouva l'homme le plus simple, mais aussi le plus pieux, le plus naïf, le plus désintéressé qu'il soit possible de voir. — Il lui montra avec tant de bonne foi ses améliorations, que Gatayes n'eut pas le courage de le désillusionner.

Il y avait, entre autres choses qui avaient offusqué le bon curé, — des peintures sur bois fort curieuses, mais aussi fort naïves; — *Loth et ses filles* y remplissaient tout un panneau. — D'abord il avait fait habiller par un vitrier de Fécamp les figures un peu nues, — puis il avait prolongé le feuillage de certains arbres, — allongé les cheveux de certaines femmes dans l'intérêt de la pudicité; — puis enfin il avait enlevé les panneaux. — Gatayes *guignait* les panneaux, il offrit lâchement au curé de contribuer, en échange, aux embellissements et badigeonnages qui restaient à faire; — mais le curé répondit sérieusement que, selon lui, tout objet ayant servi au culte ne devait plus jamais être employé à d'autres usages, et qu'il avait enterré dans le chœur tout ce qui provenait de son église. — Gatayes loua cette pensée pieuse et simple — et s'en alla, après avoir obtenu la grâce d'une statue en bois sculpté fort ancienne et que le curé accusait d'être *trop vieille*. — Il avait pendant bien longtemps économisé sou à sou sur son modique revenu — pour faire faire, par ce même vitrier qui avait repeint les panneaux, une énorme et horrible statue de la Vierge peinte en rose pour la figure et en bleu pour les vêtements. — Cette bûche enluminée devait remplacer le saint proscrit. — Gatayes obtint qu'elle ne ferait que lui servir de pendant.

Il faut croire que le clergé parisien n'est pas de l'avis du bon curé normand, car, depuis plusieurs mois, il laisse mettre en vente chez un fripier du faubourg Saint-Honoré, n° 130, — pêle-mêle avec de vieux habits, de vieux cors de chasse et de vieux chapeaux, un ostensoir en cuivre argenté. — Je l'ai vu. — Un second saint-sacrement est également à vendre, m'assure-t-on, — rue des Saint-Pères, n° 24.

On s'est souvent élevé contre les applaudissements salariés des claqueurs. — Lorsque M. Bocage et madame Dorval entrèrent à l'Odéon, M. Bocage eut une idée qui ne manquait ni de courage ni de noblesse : il alla trouver le directeur, M. Lireux, et lui fit observer qu'à l'Odéon surtout, où le parterre est composé d'un public éclairé et chaleureux, il était inconvenant d'admettre des claqueurs et de laisser voir la prétention de forcer ou de diriger les applaudissements. — M. Lireux se rend à l'observation de M. Bocage; il est convenu que l'institution des claqueurs est et sera supprimée.

A la première soirée, M. Bocage et madame Dorval jouent au milieu du silence le plus religieux. — Tous deux se félicitent de cette attention silencieuse et profonde. — Le lendemain, les choses se passent absolument de même, si l'on en excepte le plaisir qu'en éprouvent les deux artistes, qui se félicitent avec moins d'entraînement. — La troisième représentation se passe comme la seconde.

Le quatrième jour, M. Lireux voit entrer dans la salle une escouade de gens à figures patibulaires qui vont se placer dans un coin à droite du parterre. — A peine sont-ils installés qu'une brigade égale en nombre et d'un aspect aussi peu rassurant vient à son tour se placer à gauche. — M. Lireux s'adresse au commissaire de police, lui demande si ces hommes sont à lui; — le commissaire ne les connaît pas, il allait même faire la même question à M. Lireux, quand celui-ci l'a prévenu. Sur ces entrefaites, on joue l'ouverture, la toile se lève, et madame Dorval entre en scène; une salve d'applaudissements part de la droite et entraîne le public, qui ne demandait pas mieux que d'applaudir madame Dorval.— M. Bocage paraît à son tour, le coin de gauche agit comme le coin de droite et obtient le même résultat. — La soirée se passe au milieu des applaudissements recueillis exclusivement par madame Dorval et par M. Bocage.

Le spectacle fini, le directeur se couche, il allait s'endormir, lorsqu'il est effrayé par une invasion bruyante de M. Bouchet, autre acteur de l'Odéon, accompagné de toute sa famille éplorée. — Il venait se plaindre de ces applaudissements, qu'il trouve naturellement scandaleux, puisqu'il n'en a pas eu sa part. M. Lireux lui explique que les claqueurs ne lui appartiennent pas, et qu'il décline la responsabilité de leurs actes. M. Bouchet prend son parti, et le lendemain une troisième escouade se glisse au parterre à ses frais et à son bénéfice.—Trois artistes seulement se trouvaient ainsi applaudis; — les autres acteurs, qui n'étaient pas assez riches pour avoir chacun une claque particulière, s'associèrent et montèrent une petite claque qui n'applaudit que les membres de l'association; — ce que voyant, M. Lireux réintègre l'ancienne claque pour n'être pas le seul qui n'en eût pas à son théâtre, — ce qui fit que cette tentative honorable de la suppression de la claque eut pour résultat que le théâtre de l'Odéon en possède cinq au lieu d'une.

Le public, en effet, est paresseux à applaudir; personne, dans une salle de théâtre, ne veut s'exposer à applaudir seul, et par conséquent ne veut applaudir le premier.— La claque payée n'a jamais fait un succès réel à une mauvaise pièce,—elle a quelquefois contribué à faire tomber des pièces médiocres, parce qu'elle indispose violemment le public quand elle applaudit contre son sentiment. — J'ai entendu plus d'une fois des directeurs fort expérimentés, et les artistes que le public applaudit le plus volontiers, défendre les claqueurs, et avouer que l'admiration silencieuse d'un public qui *n'est pas entraîné* serait le plus souvent la seule expression du succès, et est loin de produire sur eux l'utile réaction d'une manifestation bruyante, sans laquelle ils se sont plus d'une fois trouvés au-dessous d'eux-mêmes, — confessant que, pour mériter les applaudissements, ils ont souvent besoin de les recevoir d'avance.

On dit qu'une des supériorités de l'homme sur les animaux est qu'il fait l'amour en toute saison. — Il est cependant positif que si les oiseaux attendent le retour du printemps, les tièdes haleines et les parfums de l'aubépine pour faire leur nids, — l'espèce humaine, au contraire, paraît surtout avoir consacré l'hiver aux plaisirs et à l'amour.

Les réunions, les bals annoncés de toutes parts, — et la neige qui fait tourbillonner dans l'air un âpre vent du nord-ouest, — me rappellent un procédé employé, disent les chroniqueurs, par saint Adhémar pour émousser l'aiguillon de la chair : — il restait des heures entières enfoncé jusqu'au cou dans l'eau glacée d'une rivière ; — c'est une recette dont tout le monde peut user. — Mais une chose m'inquiète : c'est de savoir comment, pour résister à ses passions, faisait saint Adhémar pendant l'été.

Un journal radical des plus avancés — (la *Réforme*) exprimait, ces jours derniers, une opinion que les *Guêpes* bourdonnent depuis cinq ans. — Un avantage qu'ont les *Guêpes* sur tous les journaux, c'est que rien ne les empêche d'approuver ce qu'elles trouvent bon, qui que ce soit qui le dise, — tandis que les journaux ne peuvent approuver que ce qui est fait et dit par les hommes de leur parti. Les *Guêpes* n'appartenant à aucun parti, ne trouvent, en conséquence, d'appui dans aucune partie de la presse; elles s'y attendaient et y sont parfaitement résignées, comme on a pu le remarquer.

LES RÉVÉLATIONS DE M. MADIER DE MONTJAU. — On s'est beaucoup entretenu de M. Madier de Montjau et de ses révélations. — La cour et le ministère prétendent que M. Madier de Montjau est fou, — M. Madier réplique qu'il n'a jamais donné de preuves de folie que son dévouement pour le ministère et pour la cour. Faire passer pour fou un courtisan mécontent, n'est-ce pas une façon constitutionnelle de renouveler l'histoire du masque de fer? — M. Madier a menacé de faire des révélations, et tout le monde attend, oreilles béantes. Il n'y a pas de révélations à faire aujourd'hui, — tout le monde sait tout, et même un peu plus que tout, de sorte qu'il ne resterait qu'une histoire à faire de ce temps-ci, — ce serait l'histoire de tout ce qui n'est pas vrai, — et que, néanmoins, tout le monde sait et croit.

Mais que dira M. Madier que l'on ne sache parfaitement? — Dira-t-il que le roi se réserve en réalité le portefeuille des affaires étrangères, et qu'il veut la paix? — Tout le monde le sait, et presque tout le monde l'approuve. — Ajoutera-t-il que, pour conserver ladite paix, on fait de temps à autre à l'étranger des concessions quelque peu humiliantes? — Tout le monde le dit, beaucoup le savent, très-peu l'approuvent. — Dira-t-il que la corruption est à son comble; mais qui l'ignore? — A qui veut-il l'apprendre? à ceux qui corrompent? — à ceux qui sont corrompus ou à ceux qui voudraient l'être? — Les autres ne sont pas assez nombreux pour former un auditoire un peu imposant. — Et d'ailleurs qui s'en cache? — M. Duchâtel, le ministre de l'intérieur, disait l'autre jour : — « Je crois que l'avidité a existé de tout temps, mais jamais on n'a vu autant d'audace et de cynisme dans les exigences. »

M. Madier compte-t-il montrer au grand jour la croix d'honneur avilie et donnnée en payement des services les plus honteux? — Mais ne suffit-il pas de la voir à certaines boutonnières en se promenant sur les boulevards? — Voudrait-il par hasard nous apprendre que les grands mots d'amour du peuple, — de bien-être des classes pauvres, de souveraineté populaire, — ne sont pas autre chose que des projectiles qui se lancent de bas en haut, — et auxquels on répond par les mots : — anarchie, — fonctions, etc., ou autres projectiles que font tomber sur la tête de leurs adversaires ceux qui sont possesseurs du sommet, — et qui, lorsqu'ils seront renversés à leur tour, ramasseront les mots d'amour du peuple, de souveraineté populaire, etc., pour les jeter à ceux qui auront pris leur place? — Mais il faudrait être sourd, aveugle et idiot, pour ne pas avoir vu cela de tout temps dans l'histoire et depuis dix ans dans sa vie.

Oh!... peut-être M. Madier a découvert que la haine des roturiers contre la noblesse n'est que de l'envie, qu'ils n'attaquent pas les titres, les priviléges, etc., pour les détruire, mais bien pour les conquérir et s'en affubler. — Mais les journaux viennent d'en raconter un exemple qui ne laisse rien à révéler à M. Madier. — Voici l'exemple :

M. R.....d, fils et petit-fils d'agents de change, allait épouser mademoiselle R.....n; — on est d'accord sur tous les points. — La corbeille est magnifique, — les achats sont agréés, les bijoux sont admirés; mais il manque quelque chose à quoi mademoiselle R.....n tient singulièrement; — il manque un *de;* — la demoiselle fait observer qu'elle fait entrer dans les félicités conjugales le plaisir de changer contre un autre nom son nom assez peu sonore, — mais qu'elle gagnait fort peu au change en devenant madame R.....d. — Il est en conséquence expliqué à M. R.....d — que, s'il ne trouve pas moyen de se faire appeler M. de..... n'importe quoi, il devait renoncer à la possession de *tant de charmes*. La famille R.....d se creuse la tête — il y a bien quelques exemples de contemporains plus ou moins libéraux qui ont ajouté à leur nom celui de la ville qui les a vus naître. — MM. Martin (de Strasbourg), Michel (de Bourges) et David (d'Angers) — se sont emparés d'une ville; — M. Martin (du Nord) a pris un *point cardinal*; — mais cela fait peu d'effet aux autres contemporains, cela ne passera bien réellement à l'état de *titre* qu'après trois ou quatre générations. — Mademoiselle R.....n. — ne se serait pas contentée d'un titre pour ses arrière-petits-enfants; — d'ailleurs quelques personnes prétendent que M. R.....d — est né à Belleville, — on ne peut pas s'appeler *M. de Belleville*; un parent s'avise d'une idée: M. R.....d possède une ferme appelée Coubert. — On présente un placet au roi — et au grand chancelier, je crois; — enfin une ordonnance royale autorise M. R.....d à s'appeler désormais R.....d de Coubert. — Le *de* est déposé aux pieds de mademoiselle R.....n, qui l'accepte; — le contrat de mariage, l'acte civil, — la consommation, tout se fait entre M. de Coubert et mademoiselle R.....n. Les époux jouissent en paix d'un amour partagé, d'une fortune qu'ils laissent partager le moins possible et de leur *de*, — lorsqu'une lettre signée *de Coubert* paraît dans un journal. — Dans cette lettre un M. de Coubert, qui affirme n'avoir pas et n'avoir jamais eu d'autre nom, — demande comment il doit s'appeler désormais, puisque M. R.....d, — qui avait déjà un nom — tel quel, il est vrai, mais enfin un nom, a cru devoir allonger ce nom du propre nom du signataire, qui, si on ne rapporte l'ordonnance, est forcé de se choisir un nom entre certaines appellations, telles que — chose... machin... pst... hé là bas!... dites donc!... mssieu eum!..., etc. L'affaire va au conseil d'État, et le conseil d'État déclare que le roi ni M. le chancelier n'ont pu donner à M. R.....d le nom d'autrui;

que l'ordonnance du roi sera, en conséquence, rapportée, — et que M. R.....d ne s'appelle plus et ne s'appellera plus de Coubert, de sorte qu'aujourd'hui — mademoiselle R.....d — qui a épousé M. de Coubert, ainsi que l'état civil en fait foi, — habite et cohabite avec un M. R.....d; — c'est pour qu'on n'en tire pas des conséquences fausses et fâcheuses que nous faisons connaître les causes de cette position peu ordinaire.

Veut-il par hasard donner d'autres preuves que dans toute la politique il ne s'agit que de ce jeu d'enfants : ôte-toi de là que je m'y mette? — Prétend-il nous montrer de petites bourgeoises se faisant voir à la cour avec de la poudre et des essais de paniers? — Croit-il que nous ne voyons pas comme lui cette nouvelle loi sur la chasse — qui va être présentée à la Chambre des députés? — Les anciennes lois sur la chasse étaient féroces; — un vilain ne pouvait posséder un chien de chasse s'il n'avait le jarret coupé; — il ne pouvait expulser des terres ou des bois qu'il cultivait ni les chevreuils, ni les lapins, ni les sangliers destinés aux plaisirs des seigneurs. — Pour avoir tué un lapin sur les *plaisirs* dudit seigneur, on était généralement pendu — ou au moins battu de verges et envoyé aux galères. — Cela paraissait affreux aux vilains; — mais les vilains ont déchiré les seigneuries en morceaux qu'ils se sont partagés; les vilains ont les terres et regrettent les priviléges qu'ils ont renversés pour arriver à posséder les terres. Ils ne sont pas loin de chercher à rétablir les choses sur l'ancien pied, — et quelques tentatives apparaissent clairement dans le nouveau projet de loi. Il y a tel talon rouge de comptoir qui rêve le rétablissement du droit de jambage, — et qui l'exerce de son mieux, hélas! par les influences de l'argent. Je sais un épicier, devenu grand seigneur, qui commence à comprendre que les seigneurs qui l'ont précédé fissent battre la nuit, par des vilains, les fossés de son château pour faire taire les grenouilles. — Il a déjà découvert que le mal ne consistait pas en ce que les seigneurs grugeaient les paysans, mais en cela seulement que c'était lui qui était le paysan.

🐝 M. Madier veut-il révéler que les travaux commandés aux artistes ne le sont pas en raison de leur talent, mais en raison des protections qu'ils savent faire agir? — Mais on l'a dit vingt fois : — on sait tel homme d'État qui paya son buste et celui de sa femme en exigeant du ministre de l'intérieur, — qui les exige du directeur des Beaux-Arts, — des travaux payés par le budget pour l'artiste qui a fait les bustes et fourni le marbre.

🐝 M. Madier veut-il faire quelques révélations sur la presse? — Que nous dira-t-il que nous ne sachions déjà? Saturne dévorait ses enfants jusqu'à ce que Jupiter, qu'il avait avalé de travers, le mit à la porte du ciel. — La presse et le gouvernement actuel, fils de la presse, — se mordent et se grignotent l'un l'autre. Le gouvernement, grâce à son intelligence, a pour lui les écrivains sans talent et les journaux sans abonnés et sans considération.

Il ne pourrait lutter ainsi longtemps, sans les fonds secrets, sans les annonces judiciaires, etc., etc. — On a vu avec quelque hilarité l'histoire de ce journal qui avait un abonné, — ce qui est d'un comique bien plus relevé que de ne pas en avoir du tout;—ce journal avait le monopole des annonces judiciaires,— auxquelles il donnait de la publicité vis-à-vis de son abonné; — ainsi une maison était à vendre, l'abonné était averti que ladite maison serait vendue *aux enchères*, et attribuée au plus fort enchérisseur. — L'abonné accourait en foule à la vente, et mettait une enchère qu'il avait soin de ne pas couvrir; — du reste, la plus touchante intimité s'était établie entre le rédacteur et l'abonné, — il n'était pas rare qu'à la suite d'un article sur le droit de visite le rédacteur, dans un entre-filet, demandât des nouvelles de la femme de l'abonné, qu'il savait indisposée; — une autre fois, il remerciait sincèrement d'une invitation à dîner qu'il lui était réellement impossible d'accepter pour cette fois.

⁂ Cette affaire des annonces judiciaires est chaque jour débattue avec passion et diversement jugée par les tribunaux; — certains juges pensent qu'il est absurde que le gouvernement donne des armes et de l'argent à ses ennemis, et leur fournisse encore une clientèle de lecteurs obligés, — ils donnent les annonces aux journaux ministériels, et cela est assez spécieux;—d'autres pensent que le but nécessaire des annonces judiciaires est d'obtenir la plus grande publicité possible; — et ils donnent les annonces au journal qui a le plus d'abonnés et presque toujours au journal d'opposition. — Cela est parfaitement raisonné; — mais il nous semble — qu'on rencontrerait beaucoup mieux en créant, ou laissant créer, dans chaque localité, un bulletin spécial d'annonces judiciaires, — ne contenant absolument que lesdites annonces : — cela obvierait à tous les inconvénients; — on pourrait même faire du privilége de ce bulletin une propriété qui se vendrait au profit des pauvres ou des hospices, etc.

⁂ Puisque nous voici sur le compte de la presse, — constatons que le journal chéri du gouvernement, le journal choyé, payé, entretenu par lui, est le *Journal des Débats*.

Le journal qui a dit de lui-même qu'il était « dévoué au gouvernement actuel, » et qui en effet a été dévoué successivement à tous les gouvernements, à mesure que chacun d'eux devenait « le gouvernement actuel, » ce journal aujourd'hui loue M. Guizot, — après avoir dit de lui en 1819 que « son cœur était un abîme de rage et de bassesse, — qu'il était un écrivain sans talent, mais gonflé d'amour-propre et rongé d'envie, etc. »

⁂ C'est une singulière chose que ce qu'on appelle le style parlementaire, — les conditions de ce style font de tout ce qui se dit dans les Chambres autant de *rébus*, de *charades* et de *logogriphes*. Jamais on n'exprime en termes clairs, ni dans le discours du trône, ni dans l'adresse qui lui répond, la chose dont on veut parler ; — on procède par allusions détournées, — de telle sorte que, si ces discours étaient lus dans vingt ans d'ici, il serait impossible de deviner de quoi il y est question. — Jamais on ne s'y sert du mot propre : — le duc de Bordeaux, à Belgrave-Square, les visites qui lui ont été faites par quelques députés, sont désignés par des *tentatives*, — des *espérances*, — des *manifestations*. — Pourquoi ne pas dire tout simplement et tout clairement : « Les visites faites au duc de Bordeaux, à Belgrave-Square, par quelques députés ? » — On ne peut s'exprimer ainsi, ce ne serait pas parlementaire. Il faut dire cependant que cette ridicule habitude de déguiser les choses sous des mots vagues entraîne presque toujours dans l'appréciation de ces choses, ou de la mollesse, ou de l'exagération. — Ainsi, pour ne citer que l'exemple le plus récent, — je suis convaincu que si, au lieu de périphrases et de charades, on avait dit dans le projet d'adresse : « MM. Berryer, de la Rochejaquelein, etc., sont allés faire une visite au duc de Bordeaux, — *nous flétrissons leur conduite*, » je suis convaincu qu'il n'y aurait pas eu six voix pour voter le paragraphe, — tandis que la brutalité s'est mise à couvert derrière les périphrases entortillées.

On lit dans les journaux à diverses dates :

LUNDI. — Les étudiants sont allés faire une visite à M. Laffitte, auquel ils ont adressé un discours.

MARDI. — Les étudiants sont allés voir à Passy M. de Béranger, qu'ils n'ont pas trouvé chez lui, et auquel ils ont laissé une lettre.

MERCREDI. — Les étudiants sont allés sur le boulevard des Capucines, où ils ont crié : « A bas Guizot ! »

JEUDI. — Les étudiants se sont rendus au monument de Molière.

VENDREDI, — Les étudiants sont allés faire une visite à M. de Châteaubriand.

Mais quand est-ce que les étudiants étudient ?

FÉVRIER 1844.

☙ Il y a une sorte de manifestation politique que des jeunes gens et des étudiants ont bonne grâce à faire ; — si les frontières de France étaient menacées, je m'attendrais avec confiance à voir les étudiants se lever en masse et se faire soldats, — parce que là il ne s'agirait que d'avoir du cœur et un noble orgueil. — Je n'aime pas autant à beaucoup près voir les étudiants aller donner en ville des leçons de politique et s'ériger en tribunal suprême. Il est singulier que la politique, le gouvernement des nations, qui est sans contredit la science la plus ardue et la plus difficile, soit la seule que tout le monde croie posséder sans l'avoir apprise. — Ces mêmes jeunes gens, qui sont loin de se croire médecins et légistes parce qu'ils étudient le droit et la médecine, se croient d'habiles et d'infaillibles politiques, sans avoir essayé d'autres études à ce sujet que la lecture d'un journal organe d'un parti, une assiduité convenable au jeu de billard et l'absorption d'un certain nombre de demi-tasses de café.

Il faut dire que, du reste, ce que les journaux appellent les *étudiants* est une foule quelconque ; généralement de douze cents personnes pour les journaux de l'opposition, — d'une *trentaine d'individus* selon les journaux ministériels, dans laquelle entre un petit nombre d'étudiants, toujours les mêmes ; on trouverait des tailleurs sans-culottes et des commis en nouveautés sans places — jusqu'à concurrence de cent cinquante à peu près pour le total de la foule.

C'est, je crois, une des plus ennuyeuses façons de faire l'école buissonnière.

☙ Il n'y a qu'une chose qui excuse quelques étudiants, — appelés injustement les *étudiants* par les journaux constitutionnels : c'est de voir livrer les destinées du pays à un peu trop d'hommes d'État — qui n'ont appris la politique qu'en vendant en détail et en demi-gros du sucre et du café, — les jeunes gens peuvent et doivent se croire aussi grands politiques, après une consommation convenable de ces denrées, — que les chefs du pays après les avoir vendues quinze ans derrière un comptoir.

※ M. de Salvandy était, il y a quinze jours, pour les journaux de l'opposition, un homme qui, par sa présomption, avait gâté nos affaires en Espagne, — un homme *à la faconde pâteuse*, etc., le tout assaisonné de plaisanteries sur sa chevelure, de sarcasmes sur ses romans et sur son malheureux prénom de Narcisse.

Un bruit court qu'il a donné sa démission de l'ambassade de Turin, — dans des conditions du reste on ne peut plus honorables. — Soudain les journaux de l'opposition signalent l'éloquence mâle et concise de cet écrivain distingué; — sa chevelure trouve grâce devant les plus puritains, — c'est une frisure naturelle et qui ne messied pas. Mais bientôt on apprend que la démission est retirée : M. de Salvandy redevient Narcisse; *Alonzo* est un ouvrage médiocre, — et ses cheveux, tourmentés par le fer, passeront à l'état de perruque s'il part pour Turin.

※ Le fisc prélève sur les pauvres le honteux impôt que voici : — le produit d'une quête faite dans une commune (je crois qu'il en est de même dans les villes), d'une souscription, etc., en faveur des indigents, doit être versé entre les mains du receveur de l'arrondissement, — lequel perçoit deux pour cent sur les fonds qui lui sont remis.

Deux pour cent sont encore retenus par lui lorsque les autorités compétentes retirent l'argent de ses mains pour l'appliquer aux besoins des pauvres.

Ce n'est pas tout. Si le bureau de bienfaisance commande quelque fourniture de pain, viande, couvertures, etc., pour les indigents, la note du fournisseur doit être présentée sur une feuille de papier timbré, pour laquelle il faut donner trente-cinq centimes au fisc.

Ainsi il n'est pas impossible, si vous donnez vingt sous pour les pauvres, que vos vingt sous aient le sort que voici : le receveur prend un demi-sou quand ils entrent en ses mains, et un autre demi-sou quand ils en sortent; puis, si le bureau de bienfaisance a commandé un pain qui doive être payé sur cette pièce, c'est encore sept sous que le fisc en retirera; — c'est-à-dire huit sous sur vingt, — pas tout à fait la moitié : il reste douze sous pour les pauvres.

Voici la première fois depuis que l'Académie existe qu'elle a à la fois trois fauteuils à donner. — Comment fera-t-elle cette fois—pour trouver en France, à cette époque, trois hommes qui n'écrivent pas, si elle ne veut pas déroger à son amour des *muses discrètes*?

P. S. 4 février, — onze heures du soir :
La démission de M. de Salvandy est réellement donnée et acceptée. — Le député de Lectoure est remplacé à Turin par M. Mortier.

Les journaux de l'opposition se rappellent alors que Mirabeau aussi avait une chevelure ébouriffée; — ils trouvent de mauvais goût les plaisanteries que *quelques feuilles* se sont permises sur ladite chevelure de M. de Salvandy; — ils se rappellent qu'*Alonzo* est loin d'être le seul titre littéraire de cet écrivain distingué, — et conseillent la lecture « d'*Islaor* ou le *Barde chrétien*, » ouvrage sorti de la même plume.

Les *Guêpes* — l'ont déjà dit : « Le serment est-il donc un moyen imaginé pour donner la vraisemblance au mensonge? »

SAINT-AUGUSTIN, *sur l'éducation du collége* : « J'apprenais ces sottises avec plaisir, à raison de quoi on m'appelait un enfant de grande espérance. »

Charles X, renversé du trône, est déclaré déchu de la royauté, ainsi que ses descendants, par la Chambre des députés, dont tous les membres lui avaient prêté serment de fidélité.

Que devient le serment? On argumente de la souveraineté du peuple. — Le peuple en a délié ses représentants.

Comment le peuple a-t-il exprimé sa volonté?

Par la bouche de ses représentants. — Donc les députés s'étaient eux-mêmes déliés de leur serment.

Mais, en admettant la souveraineté du peuple, qui peut annuler ainsi la foi jurée, — je ne puis m'empêcher d'admettre aussi ma conscience, qui me dit que celui-là seul auquel on l'a prêté peut délier d'un serment.

La souveraineté du peuple acceptée, il est donc inutile, absurde, imprudent et sacrilége de prêter le serment ; — mais, si on le prête, il est honteux de ne pas le tenir.

Le serment est une parole d'honneur dont on prend Dieu pour témoin et pour garant.

J'ai l'honneur de ne rien comprendre à tout ce qu'on a dit et écrit depuis quinze jours pour justifier le mépris de la foi jurée.

La souveraineté du peuple, — représentée par la moitié, plus un, de quatre cents députés, est tout à fait contradictoire avec le serment prêté au roi.

Il n'y avait, selon moi, que deux conduites à tenir pour les légitimistes après la déchéance de Charles X.

Pour les uns, la fidélité à la famille exclue, — l'espérance dans les revirements de la volonté populaire, déclarée souveraine du pays ; — le refus de prêter serment au nouveau roi et de prendre part au gouvernement de la France : — c'est ce qu'a fait M. de Châteaubriand.

Pour les autres, le sacrifice fait à la France d'une famille qui était rentrée à la suite des étrangers, et qui devait, tôt ou tard, payer d'un juste exil une criminelle et honteuse restauration. Ceux-là pouvaient prêter le serment, quoique absurde, — apporter au gouvernement du pays tout ce qu'ils ont de force et d'intelligence, — sans arrière-pensée : — c'est ce qu'ont fait, je veux le croire, MM. de la Rochejaquelein, Berryer, etc.

Quelques députés sont allés saluer à Belgrave-Square — le descendant exilé d'une famille de rois qui a régné si longtemps et si glorieusement sur la France. — Je n'admets pas un instant que cette démarche ait eu d'autre but. — C'est ce qui résulte des explications qui leur ont été demandées à la Chambre.

Le ministère et ses amis n'ont pas voulu accepter ces explications, et ils ont *flétri*, — dans une phrase de l'adresse, — la démarche des députés légitimistes.

Si, au mépris de leur serment, les députés légitimistes ont été poser en Angleterre les bases d'une nouvelle restauration, votre phrase ne suffisait pas, il fallait les exclure de la Chambre, il fallait oser les mettre en accusation.

Qu'est-ce qu'une assemblée dont une partie est flétrie par l'autre? — Que deviennent des délibérations auxquelles participe cette portion flétrie? — La voix des députés flétris compterait-elle au scrutin? — Tout cela était absurde.

Il y avait dans cette décision — trop de violence, faute d'assez de courage.

Ici la chose a tourné au grotesque : — M. Guizot a flétri M. Berryer parce que M. Berryer est allé à Belgrave-Square; — M. Berryer a flétri M. Guizot parce que M. Guizot est allé à Gand rejoindre Louis XVIII *lorsqu'il a prévu la chute de l'Empire;* — M. Barrot s'est levé et a flétri M. Berryer et M. Guizot; — le lendemain le *Journal des Débats* a flétri M. Barrot parce que M. Barrot, en 1815, s'est donné, corps, âme et plume, à Louis XVIII.

Qui sait si la malveillance ne trouvera pas, en fouillant dans la pureté du *Journal des Débats*, un prétexte pour le flétrir lui-même? qui sait si on ne lui reprochera pas sa fidélité constante au gouvernement *actuel?*

Si on ne rappellera pas qu'il a applaudi à l'exclusion du libéral Manuel par les légitimistes, comme il applaudit aujourd'hui à l'exclusion des légitimistes par les libéraux amis de Manuel?

Si on ne rappellera pas qu'il a loué, honni, reloué, conspué, insulté — et loué encore M. Guizot, — selon qu'il était partie ou adversaire du gouvernement actuel?

Qui sait jusqu'où peut conduire les gens cette manie de se flétrir les uns les autres ?

Les députés légitimistes ont donné leur démission, — ce qu'ils devaient faire ; — ils se représentent aux élections et ils seront réélus.

Or, voici quel sera le résultat de la colère du ministère et de ses amis.

Ils ont soutenu, — malgré les légitimistes, — et établi, en dépit de leurs dénégations formelles, — qu'ils essayaient de remercier le gouvernement de Juillet et de ramener Henri V en France.

S'ils sont renvoyés à la Chambre, c'est donc pour renverser le gouvernement de Juillet et pour ramener Henri V.

🐝 Il est bien singulier que personne n'ait fait une réponse d'une simplicité inouïe aux observations de certains journaux qui se plaignent que l'on veuille rendre le duc de Bordeaux responsable des fautes de Charles X.

Quels étaient les titres du duc de Bordeaux au trône de France ? l'ancienneté de sa race et les grandes actions de ses ancêtres. — On ne peut avoir les bénéfices sans les charges, il faut accepter Charles X, — comme Charlemagne ; la restauration de Louis XVIII, comme le règne de Louis XIV ; — la politique de M. de Polignac, comme celle du cardinal Mazarin. Seulement, chez un peuple raisonnable, — dans un pays où la liberté ne consisterait pas seulement en phrases, où les théories représentatives et la souveraineté nationale ne seraient pas des fictions, — le duc de Bordeaux — devrait vivre libre, — tranquille et modeste à Paris.

🐝 Le calycanthus précoce qui fleurit le pied dans la neige laisse tomber ses fleurs fanées, le daphné des bois ouvre ses fleurs vertes odorantes, — les hépatiques, ces petites anémones roses ou bleues, fleurissent avec les primevères. — Je remercie M. Louis Van Houtte, horticulteur à Gand, d'avoir donné mon nom à une nouvelle hépatique de sa riche collection.

🌸 DE PARIS A ROUEN PAR LE CHEMIN DE FER. — *Impressions de voyage.* — Il faut bien voir un peu de pays. — J'ai quitté Paris avant-hier dans le coupé des diligences des Messageries royales, et je me suis mis en route pour le Havre. — La diligence nous a portés au débarcadère du chemin de fer, où la voiture, soulevée avec ses voyageurs au moyen d'une sorte de grue, a été placée sur un wagon plat. — La rupture d'une des chaînes causerait une chute fort dangereuse. Il est difficile de comprendre pourquoi, pendant cette opération, on ne permet pas aux voyageurs de descendre de la voiture ; — cela ferait perdre trois minutes, dit-on ; — mais il vaut mieux perdre trois minutes d'une journée que de risquer de perdre en masse le nombre mystérieux des minutes qui composent la vie de chacun des voyageurs. — Nous sommes attachés sur le chemin de fer, — les chevaux et les roues s'en retournent honteusement à l'écurie et sous la remise. — D'affreux sifflements, des bruits étranges et épouvantables se font entendre. — On part.

Quel plaisir de voir un nouveau pays ! — de traverser les bois et les campagnes vertes, de reconnaître ces villes et ces hameaux semés sur la route, les uns rappelant des souvenirs historiques, les autres faisant rêver la solitude et la paix.

J'ai pris avec moi un guide imprimé pour ne rien laisser passer inaperçu. — Où est le papier ? le voici. — Que voyons-nous d'abord : « les Batignolles, dit l'*Itinéraire*. — Vous reconnaissez les Batignolles. »

Voyons les Batignolles.

Malheureusement nous passons dessous, cent vingt pieds plus bas que le pavé des Batignolles. — Je n'appelle pas cela voir les Batignolles ; mais les Batignolles sont si près de Paris, — et je les connais.

Ah ! nous voici revenus à la lumière. — Nous pouvons consulter l'*Itinéraire*. — L'*Itinéraire* dit que nous sommes à Mai-

sons. « Ce village, dit-il, est assis sur un coteau pittoresque. »
— Voyons le coteau pittoresque. — Hélas! je ne vois que la rotonde de la diligence de l'administration Laffitte-Caillard, — qui est attachée à une toise devant la nôtre, — et qui est tout notre horizon; — elle est jaune — avec une bande écarlate; — sur la bande on lit : — *Messageries générales*, — et au-dessous de la bande : *Rue Saint-Honoré, no 130.* Au moment où on arrête à la station de Maisons, une voix lamentable sort de la rotonde de la diligence Caillard — et appelle le conducteur. — Le conducteur n'entend pas, et la machine se remet en marche.

L'*Itinéraire* nous annonce que nous *laissons* Conflans à notre droite. — L'*Itinéraire* a un reste de pudeur : il dit que nous laissons, mais non pas que nous voyons Conflans. — J'estime l'*Itinéraire* de cette timidité honorable. On s'arrêta à l'*Étoile de Conflans*. — La même voix sort de la rotonde et appelle encore le conducteur, qui continue à ne pas entendre.

Un peu plus loin — on ne voit pas Poissy. — « Poissy, dit l'*Itinéraire*, où vint au monde le saint roi Louis IX le 24 avril 1245. »

« Il signait souvent : *Louis de Poissy*, en mémoire du lieu de sa naissance, et par une modestie qui sied bien à un aussi grand roi. Poissy se souvient aussi de Philippe le Hardi, qui y fit élever une abbaye et une église; à cette place, la reine Blanche mit au monde le roi saint Louis.

» Le marché de Poissy est célèbre; il sert d'approvisionnement à la boucherie de la ville de Paris. C'est une des grandes institutions du roi saint Louis. Le pont *abrite* sous ses arcades plusieurs moulins où le froment ne manque jamais. »

Abrite veut dire *cache*. C'est encore un trait de franchise de l'*Itinéraire*, ainsi que ce qui suit :

« Plusieurs villages *se cachent çà et là dans la verdure printanière :* Vilaines, Médan, Vernouillet, dans lequel plus d'une fois M. le prince de Talleyrand a rendu visite à son frère. »

A Poissy, — la voix de la rotonde a été déchirante. — Un grand homme sec, auquel appartient cette voix, a passé la tête par la portière, — ce qui a un peu varié l'horizon. — Le conducteur n'a pas entendu, et la machine s'est remise en marche jusqu'à Triel.

TRIEL. L'*Itinéraire* : « Verneuil, Triel : là s'élevait, avant 1789, le château de madame la princesse de Conti ; la position de Triel est des plus agréables : au sommet de la colline s'élève l'église, pittoresque, élégante, ornée de beaux vitraux, et surtout fière, à bon droit, d'un admirable tableau du Poussin, représentant l'*Adoration des Mages*. Le pape lui-même avait donné ce chef-d'œuvre à la reine Christine après son abjuration. »

On ne voit ni Verneuil, ni Triel, mais à l'horizon la rotonde de la diligence Caillard. — A droite, un hangar peint en gris ; — à gauche, un gamin qui graisse les roues.

La tête de la rotonde sort violemment, — et croit devoir appuyer son appel au conducteur d'un peu de raisonnement. « Conducteur, ouvrez-moi, je veux descendre. »

Un coup de sifflet part de la tête du convoi et est répété par la queue. — Nous glissons sur les rails.

STATION DE MEULAN. — En face, — la diligence Laffitte ; — à droite, un hangar gris ; — à gauche, un tas de pierres. — La tête sort irritée et crie : — S. n. d. D. ! — conducteur..... — Les deux coups de sifflets répondent seuls et on part.

L'*Itinéraire* nous dit : « *Voici Meulan*. A Meulan commence l'histoire de la Normandie. Le comte et les seigneurs du pays furent massacrés par les hommes du Nord. Philippe-Auguste réunit Meulan à la couronne de France. Cette ville était fortifiée, et elle opposa pendant les guerres civiles une résistance opiniâtre aux troupes du duc de Mayenne, qui furent forcées de lever le siége. »

Un peu plus loin, on ne voit pas les *Mureaux*, — les Mureaux, où j'ai fait de si jolis voyages !

STATION D'ÉPONE. — L'homme de la rotonde passe la moitié du corps hors de la portière et essaye d'ouvrir la voiture fermée en dehors; — il n'y a pas encore réussi quand le convoi se remet en route.

STATION DE MANTES. — L'*Itinéraire* dit: « Mantes est bâtie en regard de *Limay*, sur le bord de la Seine, et au milieu de sites variés et des plus belles promenades. »

Je ne vois que la rotonde de la diligence Laffitte — et l'homme qui l'habite; — il réussit enfin à ouvrir la portière, mais, au moment où elle cède à ses efforts, la voiture se remet en route — et il est obligé de tenir la portière à deux mains jusqu'à la station de Rosny.

STATION DE ROSNY. — La voiture s'arrête, l'homme de la rotonde descend sur le marchepied, mais un cantonnier lui fait des gestes menaçants et l'oblige de rentrer au plus vite dans sa cage. — Le convoi se remet en route. L'*Itinéraire* nous signale Rolleboise. « Dans ce village escarpé, vous trouverez une ruine illustre : cette tour, reprise par les gens de Rouen, des bourgeois qui étaient des soldats toujours, et des héros quand du Guesclin marchait à leur tête. »

Non-seulement nous ne voyons pas Rolleboise, mais nous perdons même l'aspect de la diligence Laffitte-Caillard, — parce que pendant trois quarts de lieue nous roulons sous terre, — à deux cent quarante-six pieds sous le village.

STATION DE BONNIÈRES. — L'homme de la rotonde n'ose pas cette fois mettre le nez à la portière, — il est sans doute effrayé du danger qu'il a couru et des gestes du cantonnier.

En fait de paysage, nous ne voyons que la lumière, parce que nous sortons du tunnel de Rolleboise, — et nous apprécions l'avantage de ce genre de locomotion; — il faut être privé d'air et de lumière de temps en temps pour en jouir ensuite d'une manière complète.

STATION DE VERNON. — L'homme de la rotonde a repris courage : — il ouvre la portière, — regarde autour de lui — et va se décider à descendre, lorsqu'un coup de sifflet annonce le départ. — Moi-même alors je lui crie de rentrer bien vite. — Un instant plus tard, en effet, il était broyé.

Avant d'arriver à Vernon, que nous ne voyons pas, nous n'avons pas vu non plus la Roche-Guyon, — cet antique château, dit l'*Itinéraire*, d'une origine toute normande.

Plus loin, et à mesure que vous avancez, vous ne voyez ni Bisy, domaine aimé du roi Louis-Philippe, ni Pressagny, ni Courcelles, en face duquel vous ne voyez pas Gaillon.

STATION DE GAILLON. — Naïveté honorable de l'*Itinéraire*: « Vous pouvez admirer la riche façade de ce château déposé dans la cour de l'École des Beaux-Arts à Paris, dont cette façade est le plus bel ornement (textuel). »

Nouvelle tentative de l'homme de la rotonde ; il s'avance sur le marchepied — et appelle le conducteur ; — le conducteur l'entend cette fois, — descend de son siége — et ferme violemment la portière de la rotonde, et remonte sans écouter les réclamations. — On part.

Ici nous rentrons sous terre.

STATION DE SAINT-PIERRE. Devant nous, — la rotonde et son voyageur, qui s'efforce inutilement d'ouvrir la portière ; — à droite, un tas de charbon.

A gauche, le convoi qui vient de Rouen et qui passe près de nous ; — ce convoi a des voitures de troisième classe.

Il pleut ; — ces voitures *découvertes* — portent des ouvriers peu vêtus, — des femmes et des petits enfants violets de froid ; — les banquettes ne sont pas rembourrées ; — l'administration n'ose pas encore y enfoncer des pointes de clous, — mais cela viendra.

Ces voitures, les seules qui soient presque à bon marché (car elles sont encore trop chères), ne partent ni au premier convoi du matin, ni au dernier du soir, cela serait trop commode pour les ouvriers, qui ne perdraient qu'un tiers de leur journée au plus. — Elles ne partent en outre que deux fois par jour. — C'est tout simplement une infamie; — on n'oserait pas transporter des bestiaux dans une pareille voiture à découvert, par le temps qu'il fait. — Je suis curieux de voir si, à la Chambre des députés, quelque ami du peuple, — quelque défenseur des droits du peuple parlera de cette honteuse conduite à l'égard de la classe la moins aisée et la plus nombreuse.

Ah! tu n'as que dix francs? — eh bien, tu n'auras le choix qu'entre deux départs sur six; — vous êtes plus nombreux, on vous réservera moins de places.

Ah! tu n'as que dix francs? on ne rembourrera pas les banquettes; — ah! tu n'as que dix francs? tu recevras la pluie; — on te forcera bien, à force de tortures et d'humiliations, on te forcera bien à donner trois francs de plus. — Quel malheur qu'on ne puisse pas rendre ces voitures un peu plus dangereuses que les autres! — Ah! tu n'as que dix francs! — malheureux! tu auras à faire à nous.

A Tourville, l'homme de la rotonde ne paraît plus; il a pris son parti, — ou il a pris un parti désespéré. — Je n'ai vu que lui, — des murs de terre jaune entre lesquels nous passions, — quand nous n'étions pas sous des voûtes de terre noire, — un tas de pierre, un tas de charbon, — quelques hangars gris et la rotonde de la diligence Laffitte.

Me voici à Rouen : — *il faut bien voir du pays.* — Nous sommes de nouveau enlevés et replacés sur les roues. — Nous revoyons des chevaux avec plaisir ; — en chemin de fer, nous l'avons dit : « On va, mais on ne voyage pas. »

🐝 Il y a un ruisseau qui traverse mon jardin. Ce ruisseau sort des flancs d'une colline couverte d'ajoncs qui, au printemps, étendent sur la terre un riche tapis d'or. — C'était un heureux ruisseau; d'abord il traversait des prairies où toutes sortes de charmantes fleurs sauvages se baignaient ou se miraient dans ses ondes. Il se promenait entre des touffes de cresson vert comme des émeraudes — et d'épilobes aux ombelles d'un blanc rosé — et de boutons d'or et de tussilage appelés *pas d'âne*, qui, au premier rayon du soleil, étale ses petites marguerites jaunes. Il était habité par les dytiques et les hydrophyles, — et de sa vase, aux premiers beaux jours, sortaient les brillantes *demoiselles*, cachées jusque-là dans l'eau sous la figure d'une larve informe. — Les *lavandières*, ces oiseaux au port si gracieux, se promenaient sur ces rives pour saisir les *cousins*, qui, sous leur première forme, habitent également l'eau — et sont presque des poissons avant d'être presque des oiseaux. Puis il entrait dans mon jardin. — Là, je l'attendais, et j'avais embelli ses bords de toutes les plus belles plantes qui, en divers pays, habitent le bord des ondes pures. — Les *vergiss-mein-nicht*, ces petites fleurs bleues, — symboles d'espérance, — y forment un charmant gazon ; — les populages y étalent leurs corbeilles de belles fleurs jaunes, l'hyèble y élève ses ombelles blanches, la reine des prés y balance ses thyrses rosés ; les iris de toutes couleurs, blancs, violets, jaunes, panachés, se réfléchissent dans l'eau qui arrose leur pied. — L'armoise s'y mêle aux joncs et au géranium des prés à fleurs bleues ; les roseaux et les balisiers y ployent et y murmurent au moindre vent. — Les peupliers, les aunes, les saules, les osiers lui donnent un peu d'ombre. — Là, il est habité par des truites rapides, et par des poissons écarlates, et par de grosses écrevisses que j'ai fait venir de l'Alsace. — Puis il s'échappe enfin, quoique j'aie entravé son cours pour le retenir plus longtemps, et il se retrouve dans les champs, où, sautillant sur les cailloux, il gazouille sa chanson mélancolique. — Puis, après s'être bien promené entre de belles fleurs, entre de douces odeurs, il va se précipiter dans la mer à travers les flancs abruptes de la falaise, qu'il couvre d'une écume d'argent.

C'était un heureux ruisseau, il n'avait absolument rien à faire que ce que je vous ai dit : — couler, rouler, être limpide, murmurer — entre des fleurs et des parfums.

La vie que j'ai choisie et que je me suis faite, et que je mène, — quand on veut bien me laisser tranquille, quand les méchants, les intrigants, les fripons, les sots, — ne me forcent pas de retourner au combat, — moi, l'homme le plus pacifique et le plus guerroyant du monde.

Mais le ciel et la terre sont envieux du bonheur et de la douce paresse.

Mon frère, un jour, et Sauvage, l'inventeur des hélices, causaient sur les bords de ce pauvre ruisseau, et parlaient assez mal de lui. « Ne voilà-t-il pas, disait mon frère, un beau fainéant de ruisseau, qui se promène, qui flâne sans honte, qui coule au soleil, qui se vautre dans l'herbe, — au lieu de travailler et de payer le terrain qu'il occupe, comme le doit tout honnête ruisseau ! — Ne pourrait-il pas moudre le café et le poivre?

— Et aiguiser les outils? ajouta Sauvage.

— Et scier du bois? dit mon frère.

Et je tremblai pour le ruisseau; — je rompis l'entretien en criant très-fort, sous prétexte que ses envieux, ses tyrans bientôt peut-être, marchaient sur mes *vergiss-mein-nicht*. Hélas! je ne pus le protéger que contre eux. Il ne tarda pas à venir dans le pays un brave homme que je vis plusieurs fois rôder sur ses rives vertes, du côté où il se jette à la mer. Cet homme ne me fit point l'effet d'y rêver ou d'y chercher des ruines ou des souvenirs, — ou d'y endormir ses pensées au murmure de l'eau. « Mon ami, disait-il au ruisseau, tu es là que tu te promènes, que tu te prélasses, que tu chantes à faire envie. — Moi, je travaille, je m'éreinte... Il me semble que tu pourrais bien m'aider un brin. — C'est pour un ouvrage que tu ne connais pas, — mais je t'apprendrai, tu seras bien vite au courant de la besogne. — Tu dois t'ennuyer d'être comme ça à ne rien faire ; ça te distraira de faire des limes et de repasser des couteaux. »

Bientôt une roue et des engrenages, et une meule, — et que sais-je, moi... furent apportés au ruisseau. — Depuis ce temps, il travaille, il fait tourner une grande roue, qui en fait tourner une petite, qui fait tourner la meule. — Il chante encore ; mais ce n'est plus cette même chanson doucement monotone et heureusement mélancolique. — Il y a des cris et de la colère dans la chanson d'aujourd'hui. — Il bondit et il écume ; — il travaille, — il repasse des couteaux.

Il traverse toujours la prairie et mon jardin, — puis l'autre prairie ; mais, au bout, l'homme est là qui l'attend et qui le fait travailler. — Je n'ai pu faire qu'une chose pour lui : je lui ai creusé un nouveau lit dans mon jardin, de sorte qu'il y serpente plus longtemps et en sort plus tard ; — mais il n'en faut pas moins qu'il finisse par aller repasser des couteaux. — Pauvre ruisseau ! — tu n'as pas assez caché ton bonheur sous l'herbe, tu auras murmuré trop fort. — Pour conserver son bonheur, il faut être heureux tout bas.

Mars 1844.

Les incarnations de M. Graeb. — Fabrication d'un ancêtre. — Comme quoi les *Guêpes* l'avaient bien dit à la reine Pomaré. — Une omelette atténuante. — La statue de Rossini. — Les boucheries illustrées. — Le chevalier de la Légion d'honneur malgré lui. — Un voyage de S. M. Louis-Philippe au mont Saint-Michel.

LES INCARNATIONS DE M. GRAEB. — M. Graeb, après s'être contenté d'être un simple homme et un simple bourgeois pendant une quarantaine d'années, — a senti le besoin de passer à l'état de baron, — et, comme il en avait le moyen, — la chose s'est faite, — en Touraine, de la manière que voici :

Sur les réquisitions de l'avocat général, le greffier a donné lecture à haute et intelligible voix des lettres patentes, en date du 14 courant, aux termes desquelles Louis-Philippe confère le titre de baron au sieur Graeb (Adolphe-Henri-Xavier), sous-intendant militaire à Blois, et ce, sur la demande de l'impétrant, « pour jouir par lui des rang et honneurs attachés à ce titre, lequel sera transmissible, après son décès, à ses enfants, postérité et descendants nés ou à naître en ligne directe et en légitime mariage, et ce de mâle en mâle par ordre de primogéniture. »

Le grand parchemin, auquel est appendu, au moyen d'un petit ruban rose, un demi-kilogramme de cire molle couleur bleue, se termine par les lignes suivantes :

« Nous voulons qu'il puisse (le sieur Graeb) se qualifier en tous lieux du titre de baron et le prendre en tous actes et contrats dans lesquels il interviendra, tant en jugement que hors de jugement ; concédons à lui et à sa postérité légitime mâle et femelle les armoiries figurées et coloriées aux présentes, lesquelles sont : *d'azur, à l'épée et à la plume taillée, d'argent, posées en sautoir, accostées de deux têtes de cheval, affrontées d'or, au chef aussi d'or, chargé d'une bonne foi de gueules, cantonnées de quatre étoiles d'azur, l'écu timbré d'une couronne de baron.* »

Après cette lecture, M. Graeb, présent à l'audience, assis dans un fauteuil qui avait été disposé pour lui devant la barre, s'est levé et a prêté le serment ordinaire de fidélité au roi des Français, à la charte constitutionnelle et aux lois du royaume.

Le premier président a donné acte de ce serment au nouveau baron. Ainsi s'est terminée la cérémonie.

Voilà comment se font aujourd'hui les ancêtres pour les générations futures.

Pour ce qui est de la reine Pomaré, — le numéro des *Guêpes* qui a paru en juillet 1842, et qui lui était adressé, — l'a avertie de ce qui lui arrive aujourd'hui.

Il est bien rare que la *protection* ne soit pas un peu plus onéreuse que ne l'auraient été les choses contre lesquelles on se fait protéger.

Déjà, vers 1833, les Anglais l'avaient *protégée* et s'étaient emparés de l'archipel *Pomotou*, — puis, par une recrudescence de *protection*, ils avaient fini par ne plus lui laisser que *Taïti* et *Eméo*. La France est venue *protéger* le reste, et voici la reine Pomaré simple bourgeoise, comme vous et moi.

En politique, *protéger* est synonyme de *manger*.

Certes, je ne trouve pas des plus honnête qu'il soit possible de s'emparer ainsi des choses sous prétexte de protection, — et si la reine Pomaré, — libre de toute influence, avait déclaré qu'elle ne voulait être *protégée* par personne, — je n'aurais bien su comment la désapprouver; — mais elle n'a prétendu échapper à la *protection* des Français que pour que les Anglais pussent la *protéger à bouche que veux-tu*, — comme on dit vulgairement, — et la question n'est pas entre la France et la reine Pomaré, — mais entre la France et l'Angleterre. — Si les Anglais veulent la paix, — ils comprendront qu'il ne faut pas la rendre impossible; — s'ils veulent la guerre, les concessions exagérées ne les feront pas changer d'avis.

Ce que je ne comprends pas bien, c'est qu'après le vote de la Chambre sur l'affaire de Taïti, le ministère se contente de demander un mauvais million de fonds secrets. — Un million à une Chambre qui ne peut rien vous refuser, — à une Chambre qui vous fait bon marché de choses réputées plus précieuses que l'argent! — Il faut être juste, c'est de la part du gouvernement une preuve incontestable de désintéressement.

Il est une plaisanterie en deux parties qui se renouvelle à chaque session.

Le ministère a besoin de la majorité pour l'adresse. — Il fait, dans le discours dit de la couronne, le récit des immenses services qu'il a rendus au pays entre les deux sessions. — *Une entente cordiale* règne à l'extérieur;—à l'intérieur, l'hydre de l'anarchie a toutes ses têtes coupées, les factions sont abattues et découragées : tout va le mieux du monde ; après l'adresse, vient la demande des fonds secrets. — Maintenant tout va mal : — il faut se préparer à des éventualités de guerre ; au dedans, l'hydre de l'anarchie remontre deux ou trois petites têtes qu'on n'avait pas vues. Les factions grondent sourdement. — Nous sommes sur un volcan. — Volcan, hydre, factions, — le ministère vous débarrassera de tout cela pour un million, pour la bagatelle d'un million. — Il faudrait n'avoir pas un million dans sa poche ou dans celle d'autrui—pour se priver d'être débarrassé des factions, du volcan et de l'hydre de l'anarchie, — et peut-être aussi de l'ennui d'en entendre parler.

Je ne déteste pas cette franchise d'un ministre : « C'est prendre l'argent dans les poches, — lui disait-on à propos d'un nouvel impôt. — Mais, répondit-il froidement, où voulez-vous que je le prenne ? »

Quelques personnes prétendent avoir des raisons de douter de l'authenticité de la lettre de la reine Pomaré,—au moyen de laquelle on a attaqué la sensibilité des représentants de la France; — on a été jusqu'à désigner M. Saint-Marc-Girardin comme auteur de cette élégie sauvage ;—mais on n'en apportait aucune preuve.

Je dois l'avouer, mon respect pour l'institution du jury a été mis parfois à de difficiles épreuves ; — j'ai plus d'une fois eu bien du mal à expliquer certains verdicts dont on aurait pu abuser contre cette magnifique institution. Aujourd'hui que ma tâche aurait été plus facile, — le jury n'a pas admis les circonstances atténuantes qui ressortaient des faits du procès. M. Poulmann, — il est vrai, a tué un homme à coups de barre de fer, — mais pourquoi ? M. Poulmann avait commandé à cet homme une omelette de six œufs. — L'homme allume le feu, — prend la poêle, — met du beurre dedans et casse ses œufs. — Poulmann avait appris dans le monde à être défiant. — Il compte — un, — deux, — trois, — quatre, — cinq... — L'homme ne met que cinq œufs! Poulmann s'exaspère; il est hors de lui. — Il saisit une barre de fer et tue son hôte, penché sur la poêle. Il y avait une omelette atténuée, — conséquemment atténuante.— MM. les jurés ne l'ont pas admise.

A une assemblée de la commission pour la statue de Rossini, M. Donizetti a dit : « Le fait est que si nous retirions tout ce que nous lui avons pris pour nous couvrir, nous grelotterions bien fort en ce moment. M. Meyerbeer a offert de faire souscrire en Allemagne. M. Léon Pillet a été d'avis d'attendre pour faire cette démarche, espérant qu'en France on aurait assez, et que l'on ne serait pas obligé d'avoir recours à l'étranger pour l'érection d'une statue destinée au foyer de l'Opéra français.

Le *Journal des Débats*, — toujours dévoué au gouvernement *actuel*, — comme il s'en vante, — est très-hostile à Rossini. — J'ignore comment M. Berlioz fera pour dire dans son feuilleton ce qu'il pense de Rossini—et ne pas dire ce qu'il n'en pense pas.

Voici l'origine de cette malveillance :

A la répétition d'un opéra de mademoiselle Bertin, qui fait de la musique ennuyeuse et des vers charmants,—la redoutable famille avait convié Rossini; — la dynastie entière ne perdait pas de vue le maître; — mais celui-ci,— quand la chose arriva sur sa fin, — s'approcha du chef d'orchestre, — et, lui désignant de la canne un quinquet demi-éteint qui fumait : « Voilà, — dit-il, — un quinquet qui sent mauvais. » — Puis il s'en alla, — comme s'il ne se fût pas aperçu de l'opéra. — C'était *Faust*, — je crois. — Depuis ce temps, — *Guillaume Tell*, — le *Barbier de Séville* sont, aux *Débats*, d'assez pauvre musique. — Il n'est pas de gouvernement ayant cessé d'être — *actuel*, qui soit aussi mal vu que Rossini.

Les domestiques, depuis quelque temps, à Paris, assassinent assez volontiers leurs maîtres, — sous le prétexte moral de mettre les bijoux et l'argent d'iceux à la caisse d'épargne.

Les *Guêpes* ont déjà réclamé, il y a longtemps, à l'égard des domestiques, une mesure que l'autorité s'obstine à ne pas prendre.

Comment! on exige des *livrets* des ouvriers, — et on n'en exige pas des domestiques qui demeurent dans nos appartements, — avec nous, — la nuit, pendant notre sommeil, — ou seuls, pendant notre absence! qui peuvent nous voler ou nous tuer quand bon leur semble! — On se contente de certificats donnés par l'usage, par la complaisance et l'indifférence, — le plus souvent sans date, — ou avec une date surchargée, ne donnant aucun renseignement sur ce que leur possesseur a fait dans l'intervalle de ses conditions, — certificats qui peuvent être donnés par un compère ou un complice, — qui peut-être ne s'appliquent pas à celui qui les présente. Quoi! — on ne prend pas les plus vulgaires précautions pour s'assurer de la moralité des gens à la discrétion desquels on met sa fortune et sa vie, — et contre lesquels on n'a d'autre protection que leur moralité!

Comment! la police n'exige pas que les domestiques aient des livrets sur lesquels on inscrive le nom, l'adresse de chacun de leurs maîtres, livrets qu'il faudrait que le domestique allât faire viser et quand il quitte une place et quand il entre en condition, — et rendant compte de l'emploi de son temps dans l'intervalle! — J'ai une fois donné un conseil à l'autorité, — on n'y a fait aucune attention; — depuis ce temps, une vingtaine de domestiques ont assassiné leurs maîtres, — cent cinquante ou deux cents les ont volés : c'est le moment de réitérer mon observation.

« Le nommé François Quefferec, journalier, né à Longonet, précédemment condamné à cinq ans de travaux forcés par la cour d'assises des Côtes-du-Nord, a été condamné à la même peine par la cour d'assises du Finistère, pour vol avec escalade d'une somme de *quatre-vingt-dix* centimes. »

Il a été établi aux débats — qu'à peine en possession de cet argent, — il avait couru en acheter du pain chez un boulanger.

Le boulanger lui a vendu un pain qui ne pesait pas le poids indiqué et payé, — il a été, de son côté, condamné à cinq francs d'amende.

Dans la plupart des églises de campagne, — on a établi, le long d'un mur, un banc où se placent tous ceux qui ne peuvent pas payer leur chaise. — Certes, s'il est un endroit où l'égalité ne devrait pas être une fiction, c'est l'église. — Au-dessus de ce banc, — il est écrit en grosses lettres : BANC DES PAUVRES. Ceux qui ne peuvent pas payer leur place en argent la payent en humiliation ; là où il n'y a rien le roi perd ses droits, — mais pas l'Église. Si, dans l'église, il y avait une distinction possible à faire entre les pauvres et les riches, ce serait en donnant aux pauvres les meilleures places.

Beaucoup de pauvres gens, qui ne peuvent pas payer leur chaise, se privent sur leurs besoins pour ne pas s'asseoir sous cet écriteau, — d'autres ne vont pas à l'église.

Il faut voir de quel air — et de quel pas on présente le pain bénit au banc des pauvres.

Quelle plus grande preuve de la sainteté et de la puissance de la religion que de la voir subsister malgré ce que font certains prêtres contre elle !

Autrefois, le boucher qui achetait le bœuf gras ornait sa boutique de branches de laurier et de rubans de couleur. Cette année, la plus grande partie des bouchers, sous prétexte d'avoir acheté un mouton gras, ou qui aurait pu le devenir, s'organise une boucherie illustrée (style Curmer). Dans toutes les rues on voit des petites morgues, où sont artistement rangés des cadavres et des fractions de cadavres, le tout orné de fleurs et de rubans.

— Le soir, ces charniers sont éclairés *à giorno*.—Les cadavres

sont généralement divisés en amphithéâtre, dont le sommet est formé de gigots de mouton groupés d'une manière architecturale.
— Sur des moutons entiers sont dessinées quelques saturnales de carnaval. — Ces dessins s'obtiennent en enlevant certaines parties blanches de la peau, qui laissent alors le dessin en chair rouge et sanglante. — Le veau gras joue un grand rôle : la graisse séparée avec soin est découpée en *draperies* blanches, qui s'enlèvent sur le reste de la chair et sont soutenues par des rubans et des faveurs comme des rideaux. — J'ai vu près le marché Saint-Germain, dans la rue Montfaucon, un *veau éventré* couvert de fleurs ; dans le ventre il y avait un *petit jardin anglais* avec un petit *bassin*, un *jet d'eau* et *deux cygnes* en porcelaine qui nageaient dans ledit bassin. *Ceci n'était pas une imitation :* le jet d'eau allait ; les rochers étaient en petits minéraux ; il y avait une forêt faite avec des petites branches d'arbres verts ; le jardin était composé de fleurs naturelles dont la queue était plantée en terre. — Si les bouchers croient tenter les gastronomes avec ces hideuses représentations, je pense qu'ils se trompent ; je ne connais rien de plus dégoûtant. Ces fleurs et ce jet d'eau dans ce cadavre éventré, ces cyprès sur ses entrailles faisaient fort peu rêver aux douceurs de l'*art culinaire.*

Un article de Théodore Labarre, dans la *France musicale*, a causé un singulier quiproquo. — Labarre déplore la perte qu'a faite de Léon Gatayes la harpe,—ce délicieux instrument aujourd'hui négligé. — Quelques personnes en ont conclu que Gatayes était mort. — Je les remercie des bonnes paroles et des consolations qu'elles ont cru devoir m'adresser à ce sujet.— Léon Gatayes a simplement le bonheur de ne plus faire de musique que pour lui, pour ses amis — et pour ceux qui aiment et comprennent la musique. — Voilà tout ce qu'a voulu dire Labarre, — notre excellent camarade à tous deux.

J'ai dit une sottise dans le dernier numéro des *Guêpes.* — Je remercie la personne qui a bien voulu m'en avertir. —

Je pourrais, à la rigueur, accuser les compositeurs de l'imprimerie, — comme on fait souvent; — mais j'aime mieux expier franchement ma faute. — Voici la lettre que l'on m'adresse :

« Monsieur, vous dites que vous avez vu en vente, chez un marchand d'habits, un *saint-sacrement* en cuivre argenté. — Vous avez fait une étrange métonymie ; — vous avez indiqué le contenant pour le contenu. — L'objet qui renferme le saint-sacrement, l'hostie consacrée, s'appelle *ostensoir.* »

L'ostensoir est toujours à vendre chez le fripier, faubourg Saint-Honoré : on y joint un encensoir.

Un limonadier du faubourg du Temple était de garde. — Un de ses camarades lui dit : « Le froid *va piquer* cette nuit; — est-ce que vous n'avez pas votre paletot? — Non. — A votre place j'irais le chercher; vous risquez de mourir de froid pendant votre faction de nuit. » Le limonadier goûte le conseil, et, vers une heure du matin, va frapper à son établissement. « Ohé ! Fanny ! crie-t-il, c'est moi, — ne descends pas, je viens seulement chercher mon paletot; il fait un froid de tous les diables ; — ne descends pas, — jette-moi seulement mon paletot par la fenêtre. » Fanny ouvre la fenêtre de l'entresol et jette le paletot. — Le soldat citoyen retourne au poste. — On jouait au piquet; il remplace le perdant, — dans un moment où il hésite pour l'écart, son adversaire lui dit : « Tiens, vous êtes décoré? »

Le garde national regarde sa boutonnière et voit, en effet, qu'il est chevalier de la Légion d'honneur. — Il reste stupéfait; — il croit rêver. — Mais enfin il soupçonne la vérité; — il abandonne le poste et court au domicile conjugal, où il acquiert la conviction qu'il ne s'était pas trompé dans ses horribles soupçons. — Sa femme, qui n'était pas seule, lui avait par mégarde jeté le paletot d'un officier qui lui tenait compagnie. Le limonadier, furieux, a blessé l'officier de plusieurs coups de sabre.

VOYAGE DE S. M. LOUIS-PHILIPPE AU MONT SAINT-MICHEL

— Voici un récit fait par madame de Genlis, qui fut gouvernante du roi, alors duc de Chartres, et âgé de douze à treize ans, — qui ne manque pas d'intérêt. — Il serait à désirer que quelqu'une des personnes qui approchent le roi Louis-Philippe, lui mît ce souvenir sous les yeux.

« Pour arriver au mont Saint-Michel, dit madame de Genlis, dans de certains temps et le plus communément, il faut saisir l'heure de la marée où la mer abandonne cette plage ; mais dans le moment où nous [1] étions en marche, la mer s'était retirée depuis quelques heures. Nous arrivâmes à la nuit tout à fait fermée : c'était un spectacle surprenant que les approches de ce fort au milieu de la nuit, sur cette plage sablonneuse et nue, avec des guides portant des flambeaux et poussant des cris horribles pour nous faire éviter des trous profonds et des endroits dangereux, de manière qu'il fallait faire mille et mille détours avant d'arriver. On voyait de très-près ce fort qui était tout illuminé dans l'attente des princes ; on croyait qu'on y touchait, et l'on tournait toujours sans l'atteindre. Nous entendions un bruit lugubre de cloches qu'on sonnait en l'honneur des princes ; et cette triste mélodie ajoutait beaucoup à l'impression mélancolique que nous causaient tous ces objets nouveaux. C'est bien de ce château qu'on peut dire qu'il est posé

« Sur un rocher désert, l'effroi de la nature,
Dont l'aride sommet semble toucher aux cieux. »

Madame de Genlis fait une longue et triste description de ce château.

« L'hiver, dit-elle, y est extrêmement rigoureux et commence avec l'automne. — Il n'y fait jamais bien chaud. — On n'a du poisson sur cette plage que très-rarement et par hasard :

---

[1] Madame de Genlis avait avec elle le jeune duc de Chartres, aujourd'hui roi des Français.

ainsi, au milieu de la mer, on est encore obligé de l'acheter. Les religieux avaient, à une lieue et demie du fort, une maison de campagne avec un superbe jardin qui les fournissait de légumes. Ils étaient douze religieux et ne recevaient point de novices. Il me parut qu'en général ils cherchaient, autant qu'ils le pouvaient, *à adoucir le sort des prisonniers.* Ils nous assurèrent qu'ils ne les renfermaient point, *à moins d'ordres très-positifs du roi et détaillés sur ce point,* et que, même très-communément, ils les mènent promener aux environs.

» Je les questionnai sur la fameuse *cage de fer;* ils m'apprirent qu'elle n'était point de fer, mais de bois, formée avec d'énormes poutres, laissant entre elles des intervalles à jour de trois à quatre doigts. Il y avait environ quinze ans qu'on n'y avait mis de prisonniers à demeure, car on y en mettait assez souvent (*quand ils étaient méchants,* me dit-on) *pour vingt-quatre heures ou deux jours,* quoique ce lieu fût horriblement humide et malsain, et qu'il y eût une autre prison aussi forte, mais plus saine. Là-dessus je témoignai ma surprise. Le prieur me répondit que son intention était de détruire un jour *ce monument de cruauté.* Alors Mademoiselle et ses frères [1] se sont écriés qu'*ils auraient une joie extrême de le voir détruire en leur présence.* A ces mots le prieur nous dit qu'il était le maître de l'anéantir, parce que monseigneur le comte d'Artois [2] *ayant passé quelques mois avant nous au mont Saint-Michel, en avait positivement ordonné la démolition;* le prieur ajouta que diverses raisons l'avaient forcé de différer, mais qu'il allait accorder aux princes *cette satisfaction* le lendemain matin, et que ce serait certainement la plus belle fête qu'on leur eût jamais donnée.

» Quelques heures avant notre départ du mont Saint-Michel,

---

[1] Mademoiselle Adélaïde, sœur du roi; le duc de Chartres, aujourd'hui Louis-Philippe Ier.

[2] Depuis Charles X.

le prieur, suivi des religieux, de deux charpentiers, d'un des suisses du château et de la plus grande partie des prisonniers (nous avions désiré qu'ils vinssent avec nous), nous conduisit au lieu qui renfermait cette terrible cage. Pour y arriver on était obligé de traverser des souterrains si obscurs, qu'il y fallait des flambeaux, et, après avoir descendu beaucoup d'escaliers, on parvenait à une affreuse cave où était l'abominable cage, posée sur un terrain humide où l'on voyait ruisseler l'eau. J'y entrai avec un sentiment d'horreur et d'indignation, tempéré par la douce pensée que du moins, GRACE A NOS ÉLÈVES, *aucun infortuné désormais n'y réfléchirait douloureusement sur ses maux et sur la méchanceté des hommes.*

» M. le duc de Chartres[1], avec l'expression la plus touchante et une force au-dessus de son âge, *donna le premier coup de hache à la cage;* — ensuite les charpentiers en abattirent la porte et plusieurs pièces de bois.

» Je n'ai jamais rien vu de plus attendrissant que les transports, les applaudissements et les acclamations des prisonniers pendant cette exécution. *C'était sans doute la première fois que ces voûtes retentissaient de cris de joie.* Au milieu de tout ce tumulte je fus frappé de la figure triste et consternée du suisse du château, qui considérait ce spectacle avec le plus grand chagrin. Je fis part de ma remarque au prieur, qui me dit que cet homme regrettait cette cage, parce qu'il la faisait voir aux étrangers. M. le duc de Chartres donna dix louis à ce suisse, *en lui disant qu'au lieu de montrer à l'avenir la cage aux voyageurs, il leur montrerait la place qu'elle occupait, et que cette vue leur serait sûrement plus agréable...* Après la messe, nous parcourûmes toute la maison ; nous vîmes une énorme roue au moyen de laquelle, avec des câbles, on montait par une fenêtre les grosses provisions pour le château ; on attachait ces provisions sur la

---

[1] S. M. Louis-Philippe 1er.

grève avec des câbles qui tiennent à cette grande roue posée dans l'intérieur du fort à une ouverture de fenêtre, et la roue, en tournant, hisse et enlève tout ce qui est attaché au câble.

» Nous obtînmes pour plusieurs prisonniers une permission qu'ils désiraient ardemment, celle de nous suivre jusqu'au bas du château. Il y en avait un qui, enfermé depuis quinze mois, n'avait pas eu jusqu'à ce jour la liberté de sortir du haut du fort; lorsqu'il se trouva hors du couvent, sur la petite esplanade, et surtout lorsqu'il eut aperçu l'herbe qui couvre les marches de l'escalier, il éprouva un moment de joie et d'attendrissement impossible à dépeindre. Il me donnait le bras, et à chaque pas que nous faisions il s'écriait avec transport : *Oh! quel bonheur de marcher sur l'herbe.*

« En arrivant à Paris nous fîmes beaucoup de *démarches infructueuses* en sa faveur. Mais M. le duc de Chartres *eut le bonheur d'obtenir* sur-le-champ *la délivrance d'un de ces prisonniers, et de contribuer à celle d'un autre encore.* » (Mémoires de madame la comtesse de Genlis. — Imprimerie de Fain, rue Racine.)

🙤 Aujourd'hui ce *jeune duc de Chartres* est le roi, est le maître.

Vers la même époque — madame de Genlis — se trouvait *à Spa* avec *ses élèves.* — Laissons-la encore parler :

« On nous proposa d'aller au sommet d'une haute montagne où se trouve situé le vieux château de Franchimont, parce qu'on découvre de là une vue ravissante et la plus riante, nous dit-on, de Spa. On nous apprit en même temps que le château renfermait plusieurs prisonniers pour dettes. Là-dessus M. le duc de Chartres[1] s'écria, du premier mouvement, « que, puisqu'il y
» avait des prisonniers dans le château, la belle vue ne lui pa-
» raîtrait nullement *riante;* » et, sur-le-champ, il proposa de

[1] S. M. Louis-Philippe.

faire une souscription pour les délivrer. J'approuvai fort cette idée, et, grâce aux soins et au zèle ardent de M. le duc de Chartres, la souscription fut bientôt remplie, et les prisonniers sortirent du château. Alors nous nous rendîmes à cette montagne, et, parvenu au sommet, M. le duc de Chartres, en jetant les yeux sur la prison vide, et les tournant ensuite sur une campagne immense, dit avec une touchante expression : « A pré-
» sent, je conviens que cette vue est en effet aussi *riante* qu'elle
» est admirable. » *(Idem.)*

Avril 1844.

Le printemps. — Les marchands de vin. — Une réclamation. — Buste de M. Guizot. — Une confession. — Musée du Louvre : MM. Gudin, Crépin, Thomas, Couture, Alfred Dedreux, etc. — Lettre de Swift en 1720. — Une histoire à propos d'un vaudeville. — De quelques abus. — Administrations des chemins de fer de Rouen et de Saint-Germain. — Les marchands d'hommes. — M. Chereau.

Pourquoi m'est-il donc si difficile de m'enfermer dans une chambre, de m'asseoir, d'écrire ? Pourquoi mes journées se passent-elles, malgré moi, à épier les premières feuilles qui déchirent les bourgeons des arbres, à m'enivrer de l'odeur des premières violettes et de la giroflée des murailles ; à écouter les premières abeilles qui bourdonnent autour des premières fleurs ? J'ai beau chercher à m'irriter contre les abus et les vilenies, je ne me trouve d'intérêt à rien, si ce n'est à savoir si mes marronniers roses fleuriront cette année, si mes glycines de la Chine auront autant de grappes bleues que l'année dernière.

Et il s'épanouit, à cette saison, dans le cœur, je ne sais quelles fleurs tristes et charmantes, — semblables au chèvre-feuille qui croît sur les tombeaux, et dont le parfum semble être l'âme de ceux qu'on a aimés,

Les arbres, les fleurs, l'herbe, — retrouvent leur jeunesse, leur éclat, leurs parfums. Les oiseaux retrouvent, à chaque printemps, — les mêmes plaisirs, les mêmes asiles, le même amour.

L'homme seul meurt un peu chaque année.

🐝 Et d'ailleurs, que dirais-je? — je suis, il me semble, en ce moment d'accord avec tout le monde. — J'ouvre les journaux, et je vois des hommes contre les idées desquels j'ai combattu longtemps, exprimant les pensées que j'ai formulées contre eux, et presque dans les mêmes termes. Il me semble que c'est un rêve; j'ai besoin de ne pas me fier à ma mémoire, et de voir imprimé, il y a quatre ou cinq ans, ce qu'ils disent aujourd'hui à la tribune. — Ai-je donc vu la vérité à force d'indifférence?

🐝 Nous avons signalé déjà l'association formée entre le gouvernement et les marchands de vin de Paris et de Rouen, pour l'exploitation de la Seine et des divers procédés employés par cette honorable société pour mettre ledit fleuve en bouteilles, — sous prétexte qu'il prend sa source en Bourgogne, et le vendre au prix moyen de trois francs le litre, — tandis que les honnêtes industriels qui le vendent au seau le concèdent à deux sous la voie. Et ceci n'est pas une plaisanterie; les employés de la régie assistent au mélange que font les marchands de vin, et constatent, par un récépissé, que telle futaille, qui devant eux a été à moitié remplie d'eau, contient du vin. — Ce fait, déjà signalé par les *Guêpes*, vient d'être avoué à la Chambre par le ministre des finances. La crue inusitée de la Seine avait fait un égal plaisir au gouvernement et aux marchands de vin; — ils se plaisaient à apprécier, en litres et en bouteilles, le fleuve qui, sortant de son lit, se répandait sur ses rives, renversant tout sur son passage. Malheureusement un député a demandé aux ministres des explications sur ce fait de la complicité des agents de la régie dans le *vol* des marchands de vin.

M. Duchâtel, — propriétaire récent de vignobles étendus, mais de médiocre qualité, n'a pas osé défendre en cette occurrence une cause dans laquelle on aurait pu le croire intéressé. — M. Lacave-Laplagne a eu le courage de soutenir à la fois et la régie et les marchands de vin étendu d'eau.

Nous voudrions savoir si M. Lacave-Laplagne oserait affirmer que les marchands de vin, avec le concours de la régie, ne mêlent d'eau qu'un vin destiné aux hôpitaux et aux pensions. Nous voudrions savoir si les hôpitaux et les pensions ne pourraient pas se charger eux-mêmes de ce mélange, qu'ils feraient avec plus de certitude dans les proportions qui leur paraîtraient convenables.

Il est impossible de se moquer du pays entier, représenté par les députés, avec plus d'aplomb que ne l'a fait M. Laplagne en cette circonstance.

Quelques négociants, — auxquels on ne dit pas encore que le gouvernement se soit associé, — ont également profité de la crue des eaux pour mettre en bouteilles de grès une portion des flots irrités, — et les vendre sous le nom d'*eaux minérales*. — La police a saisi un grand nombre de ces bouteilles.

Lors de l'enterrement du maréchal Drouet-d'Erlon, on avait placé des canons sur la grande place des Invalides; lorsque ces canons tirèrent, les vitres d'une maison qui faisait face furent toutes brisées ;—le vin en pièce fut tourné, les bouteilles vides et pleines se choquèrent et furent cassées. — Le propriétaire réclama près de l'intendant des Invalides,—lequel l'envoya aux hommes d'affaires, lesquels l'envoyèrent au ministre de la guerre, lequel l'envoya au ministère de l'intérieur, lequel l'envoya au régiment d'artillerie dont les pièces avaient causé le dégât, lequel l'envoya promener.

Au moment où les journaux parlaient d'une médaille qu'on allait frapper en l'honneur de M. Guizot, un buste de cet homme d'État a par hasard été vendu à l'hôtel des commissaires-priseurs de Paris, place de la Bourse. — Je ne sais à quel prix il avait été proposé, mais, lorsque j'entrai, il était à trois francs cinquante centimes, et il ne tarda pas à être adjugé à quatre francs vingt-cinq centimes, aucun acquéreur ne s'étant présenté pour couvrir cette dernière enchère.

UNE CONFESSION. — Il est une chose qui m'embarrasse mille fois plus encore que de me trouver si bien d'accord, comme je vous l'ai fait remarquer, avec des gens que je suis accoutumé à combattre ; c'est... comment le dire... comment l'avouer?... c'est que cette fière indépendance dont j'ai laissé voir tant d'orgueil... je ne sais pas positivement ce qu'elle est devenue... c'est comme une arme émoussée et sans pointe, — ou plutôt c'est l'épée de ce prince des contes de fées, qui, lorsqu'il la tire du fourreau, se trouve changée en une plume de paon dont il frappe innocemment d'estoc et de taille. — Hélas! sans m'en apercevoir, je me suis laissé corrompre par toutes sortes de gens. — De quelque côté que je me retourne, quelque sujet que je veuille traiter, je découvre que je n'ai plus mon libre arbitre, que ma pensée cherche des réticences hypocrites.

Il ne me reste qu'un seul moyen de continuer honnêtement ma mission, c'est de vous avertir des sujets sur lesquels je suis corrompu, à mesure qu'ils se présenteront, pour que vous ayez de mes paroles une défiance convenable.

MUSÉE DU LOUVRE. (Exposition de 1844.) Obligé de quitter Paris un des premiers jours de cette exposition, et ne sachant si je pourrais y revenir avant l'émission du présent volume, j'ai laissé demander pour moi à M. le directeur des musées royaux la permission d'entrer dans les galeries du Louvre avant leur ouverture, tandis qu'on n'y admettait que les doreurs et les vernisseurs. — Cette autorisation m'ayant été très-gracieusement accordée, — on est libre d'attribuer à cette faveur, que j'ai non pas seulement acceptée, mais encore sollicitée,—le silence que je garderai cette année sur les opérations du jury d'admission.— En effet, si je m'avise de dire que je n'ai pas entendu cette fois le même concert de plaintes et de reproches que de coutume, on sourira d'un air fin et intelligent et on haussera les épaules.

🐝 D'autre part, je suis en tout resté trois heures dans les galeries du Louvre, je n'ai donc vu qu'en courant quelques tableaux par-ci par-là,— il en est sans doute... et des meilleurs, que je n'aurai pas remarqués, — et dans ceux que j'ai vus toutes sortes de qualités estimables ou brillantes ont dû m'échapper ; sans compter que, ne connaissant rien à la partie technique de la peinture, je ne juge les tableaux qu'au point de vue de la vérité et du charme ; je ne puis exprimer que des impressions de bourgeois.

Ce qui fait que ceux des peintres dont je parlerai qui seraient mécontents de mes appréciations ont parfaitement le droit de récuser un juge qui s'avoue à la fois ignorant et corrompu.

Il est un genre de peinture prévu par plusieurs articles du Code pénal, qui punissent sévèrement « l'offense au roi et à la famille royale, l'attaque aux droits qu'il tient de la nation ; » il est impossible de qualifier autrement certaines peintures officielles. Les honnêtes gens seront indignés de voir des peintres, des artistes, user de toutes sortes de recommandations pour obtenir une *commande*, affecter un zèle et un dévouement extrêmes pour la personne et la dynastie de S. M. Louis-Philippe, — et, une fois la *commande obtenue*, ces partisans dévoués devenir des ennemis acharnés et dangereux, — employer leur talent à déconsidérer le roi, à le rendre désagréable aux yeux ainsi que toute sa famille.

🐝 Je n'en veux pour exemple qu'un certain *Retour à Neuilly*, — effet de nuit, — de M. Joachim Issarti ; — pense-t-on que les provinciaux qui viennent à Paris voir l'exposition du Louvre, — et qui n'ont guère d'occasion de voir la famille royale, — dont les membres sont le plus souvent épars dans l'ancien et le nouveau monde, puissent concevoir d'elle une opinion bien respectueuse à la vue de tous ces personnages difformes qu'on leur donne pour le roi, pour la reine, pour le prince de Joinville, pour le duc d'Aumale, etc.? — Ne sont-ils pas fondés à croire sur parole certains carrés de papier, — et à s'en retourner chez eux avec l'insurrection dans le cœur? — le roi qu'ils pensaient avoir, n'est pas un roi bleu. — Comment! le roi est de cette forme et de cette couleur! Comment! le roi est de ce bleu-là, — et le prince de Joinville, et les princesses, — quel mauvais goût! — On mettait autrefois du rouge à la cour; mais quelle horrible idée de mettre du bleu! — et quels vilains arbres que les arbres de Neuilly! — et quelle horrible rivière que la rivière de Neuilly!

Allons plus loin : M. Jugelet a reproduit la *Chute des chevaux du roi dans une écluse du canal de la ville d'Eu.* — Les personnes qui s'étaient le plus effrayées de l'horrible malheur qui pouvait résulter de cet accident — ne peuvent s'empêcher de rire aux larmes en face de la représentation qu'en a faite M. Jugelet. Est-ce faire acte de bon citoyen, je le demande, que d'exciter un pareil sentiment à propos d'un événement pareil?

L'été dernier, je rencontrai sur la place de Sainte-Adresse un jeune homme assez ébouriffé qui, assis sur une grosse pierre, les yeux fixés sur la mer, — donnait de temps en temps un coup de pinceau à une toile qu'il avait sur les genoux; — comme j'approchais, il serra la toile, — se leva — et dit : « Je m'en vais... décidément, la mer ne me plaît pas..., d'ailleurs, j'ai essayé de tous les bleus pour — ces horizons là-bas... et je vois bien qu'il n'y a que l'outremer qui puisse les rendre... l'outremer est trop cher, et je m'en vais. »

Deux jours après, en effet, je me trouvai avec lui sur le bateau à vapeur qui va du Havre à Rouen.— Il fut si gai, si amusant, que je lui pardonnai presque ses airs dédaigneux pour la mer.

Ce jeune homme est tout simplement M. Thomas Couture,

c'est-à-dire un des plus grands peintres de ce temps-ci, — c'est-à-dire un talent original, sérieux, plein de force, de charme et de pensée,—l'auteur du tableau le plus remarquable, sans contredit, qu'il y ait au salon cette année, « l'*Amour de l'or.* »

Une peinture bistre, — à petits traits, — ressemblant tout à fait à ces tableaux en cheveux qu'exposent les coiffeurs devant leur porte, était désignée sous le n° 2,363. — Je cherche au livret 2,363 ; — la peinture s'arrête au n° 2,156. Il paraît que ce n'est pas de la peinture ; je m'en doutais ; — est-ce donc de la sculpture ? non. Enfin j'arrive au n° 2,363, et je trouve : *Portrait de Louis XIV gravé sur acier.* — Comment, portrait de Louis XIV ? ce vaisseau en cheveux, ces oiseaux inconnus sur ces glaces impossibles, — c'est là le portrait de Louis XIV ? — Je ne sais si on a changé ce numéro depuis contre le numéro 8, qui lui appartient, et qui le désigne plus justement comme *Terres Louis-Philippe, découvertes par Dumont-Durville*. Je félicite S. M. Louis-Philippe de ce qu'il possède d'autres terres et d'autres tableaux.

M. Desgoffe a exposé un affreux *Narcisse* violet, — recommandable par une grande fidélité mythologique ; — en effet, l'amour de Narcisse pour lui-même se trouve on ne saurait mieux expliqué par le tableau de M. Desgoffe ; — il est évident que si quelqu'un a aimé cet affreux bonhomme, — ce n'a pu être que lui-même ; — toute autre créature en aurait été incapable. — Nous avons vu également avec curiosité dans ce tableau, — auquel on a accordé les honneurs du Salon carré, — des fleurs extraordinaires, que nous n'avions jamais vues nulle part auparavant. — Parlez-moi de ces fleurs-là ! — et non pas de ces fleurs communes, comme les peindrait madame de Chantereine, — de ces fleurs qu'on voit dans les champs, dans les jardins, — partout, — tandis que celles de M. Desgoffe n'existent que dans son tableau.

Le n° 516 — représente une mare — au milieu d'une

forêt : — le soleil qui se couche — enflamme l'horizon : — des bestiaux viennent boire à la mare.

Ce tableau est loin d'avoir les qualités que nous venons de remarquer dans le *Narcisse* du Salon carré ; — l'auteur n'a pas l'imagination de M. Desgoffe ; — son eau est tout bêtement de l'eau calme, transparente, qui reflète les riches couleurs du ciel et l'ombre des arbres, — de l'eau comme il y en a plein les rivières ; — ses arbres... beau miracle ! des chênes, des hêtres, des châtaigniers, — comme il y en a dans toutes les forêts ; — et son ciel si splendide, il ne l'a pas inventé non plus : — on en voit presque tous les jours comme cela à la fin des belles journées de l'été. — Aussi, voyez la différence : — devant ce tableau, — on reste pensif et silencieux, on rêve, on s'oublie, tandis que personne ne s'arrête un instant devant le *Narcisse* sans qu'un sourire n'illumine son visage, en signe de l'agrément que lui procure la peinture de M. Desgoffe.

Quel vilain désert que le désert de Suez ! — terre, chameaux, vautour, — tout y est de la plus désagréable couleur café, — si nous en croyons M. de Laboüère. — Je ne sais de désert aussi triste — que celui que les curieux laissent devant son tableau.

Des tableaux de chasse exposés par M. Godefroy Jadin, celui que je préfère est, sans contredit, celui appelé le *Rendez-vous*, et portant le n° 958 ; — les terrains, l'allée d'arbres sous lesquels se jouent l'ombre et le soleil, tout est vrai et bien rendu.

Raph et Zeph, les deux lévriers d'un autre tableau, ont le défaut d'être un peu lourds ; les amis de l'auteur ont vu avec plaisir que tous ces chiens avaient cette année quatre pattes ; c'est un progrès sensible dans la manière du peintre, — auquel nous avons reproché, en d'autres circonstances, de n'en donner que *trois* à ces *quadrupèdes*.

Il est bon d'apprendre à un grand nombre de messieurs qui ont exposé des tableaux de marine que les messageries royales, — ou les bateaux à vapeur qui partent de Saint-Germain, — se feraient un vrai plaisir de les conduire au Havre ou à Dieppe, — ou dans tout autre endroit où ils pourraient voir la mer ; c'est une étude qui n'est pas aussi frivole qu'ils ont l'air de le penser, quand on veut peindre de la marine, — et que leurs tableaux constatent qu'ils n'ont pas faite jusqu'ici.

🐝 Gudin, lui, a vu la mer, et il la reproduit admirablement ; — il a, entre autres, une faculté que je n'ai vue au même degré chez aucun peintre moderne ou ancien ; — il est de ces rayons que le soleil laisse tomber sur la mer pendant quelques secondes, — de ces reflets fugitifs que l'on a à peine le temps de voir. Le soleil qui se couche ou qui se lève colore successivement les eaux et le sable humide de mille nuances rapidement effacées et remplacées par d'autres. — Eh bien ! Gudin donne ces reflets, ces nuances, à ces eaux, presque aussi bien que le soleil à la mer.

Pour la plupart des peintres de marine, la mer est de la couleur verte étendue à peu près horizontalement au bas d'une toile ; chez Gudin, c'est de l'eau ; — elle n'est pas beaucoup plus limpide à la mer que dans le tableau des *Naufragés de Saint-Pierre sauvés par un brick hollandais.*

🐝 Au-dessous d'un beau tableau, une action honorable du même auteur.

Crépin a fait un des plus beaux tableaux de marine de nos jours, le *Combat de la Bayonnaise.* Il est aussi l'auteur du *Naufrage des frères de la Borde,* composition très-dramatique et d'une remarquable exécution. — Cependant Crépin a toujours été négligé. En 1830, lorsque M. d'Haussez, ministre de la marine, nomma, par ordre de Charles X, Gudin peintre de la marine royale, Gudin répondit qu'il ne pouvait accepter qu'autant que Crépin serait nommé en même temps que lui.

Crépin avait déjà depuis longtemps au ministère un atelier qui lui a été retiré.

Aucun ministre jusqu'ici n'a pensé à donner la croix d'honneur à un homme dont les travaux honorent la France.

🙠 Voici un tableau de M. Paul Gourlier; — c'est un tableau d'un haut enseignement et qui sera, sans aucun doute, acheté par une société de tempérance.

L'auteur a représenté *Bacchus enfant*, de manière à faire abandonner le culte de ce dieu par ses prosélytes les plus fervents. — Nous demanderons en passant à M. Gourlier (et cette question pourrait s'adresser à bien d'autres peintres) pourquoi il a pris la peine d'inventer des plantes aquatiques. Excepté le nénufar jaune, toutes celles dont il a orné son tableau n'existent que dans ladite image. M. Gourlier ne pourrait-il, à la rigueur, se contenter du lis des étangs, du nénufar blanc, — du jonc fleuri avec sa couronne rose, de la sagittaire, dont les feuilles semblent des flèches lancées du fond de l'eau par quelque triton révolté, et dont la fleur est un épi blanc et violet; des joncs et des roseaux si nombreux et si variés, de l'hyèble et de l'armoise, aux ombelles blanches ou jaunes; de la reine des prés, aux thyrses d'un blanc rosé; — des iris, des myosotis, des cressons, des populages et de mille autres plantes qui habitent les rives et le sein des eaux? — M. Gourlier a trop d'imagination.

M. Octave Galle, qui a exposé un tableau appelé les *Lierres,* — aurait dû les étudier autre part que chez l'herboriste du coin de sa rue.

M. L. Gallait a mis en présence deux femmes dans deux cadres différents, avec ces deux titres : — *Bonheur,* — *Malheur.* — Ce sont deux très-jolis tableaux malgré leurs défauts.

La première est une femme jolie, riche, — avec un bel enfant rose et vivace. — Elle est dans un jardin; — le ciel est bleu; — l'air (s'il y en avait dans le tableau) serait embaumé, si les affreuses fleurs que le peintre y a placées pouvaient sentir autre chose que l'huile.

Heureuse mère! — comme elle prodigue à son enfant bien-aimé — les plus riches étoffes ! — comme elle lui fait une heureuse vie dans le présent ! — comme elle lui voit, dans l'avenir, une heureuse vie sur une route toute tracée !

L'autre est une pauvre femme, — belle, mais pâle et misérablement vêtue. — Elle tient dans ses bras, — et porte à une chapelle pour prier pour lui, un pauvre petit enfant mourant de froid et de faim, — qui lui demande à manger et auquel elle n'en peut donner.

Pourquoi mettez-vous ces deux mères si près l'une de l'autre — et les séparez-vous, cependant, — monsieur Gallait? N'avez-vous pas songé qu'il manque quelque chose au bonheur de la première ? — C'est de secourir la seconde.

🐝 Madame, madame, traversez vite de l'autre côté de la galerie de bois, avec votre fille : — voici un *Raphaël* et une *Fornarina* (par M. Carré) qui s'aiment et se le disent d'une manière un peu trop crue et trop instructive... — Il est vrai qu'en face est une bacchante qui, de la vigne, n'aime que le raisin et méprise la feuille, — et se livre à des contorsions assez expressives... mais enfin elle est seule ; — traversez donc, madame, et résignez-vous à la bacchante.

🐝 Une autre peinture fort érotique est due au pinceau de M. Biard ; — cela s'appelle la *Pudeur orientale*. — Une femme entièrement nue — se prosterne pour cacher son visage — et montre de face au public des choses que je n'oserais nommer, même de profil.

Comme cette figure, cependant, ne peut tout montrer à la fois, M. Biard a fait montrer, par d'autres femmes également nues, tout ce que cache celle-ci. — Le tableau est complet : — des eunuques étendent leurs robes devant les femmes, pour cacher, non pas au public, — mais à M. Lépaulle, jeune peintre français, que l'on voit peint en haut d'une colline. — C'est, en effet, une aventure arrivée à cet artiste qui a donné à M. Biard l'idée de ce tableau.

M. Lépaulle est allé, il y a deux ans, je crois, en Orient. Averti que tout un harem venait chaque jour se baigner dans une petite crique, sous la garde de dix farouches eunuques, il eut la témérité de se cacher dans le voisinage, — pour assister au bain des belles Géorgiennes. — Malheureusement, il fut découvert, et les eunuques lui donnèrent plus de deux cents coups de bâton. — M. Biard a en effet montré deux eunuques armés de bâtons, qui vont tourner la colline où s'est juché M. Lépaulle, dont la ressemblance est frappante ; — il fut horriblement battu ; un bruit même avait couru que les eunuques ne s'en étaient pas tenus aux coups de bâtons, et qu'ils lui avaient fait subir un infâme traitement, mais ce bruit ne s'est pas confirmé. — M. de Bourqueney, notre ambassadeur, a en vain demandé réparation de l'insulte et des coups infligés à M. Lépaulle ; le pacha a été inflexible, et a dit que les eunuques n'avaient eu qu'un tort, — c'est de ne pas tuer M. Lépaulle.

Quelques personnes ont trouvé désobligeant, de la part de M. Biard, d'avoir reproduit cette aventure désagréable pour un artiste et un camarade, mais j'ai entendu affirmer que M. Lépaulle y avait consenti, et avait même posé deux fois, — ce que confirmerait la grande ressemblance du portrait. — Ce ne peut être alors que dans l'intention de donner de la publicité à ce fait, qui montre combien peu les Français trouvent de protection à l'étranger de la part des agents du gouvernement actuel. Il faut dire cependant que M. Lépaulle a eu de grands torts en cette circonstance.

La *Pudeur orientale* est une pudeur qu'on n'a pas soi-même ; — on a des domestiques pour cela, comme pour brosser ses habits.

Le *Cheval abandonné sur un champ de bataille*, par M. Alfred Dedreux, — est un tableau intéressant et peint avec conscience. Ce pauvre cheval blanc — a une cuisse cassée ; — il entend sonner la retraite, il se relève sur le champ de bataille couvert d'hommes et de chevaux morts, — et il essaye d'obéir à la trompette et de suivre son escadron.

🐝 Est-ce par abstinence, — par pénitence, — expiation — ou deuil, que l'Église veut qu'on *fasse maigre* pendant la semaine sainte ?

Je connais quelqu'un qui, alors, ne ferait jamais si maigre qu'en mangeant du bœuf bouilli, — et qui doit s'accuser d'attendre et de voir venir avec trop de sensualité les époques où les commandements de l'Église l'obligent à manger du poisson, qu'il aime passionnément.

On sait l'histoire de ce cocher auquel son confesseur recommandait de faire maigre, et qui répondait : « Je n'ai pas le moyen ; c'est bon pour les maîtres. — Il faut des turbots, des truffes, des légumes de primeur, » etc.

🐝 Swift, retiré en Irlande après la mort de la reine Anne, et ne s'occupant que de philosopher avec Pope, son ami, lui écrivait en 1720 :

« Je n'ai jamais pu me faire aux grandes armées en temps de paix. Il me semble qu'un prince qui ne se croit pas en sûreté au milieu de ses sujets doit avoir des vues et des intérêts opposés aux leurs ; mais je n'ignore pas quelles nécessités artificielles un ministre corrompu peut créer lorsqu'il a une faction à soutenir contre l'opinion publique.

» Quant aux parlements j'adore la sagesse de cette gothique institution qui voulait qu'ils fussent élus annuellement, et je suis persuadé que notre liberté ne peut durer tant que cette ancienne loi ne sera pas rétablie. Qui ne voit que, lorsque de telles assemblées s'installent pour longtemps, il s'établit entre les députés et les ministres un certain commerce de corruption dans lequel les uns et les autres trouvent leur compte, mais dont le public fait les frais ? » (*Œuvres de Pope*, édit. angl., tome IV, page 201.)

🐝 Voici une histoire parfaitement vraie. — Je l'aurais racontée tout autrement si j'étais encore un homme indépendant ;

mais j'ai, ces jours passés, rencontré dans un salon un des personnages, qui m'a fait un très-gracieux accueil. — Je vais donc mettre dans mon récit toutes sortes de lâches réticences.

🐝 C'est comme la polka, — cette danse à la mode, — que l'été, les bals champêtres et la Chaumière, vont rendre impossible dans le monde pour l'hiver prochain. — Je l'ai vu danser, — mais où? — chez un ami; par qui? par une jolie femme. — Eh bien! je ne puis plus dire ce que j'en pense? — si ce n'est que l'expédition de Chine va nous rapporter pour la remplacer quelque danse chinoise. — Les femmes du monde n'attendent qu'un prétexte pour danser le cancan dans toute sa pureté. — M. Lagrenée a emporté cette danse nationale et le rapportera sous le nom chinois de kankan.

🐝 Revenons à notre histoire.

Madame Ancelot a fait un vaudeville, — comme le savent les lecteurs des *Guêpes*, — où figure madame Rolland.

Lorsqu'on présenta cette pièce au ministère de l'intérieur; — on s'avisa de demander s'il ne restait pas quelque personne de la famille de madame Rolland qui pourrait trouver mauvais qu'on lui fit chanter le vaudeville.

A quoi il fut répondu qu'il y avait madame de Champagneux, qui était tout simplement la fille de madame Rolland. — On annonce à MM. Ancelot et Giraudeau de Saint Gervais que la pièce ne pouvait être représentée sans l'assentiment de madame de Champagneux. — A quoi M. Ancelot revint dire qu'il avait obtenu le consentement de cette dame par l'entremise de mademoiselle Godefroy.

On promit de jouer la pièce. — Et elle suivait sa destinée lorsque madame de Champagneux fit porter des plaintes aussi justes que sévères au ministère de l'intérieur. — On alla voir madame de Champagneux : « Mais, madame, n'avez-vous donc pas donné la permission? — Moi, monsieur, pas le moins du monde! Comment supposer que j'aurais laissé mettre ma mère sur le théâtre du Vaudeville, que j'aurais permis de faire représenter, par une actrice, ma mère, et ma mère *amoureuse!* que j'aurais souffert qu'on me représentât moi-même au berceau... »

Si j'étais encore indépendant, je ne laisserais pas à mes lecteurs le soin de juger eux-mêmes la conduite de l'académicien.

C'est comme si je veux parler de fleurs,—où est ma liberté? —Ne me suis-je pas laissé corrompre,—n'ai-je pas accepté les hépatiques et le phlox,—le fameux phlox que M. Van Houte m'a envoyé de Gand?

Que signifie maintenant mon opinion?—de quel poids est mon suffrage?—A peine puis-je maintenant risquer quelques phrases timides;—si je froisse quelqu'un,—on me reprochera mon opprobre,—on me dira que ma plume est vénale.

Oserai-je écrire que je lis avec un grand plaisir les articles de M. A. Toussenel:—on me jettera au nez qu'il a osé dire que le *Voyage autour de mon jardin* ne l'avait pas ennuyé.

Une société horticole s'est formée en Angleterre,—les membres de cette société ont remarqué que l'esprit de l'homme est trop étroit pour contenir une admiration suffisante des œuvres de Dieu;—ils ont observé que beaucoup d'hommes déjà ont eu l'instinct de cette vérité, — que les horticulteurs ne font aucun cas des insectes,—que les entomologistes se plaisent à ignorer qu'il y a des fleurs.

Qu'entre les horticulteurs, les uns n'aiment que les tulipes; — qu'entre les amateurs de tulipes, — il y en a qui n'aiment que les tulipes à fond blanc,—et qui, dans les tulipes à fond blanc, n'estiment que celles qui ont l'honneur de faire partie de leur propre collection. De cette façon, en consacrant toute sa vie, toutes ses facultés, à l'étude et à l'admiration d'une seule variété, d'une seule fleur, on arrive à suffire à cette admiration.

Cette société a songé à appliquer cette division aux légumes, elle s'est dévouée aux concombres, et s'est intitulée Société des concombres, — en émettant le vœu que de nouvelles sociétés se consacrassent à d'autres légumes.

⁂ Il y avait auprès de Gand — un brave homme qui n'avait qu'un seul luxe, — sa collection de dahlias ; — il est mort — et l'a léguée aux pauvres.

⁂ Nous voudrions savoir pourquoi les diligences et surtout les malles-postes marchent dans Paris, à leur sortie, avec une vitesse au moins double de celle qu'elles conservent quand elles sont sur les grandes routes, où cette vitesse n'aurait plus de danger pour personne. — A chaque instant ces voitures causent de graves accidents. Il me semblerait qu'elles ont assez blessé de monde pour acquérir le droit d'être classées parmi les *établissements insalubres*, — et d'être placées hors de Paris, déjà si encombré de voitures et de piétons ; — ce serait bien assez des voitures qui circulent dans la ville, — et on pourrait se contenter de ce qu'elles offrent de chances d'écraser les piétons. — C'est une mesure urgente qui devrait déjà être prise depuis longtemps.

⁂ Mais, depuis que je me mêle de combattre les abus, — je n'ai encore pu triompher que de deux ; — le premier était l'habitude des boulangers de vendre des pains de deux livres qui ne pesaient qu'une livre et demie. — J'ai réussi à faire vendre le pain à la livre ; — mais les Parisiens ne veulent pas l'acheter ainsi, et, d'autre part, la *loi* a une excessive indulgence pour le vol de MM. les boulangers. Le second était l'heureuse idée qu'avait eue le préfet de police de faire mettre exclusivement à droite, c'est-à-dire derrière le cocher, le tarif des cabriolets que les bourgeois doivent consulter. — On le place maintenant à gauche.

Excepté cela, — les choses vont comme devant, — et mes réclamations sur tous les autres sujets n'ont servi absolument à rien.

⁂ Ainsi, je ne puis obtenir que l'administration du chemin de fer de Rouen ne place pas les voyageurs les moins aisés dans des voitures qui seraient à peine convenables pour des bestiaux. Ceci est une chose honteuse, — mais que la loi n'atteint pas.

En voici une autre que je prends la liberté de qualifier du nom de vol, — et qui arrive tous les jours sur le chemin de fer de Saint-Germain. — Si MM. les administrateurs croyaient devoir contester la vérité de ce que j'avance, je les avertis que je leur citerai le jour et l'heure de plusieurs de ces *accidents* — et que je tiens tout prêt le témoignage de plusieurs des voyageurs qui en ont été victimes.

On prend au bureau d'une des stations intermédiaires — des places de diligence et on les paye ; — quand on offre de payer des places de diligence, il y en a toujours ; — mais, quand le convoi arrive, c'est différent ; — il n'y a pas de place dans les diligences, — les voyageurs sont placés dans les wagons. — Je tiens en note le jour et l'heure où, à la station d'Asnières, sur quatorze voyageurs qui avaient pris et payé des places de diligence, — deux seulement en ont obtenu, et les autres ont été, avec toutes les conditions de la brutalité, entassés dans des wagons, — la femme séparée de son mari, — la fille de sa mère.

En bonne justice, — quand on a vendu des places de diligence, on doit les livrer. — On n'est pas fondé à dire qu'il n'y en a pas. — L'administration doit, ou avoir des places en réserve, ou ne vendre que celles qu'elle est sûre de pouvoir livrer. — Mais, bien mieux encore, — quand les personnes qui ont payé des places de diligence et qu'on place malgré elles dans des wagons, — quand ces personnes veulent bien ne pas exiger qu'on leur donne ce qu'on leur a vendu, — et se contentent de demander qu'on leur rembourse la différence du prix qui existe entre la place qu'on leur donne et celle qu'elles ont payée, — on n'écoute même pas leurs réclamations.

A quoi servent les commissaires chargés **de la surveillance** des chemins de fer, — s'ils ne répriment même pas ce qui n'a pas d'autre nom que celui de *vol effronté ?*

On se plaignait de la brutalité proverbiale et de la rapacité des cochers de fiacre. L'administration des chemins de fer a-t-elle la prétention de les dépasser sur ce point de toute la vitesse dont la machine à vapeur surpasse la marche des coursiers étiques du char numéroté?

J'appelle sur ce sujet l'attention des autorités compétentes. Je ne pense pas que le gouvernement ait fait la traite des voyageurs et les ait vendus aux compagnies : c'est déjà assez de leur avoir vendu l'espace.

Je prie les journaux de reproduire mes plaintes à ce sujet, — en m'en laissant toute la responsabilité.

On vient de soulever, à la Chambre des députés, une question grave, — celle du remplacement militaire.

Comment se fait-il que les Français, — si fiers de leur gloire militaire, — payent des gens pour se battre en leur place, — et fassent moissonner les *lauriers*, comme un riche fermier fait faire ses foins, — par des hommes de peine et des domestiques à gages?

Cet impôt de la vie, cet impôt du sang, — il n'y a en France que deux classes d'hommes qui le payent en nature : — les indigents et les fils du roi; les autres se font remplacer.

Les marchands d'hommes, — assure-t-on, sont au moins protégés à la Chambre. — De ce grand zèle pour l'affranchissement des nègres qui fait supporter aux députés jusqu'aux humiliantes avanies du droit de visite, ils devraient bien garder une part pour faire cesser cette infâme traite des blancs.

Le service militaire est devenu odieux en France, il faut le dire, parce que les gens d'une certaine aisance et d'une certaine éducation se font tous remplacer. — Les assurances ont fait descendre la facilité du remplacement beaucoup plus bas encore. —Un jeune homme d'une famille honorable,— d'une éducation libérale, — se trouve dans un horrible isolement si le sort le fait soldat.

Si tous les Français indistinctement, — à l'âge de vingt ans, — étaient soldats, — on pourrait diminuer le temps du service. — Ce serait un impôt que tout le monde payerait également, et qui cesserait d'être odieux.

Quelle bonne plaisanterie, — en présence du remplacement militaire, que cet article de la Charte : *Tous les Français sont égaux devant la loi!*

La princesse Hélène d'abord, et la duchesse de Nemours ensuite, ont fait toutes deux une chose de fort bon goût, en prenant sous leur protection les fleurs et les sociétés qui s'en occupent spécialement ; — toutes deux ont fondé des prix pour les concours. — Mais M. Chereau, le président du cercle général d'horticulture, — a cru devoir faire sortir à l'improviste, certain samedi, le public de la salle d'exposition parce que la duchesse de Nemours la visitait.

Ledit M. Chereau avait, pour sa part, distribué plus de six mille billets ; — des personnes venues de fort loin ont été expulsées de la salle et n'ont pu entrer.

Mai 1844.

Le jardin du Luxembourg. — Un mariage spirituel. — M. de Strada. — M. Soult. — Une commande du gouvernement. — Un créancier de l'État au ministère des finances. — Un homme de lettres décoré. — Les pions et les bedeaux. — M. Ledru-Rollin et M. le ministre de la marine. — M. Bourgogne. — Une séance de l'Institut. — A M.***

MAI. — Il semble en France que les gens qui font partie de l'administration soient un peuple différent des administrés, — un peuple conquérant qui s'est emparé du pays par la victoire, et traite l'autre en peuple vaincu et conquis.

En voici encore un exemple entre mille. Un de ces jours derniers, — un homme et un chien se trouvaient en même temps dans un passage qui conduit de la rue d'Enfer au jardin du Luxembourg. Le chien semblait perdu ; — il avait été flairer deux ou trois passants, et les avait laissés continuer leur route.

L'homme marchait en flânant, regardant à droite et à gauche les feuilles des arbres qui déchiraient leurs bourgeons.

Le chien vint gambader autour de l'homme, — le regarda, le flaira, — et parut découragé : ce n'était pas encore celui qu'il cherchait ; — il le dépassa alors — et tous deux tournèrent à gauche autour de la maison du professeur de botanique. — Là, à son tour, l'homme dépassa le chien et entra le premier dans le Luxembourg. — Un gardien alors alla à lui d'un air irrité, et lui dit : « Monsieur, pourquoi votre chien n'est-il pas attaché? — Monsieur, parce que je n'ai pas de chien. — Qu'est-ce alors que ce chien qui est entré avec vous ? — Je n'en sais rien, il n'est pas à moi, et je ne l'ai jamais vu. — Ça n'est pas vrai, je l'ai vu entrer avec vous. — En même temps que moi, c'est possible ; mais je vous répète qu'il m'est inconnu ; si cela ne vous suffit pas, adressez-vous à lui, et laissez-moi continuer ma route. — Suivez-moi au corps de garde. — Pourquoi cela ? — Parce que... ça vous apprendra. »

Plusieurs promeneurs se rassemblent ; on veut expliquer au gardien que c'est un chien perdu qui suit tout le monde, — que le chien est fort joli, — qu'on n'a qu'à saisir le chien ; — le gardien ne veut rien entendre, et le promeneur est mené au corps de garde.

C'est M. le duc Decazes que l'on doit rendre responsable de semblables brutalités ; — c'est à lui à tenir de son côté ses agents en laisse, — ou du moins à leur expliquer ceci :

Les promeneurs, dans un jardin public, ne sont pas des voleurs ni des ennemis; — ce sont tout simplement des citoyens maîtres de ce jardin, — et qui, au moyen des impôts, payent les gages desdits gardiens et de beaucoup de gens au-dessus d'eux.

🐝 Les consignes qui peuvent être données doivent avoir pour but et la conservation du jardin et la sécurité, ainsi que le plaisir des promeneurs ; c'est avec politesse que les agents doivent rappeler leur consigne, et ce n'est qu'en cas de refus positif de s'y soumettre de la part du promeneur qu'ils peuvent employer à son égard des moyens rigoureux ; c'est alors un des propriétaires du jardin qui gêne ses copropriétaires dans leur droit et dans leur jouissance, — et son caprice doit être sacrifié à la volonté légitime de tous.

Nous pensons que M. le duc Decazes nous saura gré de l'avertir de ce fait, — non que nous voulions attirer une punition sur un pauvre diable ; — mais nous désirons une explication plus claire des devoirs des gardiens, devoirs qui sont — non pas pour leurs chefs contre le public, — mais envers leurs chefs et envers le public.

Une consigne doit être respectée, — force doit lui rester, coûte que coûte ; il ne faut donc pas s'exposer à de fâcheuses collisions. — Dans la circonstance que je viens de raconter, — un homme moins patient aurait pu se débarrasser violemment du gardien. — C'est probablement ce que j'aurais fait pour ma part, — il s'en serait suivi une scène violente et dont les résultats auraient pu être déplorables.

🐝 Pendant que nous sommes au jardin du Luxembourg, disons quelques mots d'un sujet moins important.

On a défendu de fumer dans le jardin. On a eu raison, — les hommes qui fument ne doivent pas forcer les femmes et les hommes qui ne fument pas à aspirer les bouffées de leurs cigares, — au lieu des émanations des lilas et des aubépines.

Mais, pourquoi ne pas consacrer aux fumeurs une partie écartée du jardin?

L'usage du tabac est aujourd'hui universel, — le gouvernement s'est fait marchand de tabac, — et, en lâchant la bride à la ruineuse concurrence que se font entre elles les autres industries, — ne souffre pas qu'on en fasse aux siennes. — Si vous voulez pouvoir faire respecter rigoureusement la consigne, ne la faites pas trop rigoureuse. — En abandonnant aux fumeurs une allée quelconque, — vous obtiendrez qu'on ne fume pas du tout dans les autres ; *mais* en ne donnant la permission de fumer nulle part, — il arrive qu'en dépit des agents on fume partout.

Un des agents, interrogé sur la cause de cette prohibition, a répondu d'un air capable : « Cela nuit à la végétation. »

On fume exprès dans les serres, — et nous avons raconté comment le jardinier de Monceaux a voulu s'en aller, parce que le roi le priait de ne pas fumer dans les serres ; — le roi a dû céder.

Le dieu Cheneau m'a fait l'honneur ces jours derniers de m'envoyer une lettre de faire part de son mariage, qui a eu lieu le 21 mars.

Différents oiseaux ont eu, en diverses circonstances, la charge de porter les missions célestes, — mais le dieu Cheneau n'a pas eu une confiance suffisante ni dans la colombe de l'arche, ni dans le corbeau d'Élisée.

Il aurait pu employer le *roc* si souvent cité dans les *Mille et une Nuits* — ou l'aigle qui porta le soulier de la belle Rhodope sur les genoux de Flammiticus.

Il a mis simplement sa lettre à la poste, à laquelle, d'ordinaire, il confie la foudre, — comme un dieu constitutionnel qu'il est, — pour éviter un procès avec l'administration de M. Conte.

La lettre est écrite en bleu ; — le dieu Cheneau aura sans doute trempé sa plume dans le ciel, — à la manière de ce rédacteur du *Constitutionnel* qui écrivait : « C'est avec une plume trempée dans notre cœur..., etc. »

Voici la lettre :

« J'ai l'honneur de vous faire part que je suis marié à l'état civil depuis le 21 de mars dernier et à Mennetout-sur-Cher le 24 du même mois, sous la protection du véritable pasteur, au domicile de M. Cheneau père, le premier patriarche de la régénération ou de l'harmonie des pères et des enfants. Mon épouse et moi nous avons obtenu et reçu la bénédiction patriarcale, conformément aux statuts du mariage spirituel selon la troisième et dernière alliance de Dieu avec les hommes.

» Permettez-moi, ainsi qu'à mon épouse, le plaisir de vous présenter nos civilités.   » Votre frère en Jésus-Christ,

» CHENEAU C., négociant, 2, rue Montesquieu. »

« NOTA. Dieu n'ayant pas fait deux sortes d'hommes, il ne veut point d'autre intermédiaire que nos cœurs, et le père de famille pour bénir les enfants.

» A l'avenir, les enfants respectueux, raisonnables et éclairés, feront leurs efforts pour mériter la bénédiction paternelle, car là seulement ils trouveront le bonheur. Je parle par l'expérience.

» Paris, le 12 avril 1844. »

Différents ouvrages du dieu Cheneau étaient loin de parler de M. Cheneau père en termes aussi pompeux, — il n'avait, jusqu'ici, été annoncé que comme tailleur ; — nous le félicitons de l'avancement qu'il a obtenu.

Mais une chose nous inquiète : le dieu Cheneau nous annonce qu'il est marié, c'est fort bien, — mais avec qui ?... Il ne nous le dit pas ; — a-t-il épousé sa sœur comme Jupiter, ou un roseau comme Pan, ou un laurier comme Apollon? Il y a bien une phrase, une seule phrase, qui semble jeter quelque lumière sur ce point ; — c'est la première.

« Je me suis marié à l'état civil. » Est-ce à dire que le dieu Cheneau aurait épousé l'état civil? Il est vrai que le doge de Venise épouse bien la mer ; qu'Endymion a épousé la lune ; Europe un taureau, et Danaë de la pluie.

Néanmoins, nous persistons à penser que le dieu Cheneau a épousé une femme ; seulement, nous ignorons et le nom qu'elle portait étant fille, et son nom de baptême : — le dieu Cheneau a manqué de confiance à notre égard, — c'est nous, cependant, qui avons proclamé sa venue aux mortels. — Les *Guêpes*, qui font peu d'annonces, ont annoncé et son commerce de boutons de guêtres et son commerce de sacrements : qui saurait, sans les *Guêpes*, que le dieu Cheneau existe?

Mais voici bien autre chose ; — le dieu demeurait autrefois avec son associé M. P. Jouin, rue Croix-des-Petits-Champs, n° 15, à Paris, — et le voici qui demeure maintenant rue *Montesquieu*, n° 2. Pourquoi le dieu Cheneau a-t-il changé de domicile?

Le ciel de la rue Croix-des-Petits-Champs n'était-il qu'un *ciel de garçon*, — dans lequel il n'aurait pu convenablement établir madame Cheneau?

Ou bien le dieu a-t-il remarqué que le commerce des boutons de guêtres lui faisait perdre un temps précieux pour le bonheur des hommes?

Ou son associé, P. Jouin, a-t-il remarqué que les occupations du dieu faisaient perdre à M. Cheneau un temps précieux pour le commerce des boutons de guêtres?

Ou M. P. Jouin et le dieu Cheneau sont-ils encore associés — et le dieu Cheneau a-t-il simplement loué de plus, rue Montesquieu, un *petit ciel*, comme nos aïeux avaient des *petites maisons*, pour s'y livrer aux douceurs de la vie privée?

Ce sont des questions auxquelles le dieu Cheneau nous doit de répondre. — Les *Guêpes* ont répandu sa parole, les *Guêpes* ont manifesté au monde entier l'existence du dieu Cheneau, — le dieu Cheneau serait un ingrat s'il ne nous mettait à même, d'ici à quinze jours, de résoudre ces difficultés.

Quelques journaux ont remarqué la beauté du temps pendant la *lune rousse*, dont l'inclémence est proverbiale. —

Nous pouvons dès à présent donner une explication aussi claire que simple de ce phénomène. — En regardant — sur la lettre du dieu Cheneau la date de son mariage, on peut voir qu'il a fait à la *lune rousse* l'honneur de la choisir pour sa *lune de miel*.

Désormais la *lune rousse* — sera une lune de bénédiction.

🐝 C'est par un reste de ses mauvaises habitudes que nous signalons au dieu Cheneau qu'elle s'est montrée extrêmement favorable aux hannetons, qui ont paru cette année en grande abondance, à moins que ce ne soit un bienfait du dieu.

En effet, — les hannetons étant beaucoup plus nombreux que les feuilles des arbres, ils ne tarderont pas à les avoir dévorées, et seront ensuite obligés de se manger entre eux.

Par suite de quoi — il n'y aura plus de hannetons.

🐝 M. le préfet de la Seine-Inférieure, qui n'a pas prévu ce moyen ingénieux de détruire les hannetons, — a adressé à ses administrés une pancarte — où il indique un autre moyen. — Ce moyen consiste à secouer les arbres qui en sont chargés, et à les écraser pendant qu'ils sont à terre.

🐝 Malgré la *naïveté* du moyen indiqué, on doit louer la circulaire du préfet; — mais, pour qui connaît les paysans, elle sera de nul effet. J'ai vu souvent sur un chemin une ornière dangereuse, que l'on pouvait combler en deux minutes avec cinq cailloux, — subsister pendant plusieurs années, — personne ne voulant faire *pour les autres* — un travail dont il aurait également le bénéfice.

🐝 Un Anglais a fait présent au comte de Paris d'un cheval nain, d'un poney excessivement petit.

On a pensé au château à en donner un semblable au petit comte de Wurtemberg, l'enfant de la charmante princesse Marie. M. de Strada, écuyer du roi, — a cherché dans tout Paris un cheval convenable.

Il ne s'en est trouvé qu'un, — mais aussi petit qu'on en ait amais vu, il est de la taille d'un chien.

Le possesseur de cette singularité, — qui est marchand de chevaux, — en a demandé quinze cents francs; — c'était fort raisonnable de la part d'un homme qui n'avait pas à craindre de concurrence, — car il eût été impossible de trouver un cheval pareil au sien.

Néanmoins, M. de Strada a jeté les hauts cris et n'a pas acheté le cheval. — Il aura été gâté par le prix auquel on a eu le cheval du comte de Paris.

On ne cherche plus de cheval, on cherche un Anglais qui en veuille donner un.

Qu'est-ce que disent donc les journaux, que le ministère nous laisse humilier par l'étranger?

— On lit dans le *Moniteur de l'armée* :

« Désormais les colonels des régiments d'infanterie, du génie et des corps des troupes à cheval, dont la coiffure est ornée d'un plumet droit ou flottant, feront usage, en grande tenue, d'une aigrette en plumes de héron blanc de deux cent cinquante millimètres de hauteur, y compris cinquante millimètres pour la base composée de trois rangées de petites plumes de coq taillées en pointe et présentant les trois couleurs nationales rangées horizontalement, le bleu en bas, le rouge en haut et le blanc au centre. Les plumes de cette aigrette seront maintenues par un coulant d'ivoire, rond et uni, et sa tige traversera une olive de quarante millimètres de hauteur sur trente-cinq millimètres de diamètre, à petite torsade mate, en or ou en argent, selon la couleur du bouton d'uniforme. »

Certes, il est impossible d'avoir de plus beaux plumets, — et l'étranger sera humilié à son tour.

Voilà des *petites plumes de coq taillées en pointe* qui vont donner à réfléchir à l'Angleterre.

Si M. Soult a montré jusqu'ici à l'égard des étrangers un peu plus de bénignité que les gens de cœur n'ont paru le désirer, c'est qu'il faisait ses préparatifs dans le silence, c'est que les officiers du génie n'avaient pas encore la fameuse aigrette en héron blanc de deux cent cinquante millimètres de hauteur. Que l'on vienne s'y frotter maintenant!

Une chose que continuent à faire remarquer les ennemis de M. Soult, c'est que c'est principalement quand il est ministre qu'ont lieu périodiquement ces changements dans l'uniforme, — qui amènent des fournitures qui amènent des marchés, — qui pourraient amener des bénéfices et des pots-de-vin, — disent les susdits ennemis du susdit maréchal — dans une intention évidemment malveillante.

Un bourgeois se présente chez un de nos peintres les plus distingués, avec sa fille âgée de quinze ou seize ans; — il lui montre un dessin que le peintre a la politesse d'examiner quelques instants — en disant que cela annonce des *moyens*, des *dispositions*, — de la *facilité*, etc.

Le père remercie — et demande au peintre s'il pourrait lui enseigner un professeur qui pût enseigner à sa fille à peindre à l'huile; le peintre se récrie.

« Écoutez, dit le bourgeois, voici de quoi il est question : — j'ai des amis députés, j'ai eu le bonheur de rendre quelques services au gouvernement, lors des dernières élections; — on a cru devoir reconnaître mon zèle, — on a commandé un tableau à ma fille... il faut que ce tableau se fasse, — et il est indispensable que ma fille sache peindre à l'huile dans quinze jours. — La commande est-elle importante? — demande le peintre. — Mais... assez... trois mille francs... — Eh bien, adressez-vous au premier peintre venu, et faites-lui faire le tableau pour quinze cents francs. — Excellente idée, — mille remercîments. »

Un homme reçoit d'un ministère quelconque un mandat d'un millier de francs, pour indemnités, appointements ou toute autre chose.

Il avait des amis au ministère, son affaire n'était nullement compliquée, aussi la somme fut-elle *ordonnancée* au bout de deux mois et demi.

Il n'y a donc plus qu'à aller toucher au ministère des finances.

Il a invité un ami à déjeuner, — il ne sort que pour un instant, l'ami voudra bien l'attendre. — Il court au ministère des finances, le créancier de l'État se présente d'abord au *bureau des oppositions.*

Le bureau n'est plus à la même place, ou l'indication est mal donnée; car ce n'est qu'en faisant le contraire de ce qui est écrit sur le papier qu'il arrive à ce bureau; — accueil peu bienveillant, regard farouche : — le monsieur qui occupe la cage lui arrache le papier, et lui fait un signe terrible qui veut dire peu clairement : « Passez à gauche. » Un autre monsieur, dans une autre cage : — celui-ci ne lui dit rien. Il revient au premier, le premier lui rejette son papier après y avoir apposé un parafe au coin d'en haut à droite : « Allez au n° 85. » Il va au n° 85. — L'hôte de la cage 85 dit magistralement : « Allez au 87. » Le 87 le renvoie au bureau des oppositions, qui le renvoie au 87 qui lui dit : « Votre papier n'est pas timbré, — allez le faire timbrer. » Il va rue de la Paix; — là, il va de bureaux en bureaux — et obtient, au bout de trente-cinq minutes, une tache ronde et noire au coin de son papier pour trente-cinq centimes.

Il revient au ministère des finances; — le papier timbré recommence les promenades qu'il avait faites avant d'être timbré; au 87 on parafe son papier — et on griffonne plusieurs autres petits papiers qu'on l'envoie porter à la cage n° 90, — d'où on le renvoie au 87, — d'où on le renvoie dans un endroit où, au bout d'un quart d'heure, un commis lui donne un sac de mille francs. Il rentre chez lui, — deux heures se sont écoulées, l'ami est allé déjeuner au café du coin — il court après lui et l'invite à dîner.

C'est ainsi que l'administration des finances conserve et augmente les traditions de Don Juan à l'égard de M. Dimanche.

🜲 Le ministère vient de nommer chevalier de l'ordre royal de la Légion d'honneur — M. Gallix, *homme de lettres*.

Voilà quatre jours que je demande à toutes les personnes que je rencontre : « Connaissez-vous M. Gallix ? — connaissez-vous les œuvres de M. Gallix ? »

Il paraît que la muse de M. Gallix est encore plus discrète que celle qui a fait entrer M. Pasquier à l'Académie.

M. Gallix a probablement l'intention de faire des vaudevilles.

Nous nous sommes plus d'une fois élevé avec énergie contre l'absurde discrédit dans lequel le pouvoir jette cette noble et belle monnaie, la seule avec laquelle on puisse payer les grandes actions et les beaux ouvrages.

Un officier de la garde nationale monte régulièrement sa garde, — passe une fois par six semaines une nuit à jouer aux dominos et à boire du punch. — Pendant ce temps, un soldat, en Afrique, s'expose aux maladies, aux fatigues, aux balles des Arabes, — il a un bras fracassé.

Tous deux reçoivent une même et identique croix d'honneur.

Un grand écrivain honore son pays par ses ouvrages. — M. Gallix fait des logogriphes pour les petits journaux.

On leur donne à tous deux la croix d'honneur.

Une autre singularité est de voir avec quelle prodigalité on la distribue aux étrangers. — On nomme aux plus hauts rangs dans l'ordre tous ceux qui se succèdent aux affaires en Espagne.

C'est changer en fausse monnaie la monnaie que tant de braves gens ont reçue en récompense de leurs travaux, de leur dévouement et de leurs dangers. — C'est injuste, c'est ignoble, c'est bête.

On m'assure à l'instant même que M. Gallix fait, dans un journal de modes, — des articles sur les magasins de nouveautés, qu'il signe — *Louisa de B***.

La guerre continue entre les bedeaux et les pions, — entre l'Université et le clergé.

Il ne s'agit pas de savoir qui donnera la meilleure éducation, mais qui aura le privilége d'en donner exclusivement une mauvaise.

Nous l'avons dit aux premières escarmourches, c'est une guerre de boutiques.

La guerre faite par le clergé à l'Université est le salut de celle-ci. — Beaucoup d'honnêtes gens et de gens de bon sens — entre lesquels je citerai le roi Louis-Philippe et M. Arago, — reconnaissent la ridicule inutilité d'une éducation qui consiste à faire apprendre uniquement à tout un pays les deux seules langues qui ne se parlent nulle part. — Mais on redoute avec tant de raison les empiétements du clergé, — que les esprits mêmes qui sont le plus oppposés à l'Université — la défendent pour écarter les jésuites.

C'est à choisir entre la peste et la fièvre : — si l'on choisit la fièvre, ce n'est pas qu'on l'aime beaucoup, — c'est qu'on craint la peste davantage.

On sait, du reste, que les études des colléges sont plus fortes que celles des séminaires, — c'est-à-dire que, entre les dix élèves sur cent qui savent le latin après l'avoir appris dix ans, ceux qui sortent du collége le savent un peu mieux que ceux qui sortent du séminaire.

Mais, par exemple, cela leur est, une fois dans la vie, aussi inutile aux uns qu'aux autres.

Une chose qui remonte aux siècles de barbarie, — c'est d'imposer le titre de bachelier ès lettres pour toutes les professions libérales.

Le titre de bachelier s'obtient à pile ou face. — Il s'agit de répondre à peu près bien à un certain nombre de questions prises au hasard dans une sorte de manuel.

Je défie M. le ministre de l'instruction publique de

nier que *tous les ans*, — parmi les aspirants au baccalauréat, il arrive que des élèves qui ont suivi avec succès le cours entier des études sont repoussés, — tandis que d'autres qui n'ont rien fait sont admis. J'ajouterai que cet examen porte, en grande partie, sur des questions que l'on apprend pour l'examen, et que l'on oublie aussitôt.

Je défie que l'on me trouve, en France, cinquante bacheliers ès lettres (non professeurs, — c'est-à-dire non obligés de ruminer perpétuellement ces choses) qui sortent victorieux d'un nouvel examen qu'on leur ferait subir à l'improviste.

Mais je me suis si souvent expliqué sur la sottise, sur la folie d'une pareille éducation, — qui ne sert à rien, — qui ne prévoit rien, — qui n'arme contre rien, que j'ai honte d'en parler encore.

Seulement, remarquons que l'Université est si bien de mon avis elle-même, — qu'elle fait une obligation de passer par ses mains pour arriver à toutes les professions libérales.

Si les études qu'elle fait faire étaient indispensables pour ces professions, elle n'aurait pas besoin d'en faire une condition; — les gens qui se destinent à ces professions viendraient d'eux-mêmes se ranger sous ses bannières.

On n'a pas besoin de forcer de passer sur le pont des Arts les gens qui ont affaire de l'autre côté de l'eau. Mais l'Université veut obliger de passer sur son pont ceux mêmes qui n'ont rien à faire de l'autre côté, — et sont obligés de revenir sur la rive qu'ils ont quittée, après avoir soldé le péage.

Nous avons cité le roi Louis-Philippe et M. Arago (François) comme partageant nos opinions sur les études classiques en France. — Le volume des *Guêpes* (avril 1843) a rapporté la manière de voir de M. Arago.

M. de Boissy a raconté à la Chambre des pairs — que le roi, en faisant les honneurs du musée de Versailles aux élèves des colléges royaux, — leur a dit: « En créant ce musée, j'ai eu pour but de rappeler toutes les gloires de la France, et de montrer que nous avons fait autant qu'Athènes, Sparte et Rome, dont, au reste, on vous occupe beaucoup trop. »

🙦 Un journal accuse de plagiat M. Hortensius Saint-Albin. — M. Hortensius Saint-Albin accuse le journal de diffamation. — Le journal demande à faire judiciairement de son allégation une preuve qu'il a déjà faite en imprimant en regard et l'ouvrage de M. Saint-Albin et celui sur lequel il a été littéralement copié.

Mais, comme le journal sait que la loi ne permet pas à l'accusé de diffamation de produire la preuve des faits qu'il a avancés, — il prend un biais que la même loi lui indique : il accuse M. Saint-Albin de plagiat.

M. Saint-Albin n'accepte pas ce procès, — et invoque la prescription, c'est-à-dire qu'il reconnaît s'être emparé du livre d'un autre, et l'avoir publié sous son nom, mais — *il y a longtemps.*

🙦 Une discussion s'est élevée à la Chambre des députés — le 13 avril 1844. M. Ledru-Rollin rappelle à M. le ministre de la marine que, le 30 février précédent, il avait affirmé n'avoir reçu sur l'affaire de Taïti aucun autre renseignement que ceux communiqués à la Chambre ; — il fait remarquer à M. le ministre que les faits sont venus démentir son assertion, et que lui-même a avoué depuis avoir en effet possédé alors des documents que la Chambre n'avait pas été mise à même d'examiner. — Et cependant, dit-il, M. le ministre de la marine a dit alors à la tribune : « J'affirme *sur l'honneur* que nous n'avons pas reçu d'autres rapports de M. Dupetit-Thouars que ceux qui ont été déposés. »

M. le ministre de la marine monte à son tour à la tribune, et se plaint violemment de M. Ledru-Rollin. — M. Ledru-Rollin aurait *escamoté* trois mots pour le mettre en contradiction avec lui-même. — M. Ledru-Rollin, tenant le *Moniteur* à la main, — ne citant pas de mémoire, mais *lisant*, — a passé trois mots. — Est-ce de la probité ?

Non certes, — et nous blâmons fort M. Ledru-Rollin. — Voyons maintenant quels sont ces trois mots.

« Je n'ai pas dit, comme le prétend M. Ledru, ajoute le ministre, je n'ai pas dit que *nous n'avions pas reçu d'autres documents*, j'ai dit : J'affirme sur l'honneur que nous n'avons pas reçu d'autres documents *par le navire l'Élisabeth ;* — nous en avions reçu d'autres, c'est vrai, mais *pas par le navire l'Élisabeth.* »

Nous demanderons à son tour à M. le ministre de la marine : Est-ce là de la probité ? N'est-ce pas ce procédé si reproché à raison aux casuistes, et qu'indique le père Sanchez ?

« Vous pouvez dire et même jurer que vous n'avez pas fait telle chose, quoique vous l'ayez faite en effet, pourvu que vous ajoutiez tout bas ou même mentalement « hier, » ou « ce matin, » ou toute autre circonstance, qui, ajoutée à celles que vous affirmiez par serment, rende ce serment vrai, de faux qu'il serait sans cela. »

M. Bourgogne, — qui a pour état d'avoir une femme fabricante de corsets, — a publié, en 1841 (mars), une brochure que les *Guêpes* ont reproduite en grande partie ; — cette brochure était si invraisemblable, que nous laissâmes alors pendant quelque temps l'original déposé dans nos bureaux, pour qu'on ne nous accusât pas de l'avoir inventée.

Cette brochure eut un succès prodigieux, surtout dans les *Guêpes*, et nous obligea de faire du numéro de mars 1841 un tirage supplémentaire. — Depuis cet *appel au peuple*, M. et Mme Bourgogne n'étaient plus descendus dans l'arène politique.

Mais aujourd'hui, madame Bourgogne (née Kunégonde Krempel, ainsi que nous l'apprit alors M. Bourgogne lui-même, qui voulut bien nous honorer d'une visite), madame Bourgogne, ayant à se plaindre du gouvernement actuel, a fait insérer dans divers journaux douze lignes pleines à la fois de fermeté et de modération.

Madame Kunégonde Bourgogne avait obtenu d'abord de M. Rambuteau la promesse qu'elle pourrait *exposer* ses corsets; — mais une décision du jury central a ensuite exclu ces mêmes corsets.

Le jury a motivé son refus sur plusieurs raisons.

Dans un siècle d'incrédulité, ce serait un tort d'aller porter un nouveau coup à des croyances déjà bien ébranlées.

On se plaint de toutes parts que les femmes sont négligées, qu'elles n'ont plus dans la société le rang et l'influence qu'elles y ont occupé et exercée pendant si longtemps.

Serait-ce donc le moment de révéler aux jeunes gens qui croient encore du moins aux hanches — comment sont faites celles de beaucoup de femmes de leur connaissance?

Ces révélations n'auraient-elles pas pour résultat d'exciter entre les deux sexes une défiance fâcheuse? — Plus les corsets de madame Bourgogne sont parfaits, plus ils doivent rester un secret entre elle et ses clientes.

On assure que la femme d'un membre influent du jury, cliente de madame Bourgogne, — a été effrayée de la ressemblance frappante qu'on pourrait trouver entre elle et la ouate exposée par madame Bourgogne, — et que c'est à sa sollicitation que son mari a poussé ses collègues à proscrire l'exhibition des corsets.

Nous sommes fâché de voir madame Bourgogne méconnaître l'intérêt que nous lui portons, au point de n'avoir pas envoyé aux *Guêpes* la note qu'elle a fait insérer dans plusieurs journaux; les *Guêpes* se seraient fait un plaisir d'admettre gratuitement ces lignes que les journaux ont fait payer à madame Bourgogne.

D'où vient que M. Bourgogne ne paraît pas cette fois? — C'est aussi un ingrat qui nous a oublié.

🐜 Depuis cinq ans, les *Guêpes* demandent comment il se fait que depuis quatorze ans — certains médecins prétendent que la gélatine nourrit parfaitement les malades, — certains autres, qu'elle ne les nourrit pas, mais qu'elle les empoisonne un peu ; — comment il se fait que l'Académie n'ait pas encore décidé cette question, et surtout comment, dans le doute, on continue à en donner aux malades dans certains hôpitaux.

Plusieurs de mes lecteurs ont cru que j'exagérais, sans doute, cette situation incroyable et à laquelle l'autorité aurait dû, depuis bien des années, mettre un terme, en proscrivant l'emploi de la gélatine dans les hôpitaux, jusqu'à ce que la question fût résolue.

Pour leur montrer que je n'ai rien inventé, je vais transcrire ici textuellement une scène qui a eu lieu dans une des dernières séances de l'Institut, et qui paraîtrait d'un comique exagéré et invraisemblable dans le *Malade imaginaire* de Molière.

A propos du rapport négatif de l'Institut des Pays-Bas sur les propriétés nutritives de la gélatine, M. Bergama vient en aide à M. Darcet pour soutenir l'efficacité de cette substance comme aliment. Aussitôt M. Gay-Lussac prend la parole pour rappeler à l'Académie que, depuis quatorze ans, une commission a été nommée pour résoudre une question qui intéresse aussi vivement l'humanité, et qu'il est malheureux que cette commission n'ait pas encore fait un rapport circonstancié à ce sujet.

Cette observation, pleine de justesse, donne lieu à un débat animé, qu'il nous semble intéressant de reproduire, comme un des épisodes les plus curieux de la question.

M. THÉNARD. Je suis président de la commission, et je dirai à l'Académie que, s'il n'a pas été fait de rapport, si l'on n'est pas arrivé à une conclusion, cela tient uniquement au grand nombre de commissaires. Deux ou trois membres auraient travaillé, sept académiciens n'ont rien fait.

M. DUPIN. Que la commission nomme une sous-commission de trois membres, et la difficulté sera levée.

M. THÉNARD. Deux sous-commissions de deux membres ont

été nommées pour travailler chacune de son côté ; elles n'ont rien fait.

M. GAY-LUSSAC. Il est impossible que la commission garde plus longtemps le silence sur un tel sujet, car, en attendant, plusieurs établissements publics donnent de la gélatine aux malades.

M. THÉNARD. Je demande que M. Gay-Lussac soit adjoint à la commission pour la rajeunir et la retremper.

M. GAY-LUSSAC. Vous avez dit que la commission était trop nombreuse.

M. THÉNARD. Il y a longtemps que j'ai indiqué l'expérience à faire. Faire maigrir des chiens...

M. POINSOT. Pauvres bêtes !

M. THÉNARD. Faire maigrir des chiens, ajouter alors de la gélatine à leurs aliments insuffisants, et constater si leur poids continue à diminuer. Dans ce cas, la gélatine ne serait pas nutritive. Dans le cas contraire, c'est-à-dire si le poids augmentait, j'en conclurais que cette substance est réellement nutritive, ce que je crois fermement.

M. POINSOT. Je ne le crois pas.

M. THÉNARD. Pourquoi ne le croyez-vous pas ?

M. POINSOT. Parce que les rats mêmes ne veulent pas en manger.

M. MARCEL DE SERRES. Il faudrait rassembler la commission, et la prier instamment de faire un rapport.

M. THÉNARD. Je rassemblerai la commission, mais auparavant je demande l'adjonction de M. Dutrochet.

M. Dutrochet est adjoint à la commission, qui est donc composée de huit membres, quoique sept soient déjà trop nombreux.

Je prie M. ***, qui m'a fait l'honneur de m'écrire que des *raisons majeures* l'empêchaient de s'abonner aux *Guêpes*, de vouloir bien me donner son nom et son adresse, — et de me permettre de lui envoyer à l'avenir mes petits volumes.

Juin 1844.

M. Buloz. — La *Revue de Paris* entre dans une nouvelle voie, bon voyage. — Un essai peu hardi fait par l'administration du chemin de fer. — Impôts sur le luxe. — Le roi de France représenté par des chevaux. — Sur la brochure du prince de Joinville. — Mésaventure du lieutenant Petit. — Dictionnaire français-français. (Suite).

JUIN. — Quand M. Thiers était ministre, — M. Guizot appelait le ministre des affaires étrangères — un homme dangereux pour le pays, — qui sacrifiait l'intérêt et l'honneur de la France à l'alliance anglaise. — Les amis politiques de M. Guizot, — c'est-à-dire ceux qui voulaient arriver avec lui aux places et aux appointements d'icelles, — dénonçaient à la vindicte publique toutes sortes d'affreux dangers. — Il n'y avait pas si petit fonctionnaire qui ne fût traître à la patrie et ne s'abreuvât de la sueur du peuple. — Il était urgent de leur courir sus et d'en délivrer le pays. — Cela dit, on fait une grande chasse aux portefeuilles, aux places, aux emplois, etc.

Aujourd'hui, M. Thiers et ses amis — tâchent d'obtenir à leur tour de la majorité une ordonnance qui permette de courir sus à M. Guizot et à ses partisans, — pour se partager leurs dépouilles et en faire *curée*.

Pour placer dans le jardin fantastique où nos romanciers ont déjà planté :

M. de Balzac, — une azalée grimpante ; — madame Sand, — des chrysanthèmes bleus ; — M. Janin, — un œillet bleu ; — M. Bolle, — son camellia à odeur enivrante ;

Voici venir M. Alfred Michiels, — qui se présente avec une ronce *à fleurs jaunes*.

M. Buloz, directeur de la *Revue de Paris* — vient de faire insérer dans les journaux une note dont voici la copie exacte :

« La *Revue de Paris* vient d'entrer *dans une voie nouvelle.* — La collaboration des *écrivains les plus distingués* de l'époque est acquise à la *Revue de Paris*; et *l'absence de signature y assure, y protége la liberté de discussion.* »

Si j'avais l'honneur de faire partie des écrivains de la *Revue de Paris*, j'aurais, certes, protesté contre cette assertion étrange de M. Buloz.

Eh quoi ! — (dirais-je — si j'avais l'honneur de faire partie de la *Revue de Paris*), quoi ! *les écrivains les plus distingués de l'époque* sont ainsi faits qu'ils n'osent dire ce qu'ils pensent qu'à l'abri d'un prudent anonyme ! — Tristes écrivains ! triste distinction ! triste époque !

Quoi ! le talent exclut donc l'honnêteté et le courage ! Quoi ! il nous faut ou être des esclaves en signant — ou des lâches en ne signant pas !

La vérité et la fermeté, nous ne les trouvons pas dans notre cœur, — mais dans l'obscurité !

Nous serons indépendants — non parce que nous avons du cœur, non parce que nous avons de la noblesse, — non parce que nous avons de la probité et de l'orgueil, — mais parce qu'on ne saura pas que c'est nous !

Nous oserons attaquer le vice et l'imposture, non parce que nous les haïssons, mais parce que nous frappons dans l'ombre et qu'on ne nous reconnaîtra pas !

Mais je n'ai pas l'honneur de faire partie de la rédaction de la *Revue de Paris*, — et je me contente de me distinguer des *écrivains les plus distingués de l'époque.*

Lors de l'horrible catastrophe du chemin de fer et du procès qui l'a suivie, plusieurs ingénieurs furent consultés sur cette question : Deux locomotives, tirant un seul convoi, compromettent-elles la sûreté des voyageurs ?

Ils répondirent affirmativement, et ils signalaient, comme pouvant amener les plus graves accidents, la différence presque inévitable de force et de vitesse entre les deux locomotives. Cependant on fit quelques objections, et la chose demeura encore indécise.

L'administration du chemin de fer de la rive droite a sans doute voulu s'assurer du fait.

Pendant toute la journée du dimanche où jouaient pour la première fois les grandes eaux à Versailles, — *trois* locomotives ont été attelées à chaque convoi.

Je ne crois pas qu'on ait demandé aux voyageurs s'ils consentaient à faire cette expérience un peu hardie :

A savoir : plusieurs ingénieurs étant d'avis qu'il est dangereux de mettre deux locomotives sur le même convoi, — essayer si *trois locomotives* broieraient ou brûleraient les voyageurs ou les jetteraient dans la rivière.

C'était à peu de jours près l'anniversaire du malheur de la rive gauche. Il est vrai qu'en cas d'accident l'administration avait pour elle un précédent : on a vu que ce sont les broyés, les brûlés et les morts qui ont tort et qui payent les frais.

Lorsque les *Guêpes* ont demandé que les impôts qui pèsent principalement sur les classes pauvres fussent remplacés par un impôt sur le luxe, — on a répondu qu'une taxe de ce genre serait improductive.

Voici ce qu'en un an ont rapporté au trésor de l'Angleterre quelques objets de luxe soumis à une contribution :

Domestiques mâles, 4,889,583 fr. 75 c.; gardes-chasse, 7,658 fr.; carrosses à quatre roues, 4,172,056 fr.; chevaux de carrosse, 7,274,453 fr. 10 c.; chevaux de course, 97,912 fr. 50 c.; poudre à poudrer, 156,538 fr. 95 c.; armoiries sur les voitures, 1,646,700 fr.; droit de chasse, 3,789,970 fr.; autorisation pour la vente du gibier, 41,250 fr.; impôt sur les chiens de luxe, 4,088,847 fr. 50 c. — Total du produit, 26,155,962 fr. 50 c.

Il est une chose que l'on ne peut nier, c'est que si en

1830 M. Laffitte ne l'avait pas voulu, S. M. Louis-Philippe ne serait pas roi des Français.

Les rois, auprès des cours étrangères, se font représenter par des ambassadeurs ; mais aux enterrements ils se font représenter par des chevaux.

Ils envoient leur voiture vide à la suite du cortége funèbre des gens dont ils veulent honorer la mémoire, ou dont ils veulent partager la popularité.

L'habitude fait qu'on ne s'aperçoit pas du ridicule de cet usage. Vous voyez sans sourciller dans un journal : « Deux voitures du roi suivaient le cortége. »

Déplacez un peu la chose, — et supposez que ce soit un particulier qui veuille rendre ce quasi-devoir à un mort de ses amis, — que vous semblerait d'un journal qui vous dirait sérieusement : « On portait derrière le char funèbre les bottes de M. un tel, — et le parapluie de M. ***? »

Ce serait cependant, au fond, absolument la même chose.

SUR LA BROCHURE DU PRINCE DE JOINVILLE. — Il y a une sorte de vanité nationale qui est bien la plus ridicule et la plus dangereuse chose qui soit au monde. — Elle consiste à penser et à dire que les Français sont invincibles, — que la supériorité du nombre ne les empêchera pas d'être vainqueurs — en tous temps et en tous lieux, — et que la France doit commander à l'Europe et au monde entier.

Les gens qui soutiennent cette opinion, — et qui disent si volontiers : NOS *succès*, NOS *lauriers*, NOS *victoires*, NOS *conquêtes*, *l'honneur de* NOS *armes*, sont des gens qui n'ont pas d'armes, qui se font remplacer au service militaire, et qui, ainsi que nous l'avons dit, font moissonner des *lauriers* en Europe et des *palmes* en Afrique, comme un riche fermier fait couper ses foins par des serviteurs à gages.

Je voudrais que tout homme qui veut demander ou proposer la guerre fût obligé de se présenter devant la Chambre des députés le shako sur la tête et le sabre au côté, — pour faire sa proposition et en même temps se mettre à la disposition du chef du gouvernement.

Mais ce qu'il y a de plus méprisable encore, — ce sont les gens qui, pour renverser leurs adversaires au pouvoir et pour s'emparer de leurs places, jetteraient au premier prétexte le pays dans les hasards et les calamités de la guerre. — Gens qui mettraient le feu à la maison du voisin pour y allumer leur cigare ou y faire cuire un œuf à la coque.

Ce sont là les véritables ennemis et ceux auxquels on doit faire une guerre acharnée.

Et c'est précisément pour ne pas avoir à faire la guerre que M. Guizot aurait dû poser nettement son ultimatum aux Anglais, et leur déclarer les limites qu'il n'aurait ni le droit ni le pouvoir de leur laisser franchir. — C'est précisément pour ne pas avoir à faire la guerre qu'il fallait encourager et augmenter la marine et la tenir sur un pied formidable.

Les bourgeois belliqueux par procuration et les hommes d'État ambitieux ont tort de provoquer sans cesse à la guerre ; le gouvernement a tort de ne pas être prêt à la faire. Le prince de Joinville, dans une brochure simplement écrite et sérieusement pensée, a dit la vérité à tout le monde.

Il a dit aux ministères qui se sont succédé : « Vous n'avez rien fait pour la marine ; — nous n'avons ni vaisseaux, ni bateaux à vapeur. »

Il a dit aux députés trop guerriers : « Nous ne pouvons pas lutter avec les Anglais d'escadre à escadre ; nous ne sommes pas en mesure de les empêcher de faire une descente sur nos côtes. »

Il a dit aux Anglais : « Si nous étions forcés à la guerre, nous saurions vous attaquer vaisseau à vaisseau, et vous savez que de cette façon nous avons presque toujours eu l'avantage ; — nous vous attaquerions et nous vous ruinerions dans votre commerce, qui est votre vie. »

Personne n'a été tout à fait content de la brochure, et M. Guizot en a été très-mécontent.

🙢 Une chose qu'on ne paraît pas se rappeler beaucoup aujourd'hui, c'est qu'en 1813 une armée de quatre-vingts vaisseaux de ligne français, répartie entre plusieurs ports, était à même de tenter les chances d'une heureuse sortie, puis, une fois réunie, pouvait porter de ces coups qui écrasent l'ennemi et terminent une guerre.

L'empereur Napoléon s'occupait surtout de former des officiers pour la marine, et il voulait qu'ils eussent fait le métier de matelot. Dès 1810, un décret impérial prescrivit la création immédiate d'écoles de marine établies sur deux vaisseaux, le *Tourville* et le *Duquesne*, mouillés, l'un en rade de Brest, l'autre en rade de Toulon. Le lieutenant de vaisseau Petit fut choisi pour familiariser les élèves du *Tourville* avec les détails de la profession et les évolutions navales. Petit était un vieux *loup de mer*. Au combat d'Ouessant, il avait vu tuer à ses côtés son père, pilote du vaisseau le *Glorieux*; il avait fait de nombreuses croisières en escadre sur les côtes d'Irlande et de Saint-Domingue. Quand il apprit la distinction dont l'honorait l'empereur, il s'écria : « Il veut que je lui fasse des marins, on lui en fera. »

🙢 En effet, Petit, doué d'une activité fiévreuse, ne connaissait pas d'obstacles que ses élèves ne dussent vaincre. Jamais il ne permit que l'un des équipages des bâtiments de guerre qui se trouvaient sur rade l'emportât sur le sien en adresse, en promptitude. Ses manœuvres hardies, quelquefois téméraires, étaient toujours heureuses.

Cependant les revers de 1814 arrivèrent. Le gouvernement de la Restauration comprit peu d'abord les immenses ressources qui lui étaient léguées; il ne vit en elles qu'un embarras dont il crut sortir en confiant la destruction des vaisseaux à l'action combinée du temps et de l'abandon, — et en éloignant brutalement de l'activité une portion considérable de l'état-major de la flotte. — On réussit bien vite à priver la marine d'un plus grand nombre de bons officiers que n'eussent pu le faire plusieurs grands combats acharnés. Petit fut *immolé* un des premiers.

Pour lui, comme pour ses compagnons d'infortune, l'épreuve fut rude. Les démarches, les représentations furent inutiles. Il lui restait du moins l'espoir d'emporter dans sa retraite un souvenir honorable de sa carrière militaire, le prix d'une vie entièrement passée sous les drapeaux. Il eût été peu sage de demander la *croix d'honneur*, qui sentait le libéralisme. Petit sollicita la croix de Saint-Louis, — et, comme pièces à l'appui de cette demande, le ministre reçut le détail des combats, — croisières, navigation d'escadre ou isolée, de 1782 à 1815, — formant un total de trente-six ans onze mois cinq jours, — bénéfice de campagne compris, c'est-à-dire un fragment d'une glorieuse histoire sous le titre modeste d'états de services.

La réponse se fit attendre, mais elle finit par arriver.

Le ministre refusait net, alléguant que pour obtenir la croix de Saint-Louis il fallait justifier de *vingt-cinq ans de service*.

« Son Excellence ne sait pas le français, dit le vieux marin, — c'est sans doute un étranger qu'on aura ramené de là-bas. Decrès, du moins, lisait couramment. »

Il cessa d'espérer, et se retira dans une petite ville de la basse Bretagne, — au bord de la mer. — Quinze années s'écoulèrent ainsi. Un beau jour, un bruit indécis, confus, se répandit jusque dans ce coin de la France. La branche aînée en exil avait été remplacée sur le trône par la famille d'Orléans. Petit pensa que les loyaux et anciens services allaient être récompensés, et il se mit à demander la croix d'honneur. Cette fois on lui répondit avec tant de bienveillance, qu'il crut n'avoir plus qu'à attendre un peu; — il attendit longtemps et ne vit rien venir. En vain il put compter de nouvelles légions de légionnaires, son tour n'arrivait jamais.

Il y a quelques mois, conduit à Brest par le désir de revoir nos armements, il admirait une de ces frégates aux proportions mâles et développées qu'on ne construisait pas de son temps, lorsqu'il reconnaît, dans l'officier supérieur qui la commande, un de ses anciens élèves du *Tourville*, officier qui joint à une carrière militaire distinguée un siége à la Chambre élective et de l'influence à la cour. Cette rencontre lui parut providentielle; il obtint de son ancien élève une apostille à sa pétition, ne douta plus du succès, et vint à Paris.

Mais le cordial accueil qu'il avait trouvé à bord de la frégate s'était refroidi; — son protecteur, absorbé par les luttes politiques, cessa de s'occuper de lui. — Toutefois, avant de regagner ses pénates, il voulut visiter l'exposition des produits de l'industrie, et surtout juger par lui-même le mérite d'un nouveau *plomb de sonde* qui a valu la croix à son inventeur.

Tout à coup un murmure confus se fait entendre;— le prince de Joinville entrait à l'exposition avec quelques officiers.

Petit, depuis son arrivée à Paris, portait sans cesse sur lui — toutes ses pièces, tous ses papiers, — y compris ses deux demandes, celle de 1815 et la plus récente. Il se presse pour voir le jeune prince, dont on lui a vanté la bonne mine, le courage et les études sérieuses. Son parti est pris, il l'abordera, il lui parlera; — c'est le ciel qui le lui a fait rencontrer; — le ciel veut qu'il ait enfin la croix.

Il fend la foule sans tenir compte des plaintes ni des remontrances; il écarte l'un, repousse l'autre, — et ne cède qu'à l'autorité hiérarchique d'un aide de camp à grosses épaulettes, qui accourt à sa rencontre et lui demande ce qu'il veut. « Je veux parler au prince. — Ce n'est ni le lieu ni le moment. — Vous vous trompez, monsieur, le prince est toujours accessible pour les officiers de marine, je m'appelle Petit; je suis sûr que le prince m'écoutera. — Sans doute, en toute autre circonstance; mais Son Altesse Royale, occupée en ce moment, ne pourrait donner à votre entretien l'attention qu'il mérite; — avez-vous quelque chose d'écrit? — Certainement. — Eh bien! donnez-moi votre placet. »

Petit met la main à sa poche, — et donne un papier à son interlocuteur, qui le porte à l'instant au prince de Joinville. Le prince le lit attentivement. Un léger étonnement se peint d'abord sur ses traits, il est bientôt remplacé par une expression gracieuse et bienveillante. — Il fait dire qu'il répondra.

Petit est au comble de la joie; il court chez un de ses amis, et, les larmes aux yeux, lui raconte ce qui vient de se passer; — il n'oublie rien, il répète ses paroles, ses gestes.

Arrivé au moment où il donna sa pétition à l'aide de camp, il met la main à sa poche et en tire un papier. Puis, il raconte l'air et les gestes du prince, — et, machinalement, il ouvre le papier et jette les yeux dessus... Il se trouble, il pâlit; — le papier qu'il a dans les mains, c'est sa pétition pour la croix d'honneur; celui qu'il a donné au prince, c'est sa demande de la croix de Saint-Louis, adressée aux Bourbons de la branche aînée.

Nous ne savons pas encore comment s'est dénouée cette nouvelle mésaventure du brave marin.

DICTIONNAIRE FRANÇAIS-FRANÇAIS.

CAFÉ. — Liqueur dont tous les effets n'ont pas encore été constatés. — Il suffit d'en avoir bu un certain nombre de demi-tasses pour devenir un profond politique, pour décider sans appel de la paix, de la guerre et de tous les intérêts des nations. — La plus grande partie des gens en France n'ont pas d'autre éducation politique.

Cette aptitude que donne l'absorption du café est susceptible de modifications singulières.

Ceux qui boivent du café en jouant aux dominos deviennent optimistes, — aiment le gouvernement, quel qu'il soit, et approuvent ses actes, quoi qu'il fasse.

Ceux, au contraire, qui avalent leur demi-tasse en jouant au billard — sont portés aux théories républicaines et même anarchiques.

Juillet 1844.

Affaire Donon-Cadot. — Les avocats. — Les jurés. — Les circonstances atténuantes. — M. Hébert. — Me Chaix d'Est-Ange. — Un fratricide. — Une idée ingénieuse de l'administration des chemins de fer. — Autre idée non moins ingénieuse de la même administration. — Moyen de s'en préserver. — Un moyen nouveau de fumer quand on n'a pas de cigare. — La dotation du duc de Nemours. — Un synonyme. — Un trait d'impartialité. — M. A. Dumas. — Les œillets rouges. — Paris d'après les journaux. — Une messe à Saint-Eustache. — Le marquis Tristan de Rovigo.

AFFAIRE DONON-CADOT. — Le 15 janvier dernier, M. Donon-Cadot, banquier de Pontoise, fut assassiné en plein jour dans sa maison par un serrurier nommé Rousselet.

Son fils, Édouard, âgé de dix-neuf ans et demi, était également dans la maison, séparé de la chambre où on tuait son père par l'épaisseur du plancher; — c'était un jour d'échéance; plusieurs personnes vinrent demander M. Donon pour recevoir ou pour apporter de l'argent; Édouard leur ouvrit successivement la porte, et les renvoya en leur disant que son père était absent.

Ce n'est que le soir que, inquiet de cette absence si inopportune et si extraordinaire, — un autre fils du malheureux Donon, qui n'habite pas la maison, enfonça la porte et trouva le cadavre de son père.

Deux ou trois jours se passent; le jeune Édouard va à Paris pour chercher une fille qu'il connaissait, la conduit au spectacle, et passe la nuit avec elle dans un hôtel garni. Sur ces entrefaites, on arrête Rousselet, qui avoue son crime, et accuse Édouard d'être son complice. La justice, en effet, rassemble les circonstances, et des charges accablantes viennent corroborer la déposition du meurtrier, déjà si frappante, en cela qu'elle ne lui est d'aucune utilité, qu'elle ne fait même qu'ajouter au crime quelque chose de plus odieux, qui doit nécessairement rejaillir sur lui.

Édouard, mis au secret, — avoue qu'il avait surpris Rousselet au moment du meurtre, mais qu'effrayé par les menaces de l'assassin, non-seulement il l'avait laissé s'échapper, mais encore qu'il n'avait rien dit de toute la journée, était resté dans la maison, tranquillement et *fredonnant*, jusqu'à ce que d'autres découvrissent le crime.

Quelques jours après, il revient sur cette déclaration ; il a menti, dit-il lui-même, *c'était pour voir ce que dirait Rousselet.* Mais il dénonce alors les véritables complices de Rousselet ; — ces complices sont l'autre fils de M. Donon et je ne sais plus quels autres parents. Puis, au jour du jugement, il raconte qu'il a encore menti, que c'était pour se venger de son frère et de ses parents, par qui il se croyait abandonné.

M. Hébert, procureur général, et Me Chaix d'Est-Ange, — bâtonnier de l'ordre des avocats, plaidant pour Édouard Donon, ont engagé un long débat à ce sujet.

On a pu voir alors les bizarres effets de l'habitude sur les hommes du palais. Me Chaix d'Est-Ange accuse, pendant cinq heures et demie, Me Hébert d'avoir *exagéré* les faits, d'avoir cherché à *animer contre Édouard*, d'avoir fait des *rapprochements forcés*, etc., c'est-à-dire, en un mot, d'avoir fait tous ses efforts pour faire sciemment guillotiner un innocent.

M. Hébert, si l'on résume ce qui, dans ses discours, regarde Me Chaix d'Est-Ange, — l'accuse de dissimuler la culpabilité d'Édouard et de vouloir dérober à l'expiation un crime épouvantable.

C'est-à-dire que, selon Mᵉ Chaix d'Est-Ange, M. Hébert est un monstre que les ours et les tigres sont loin d'égaler en férocité; que, selon M. Hébert, Mᵉ Chaix d'Est-Ange fait un fort vilain métier.

Et ces deux messieurs entremêlent ces appréciations mutuelles de compliments échangés sur leur talent, sur leur éloquence, etc., etc.

Mᵉ CHAIX. — Je termine cette défense, si pénible à entendre.

M. HÉBERT. — Loin de là, — elle ne m'est pas pénible à entendre, bien au contraire.

Mᵉ CHAIX. — Vous êtes trop bon, trop indulgent, etc., etc.

Je suis sûr de ne rien changer au sens et de rendre à peu près textuellement les paroles employées par ces messieurs.

Tout le monde reste dans une grande anxiété, — tout parle contre le fils de la victime. — Mais, malgré les apparences, malgré un concours de circonstances accablantes, on se refuse à croire à un grand crime de la part d'un si jeune homme. — Mais, si Édouard est innocent, — qu'est-ce donc que Rousselet, Rousselet, assassin du père, qui, sans raison, sans intérêt, veut faire monter le fils sur l'échafaud?

Que fait le jury dans cette circonstance? L'avocat de Rousselet cherche à excuser son client. — Il a cédé aux suggestions d'Édouard, dit-il, il n'a été que l'aveugle instrument d'un crime horrible. — L'avocat d'Édouard — dit au contraire — que Rousselet, assassin du père, veut l'être encore du fils en le dévouant au supplice des parricides.

A qui le jury donnera-t-il raison? — à tous les deux.

Il acquitte Édouard, — c'est-à-dire qu'il déclare qu'Édouard n'est que la seconde victime de Rousselet. — Il admet en faveur de Rousselet des circonstances atténuantes, c'est-à-dire qu'il pense que Rousselet n'a été que l'instrument d'Édouard. Il déclare Rousselet coupable *avec circonstances atténuantes*. Quelles *circonstances?* Ce ne peut être celles d'avoir voulu faire guillotiner Édouard innocent. — Il déclare Édouard *innocent avec circonstances aggravantes*. — On ne peut entendre autrement ce bizarre verdict : — les *circonstances atténuantes* du crime de Rousselet — sont des *circonstances aggravantes* pour l'innocence d'Édouard.

🐝 Trois jours après, un homme est amené devant le tribunal. — Il a tué son frère de plusieurs coups de couteau. — Des témoins ont vu l'assassinat, le meurtrier lui-même avoue son crime, — mais donne pour excuse qu'il avait bu.

On pose au jury cette question : — Le prévenu a-t-il, oui ou non, tué son frère à coups de couteau? Le jury prétend que non, — et l'assassin est renvoyé à ses affaires, — ou à ses plaisirs, — et probablement au cabaret.

MM. les jurés, — à l'exemple de Lycurgue, — considèrent comme impossibles — le fratricide et le parricide.

Je ne sais si, en beaucoup de cas, il ne faut pas attribuer ces circonstances atténuantes, que j'ai parfois beaucoup de peine à expliquer, — à la formule que l'on présente aux jurés, et sur le sens de laquelle ils se trompent complétement.

Ils n'ont à s'expliquer que sur l'existence ou la non-existence d'un fait, et non sur la criminalité de ce fait : le prévenu a-t-il commis ou n'a-t-il pas commis le crime ou le délit dont il est accusé?

Mais on leur dit : « Le prévenu est-il coupable d'avoir assassiné ou volé? » — Il serait beaucoup plus clair de demander : « Le prévenu a-t-il volé, — ou a-t-il assassiné? »

🐝 Le verdict du jury dans l'affaire Donon-Cadot, — le meurtrier de son frère renvoyé innocent, — les dames de Chamblas condamnées aux remords — ne doivent pas être un encouragement pour le crime : — il en est sur lesquels la justice ne plaisante pas, — et je ne conseille à personne de secouer son tapis par la fenêtre, ou de ne pas avoir d'argent pour rembourser un billet qu'on aurait reçu en payement.

🐜 Voici une idée ingénieuse des administrations des chemins de fer — pour augmenter un peu le tarif déjà trop élevé du prix des places. L'administration transporte *gratuitement* les bagages des voyageurs jusqu'à concurrence de quinze kilogrammes, — c'est déjà un progrès contestable sur les diligences, qui permettaient aux voyageurs de porter avec eux un poids à peu près double.

Mais, quand vous portez vos bagages, on vous fait payer deux sous pour l'enregistrement, c'est-à-dire pour inscrire lesdits bagages sur un petit morceau de papier. Je ne pense pas que l'on tarde beaucoup à faire payer — deux sous pour l'encre et un sou pour la plume.

Ce tour n'est pas de l'invention de l'administration des chemins de fer, — il est pratiqué de temps immémorial par les escamoteurs qui *travaillent* sur les boulevards de Paris. Ils offrent de donner *gratuitement* — l'eau merveilleuse pour les dents à tous ceux qui payeront quatre sous deux ou trois brins de chiendent.

Le tarif — déjà trop élevé, je le répète, des chemins de fer, a été fixé par le gouvernement ; — l'administration des chemins de fer n'a le droit de l'élever sous aucun prétexte. De tout temps, on a compris dans le prix de la place de chaque voyageur le droit de porter avec lui un certain poids de bagage. — Je ne sais pourquoi on a autorisé l'administration des chemins de fer à diminuer de presque la moitié le poids consacré pour l'usage ; — mais, en tous cas, on ne doit pas permettre qu'elle élève en outre le tarif sous prétexte d'enregistrement ou quelque autre que ce soit.

🐜 Il n'y a pas de petits abus, — ou plutôt ce sont les plus dangereux, — parce qu'ils passent inaperçus et successivement sans qu'on songe à les réprimer, et qu'après un certain temps on voit que ce n'étaient que les étapes pour arriver à un abus plus grave.

D'ailleurs, — ces deux sous, lorsqu'on les prend à des gens qui payent huit sous pour aller à une petite distance, à Asnières, par exemple, dans les wagons, — c'est un quart en sus qu'on leur fait payer, c'est-à-dire que, sur mille voyageurs, l'administration aura perçu en trop cent francs, — c'est-à-dire cinq cents francs au lieu de quatre cents.

Nous allons dénoncer encore un abus fréquent, — tout en donnant le moyen de l'éluder aux Parisiens, si inflexibles envers les rois, si grands dompteurs de tyrans et renverseurs de dynasties, mais en même temps si patients, si soumis, si timides à l'endroit des cochers de fiacre et des porteurs d'eau.

Un jeune homme arrive au bureau en donnant le bras à une femme jeune et élégante ; — il demande deux places dans un coupé de devant, on lui donne les billets pour les deux places et on prend son argent. Au moment du départ, il montre ses billets aux employés. « Deux coupés de devant !... il n'y en a plus... montez dans un coupé de derrière. » Ce disant, l'employé ouvre en effet la porte d'un coupé dans lequel on va en arrière et pousse dedans les voyageurs en essayant de prendre les billets ; — mais le voyageur y avait été pris déjà, et savait qu'une fois qu'il n'aurait plus dans les mains les billets établissant son droit, il ne pourrait faire entendre ses réclamations ; — il repousse l'employé, — et dit : « J'ai payé deux places dans un coupé de devant et je veux mes deux places. — Ah ! vous voulez deux places dans un coupé de devant ! eh bien ! on va vous les donner, dit triomphalement l'employé ; — les voilà... entrez vite, on n'a pas le temps de vous attendre... Allons. »

Et il ouvre à la fois deux diligences, voulant placer la jeune femme et son cavalier séparément — et essayant toujours de prendre les billets... « Mon bon ami, dit celui-ci, puisque vous le prenez sur ce ton, écoutez ce que je vous dis : *Je veux les deux places* que j'ai *payées* et qui sont à moi. *Je veux* les deux places dans un seul et même coupé de devant, et *je veux* les nos 1 et 2. — Je refuserais 1 et 3, ou 2 et 3, ou 3 et 4. »

La discussion s'engage, — du moins du côté de l'employé, auquel le voyageur, qui a établi son ultimatum, cesse entièrement de répondre... — Pendant ce temps, — les voyageurs des wagons restaient enfermés dans la salle d'attente et s'impatientaient ; — un inspecteur survient, reconnaît le droit du voyageur qui avait conservé sagement ses billets, — et cherche partout avec tant de zèle, — que les voyageurs, touchés du mal qu'il se donne, consentent *pour lui* — à monter dans un coupé de derrière.

⁂ C'est une fermeté qu'il faut louer, — et surtout imiter — à chaque instant ; — on *fourre* les gens dans des places autres que celles qu'ils ont achetées. — Maintenant, il est vrai, on rend la différence de l'argent, mais on entoure cette restitution insuffisante de cérémonies si longues, si ennuyeuses, qu'on perd un temps et qu'on prend un ennui — dont la peur fait le plus souvent abandonner les quelques sous que l'on a à réclamer.

⁂ On a vu une mère avec sa fille séparée d'elle, et la fille enfermée dans un wagon différent de celui de sa mère.

⁂ Le public parisien est turbulent, franchit les palissades, fait volontiers des cannes avec les arbres à fruit qu'il trouve dans la campagne, mais il ne sait pas se faire respecter des gens qu'il paye. — S'il lui arrive d'avoir de l'énergie et de faire du bruit, c'est presque toujours quand il a tort, et presque jamais pour défendre ses droits.

⁂ Le docteur ***, auquel la mort vient d'enlever un de ses clients, a reçu, il y a quelques jours, — une fort belle montre en or. Dans l'intérieur de la boîte, on a fait graver ces mots : « Au docteur *** les héritiers reconnaissants. »

⁂ Il était près de minuit, les grilles de la cour des Tuileries étaient fermées, — la nuit était brumeuse. Un homme qui passait par la place du Carrousel, le long de la grille, — maugréait tout bas ; — tout à coup il s'arrêta en regardant d'un œil d'envie un capitaine de la garde nationale — qui, enfermé de l'autre côté de la grille, enveloppé dans un bon manteau, fumait voluptueusement un magnifique cigare à peine entamé.

Le passant s'approche de la grille : « Capitaine, dit-il, voulez-vous me donner un peu de feu ? — Volontiers, monsieur. »

Et le capitaine, au travers de la grille, passe complaisamment son cigare allumé, pour communiquer sa flamme au cigare éteint ou intact du pétitionnaire. Mais celui-ci prend le cigare, — le met entre ses lèvres, et, sans dire un mot, continue tranquillement sa route en le fumant.

D'abord le capitaine est stupéfait, puis furieux; mais que faire ? il est enfermé ; — et le passant, qui n'a pas le moins du monde hâté le pas, ne tarde pas cependant à disparaître par le guichet.

Entre autres qualités éminentes qui distinguent S. M. Louis-Philippe, il faut mettre au premier rang la fermeté de caractère et une certaine persistance de volonté qui finit presque toujours par triompher des obstacles; c'est ainsi que le roi, qui *voulait* fortifier Paris, ne s'est pas effarouché de la défaveur et de la réprobation universelle qui ont accueilli la première présentation de son projet. — La garde nationale avait crié, à une revue : « A bas les forts détachés; » il a ramassé tranquillement ledit projet repoussé, renversé, meurtri, — et il l'a mis de côté pour le faire reparaître dans une meilleure occasion. Peu après, en effet, il a choisi un ministre qui s'était refait, par un séjour de quelques années dans l'opposition et par quelques injures adressées au roi, une popularité facile et passagère, et il lui a confié les destinées du pays à condition qu'il *ferait passer*, à la faveur de cette popularité, la loi des fortifications, — fortifications qui ne consistaient plus en *forts détachés*, si hautement repoussés, — mais cette fois en *forts* tout court *espacés* au-devant d'une enceinte continue; et la garde nationale voulait les bâtir elle-même.

JUILLET 1844.

❧ La demande d'une dotation pour M. le duc de Nemours — a été un peu plus impopulaire encore que la première proposition des forts détachés, elle a été repoussée avec un ensemble et une unanimité qui auraient découragé tout autre que S. M. Louis-Philippe. En effet, ce n'est pas tout à fait là ce qu'avaient promis à son origine les personnes qui, en Juillet 1830, avaient entrepris le gouvernement au rabais.

❧ L'affaire des fortifications, — sur laquelle les lecteurs des *Guêpes* savent notre avis, était du moins facile à plaider : on pouvait faire à ce sujet de ces grandes phrases, creuses, il est vrai, mais par cela même très-sonores : « Défense et indépendance de la patrie, menace aux étrangers, » etc.

❧ Mais je ne vois réellement aucun moyen de montrer la dotation sous un côté qui ne présente pas dans toute sa crudité un certain appétit d'argent, — qui, de toutes les intempérances, est la moins pardonnée, non pas seulement parce qu'elle manque de noblesse, mais parce qu'elle est très-commune et très répandue, — et que la dotation est un gros morceau composé de beaucoup de petits morceaux que les gens, pour la plupart, se sentent très-capables et très-désireux de manger et d'assimiler eux-mêmes.

❧ Le ministère n'est pas médiocrement embarrassé. — M. Guizot n'est pas populaire, ce n'est pas en soi-même un grand tort, quand on sait comment s'achète la popularité. Mais ce n'est pas un moyen de protéger une demande aussi impopulaire que celle de la dotation, et M. le duc de Nemours, sans qu'on sache bien pourquoi, ne jouit pas non plus d'une grande popularité.

❧ Il est vrai qu'on a déjà trouvé une sorte de synonyme, — et que le *Journal des Débats* a expliqué que l'on ne tient pas le moins du monde à obtenir la dotation en tant que dotation, que l'on n'est nullement préoccupé de l'*argent*, mais que si on y paraît tenir aussi résolûment, c'est que c'est une *marque de confiance* que l'on désire recevoir du pays — à tel point que si l'on a fixé la chose à une somme un peu ronde, c'est parce que cela montrera d'autant plus de confiance que l'on est fier de mériter, et que l'on sera heureux d'obtenir.

🐝 Je suis heureux de pouvoir venir en aide à une assertion fort contestée. — On ne veut pas croire que la liste civile est obérée; j'ai entre les mains les titres, que je crois bien en règle, d'une créance appartenant aux héritiers du sieur Doret, sculpteur. — Cette créance résulte de travaux faits sous la direction de M. Carmontel, secrétaire des commandements du duc d'Orléans, et par ordre du père de S. M. Louis-Philippe, — dans des propriétés qui sont revenues au domaine privé.

🐝 Un journal de l'opposition *avancée* — a commis la naïveté que voici :

« Nous recevons de M. Vilcoq, détenu à Doullens, une lettre qui a pour but de rectifier une assertion émise à la tribune par M. Duchâtel. Nous n'avons pas *reproduit le passage* du discours dont il est question dans cette lettre, mais nous n'en publions pas moins la réclamation, parce qu'il *faut que la vérité soit connue.* «

🐝 On s'entretenait devant M. A. Dumas, qui a tant de croix, — d'une nouvelle promotion dans l'ordre de la Légion d'honneur. — On cherchait les titres ou les prétextes du nouveau chevalier; — on en imaginait de bizarres et d'impertinents, en s'appuyant sur des antécédents connus. « Vous cherchez trop loin, dit M. Dumas, — on a donné la croix à M.*** par une raison bien simple : on lui a donné la croix parce qu'il ne l'avait pas. »

🐝 Il faut se défier des prudes et de leur haine bavarde contre le vice. Si ce pauvre vice, traqué, soumis, ne sachant où se cacher, se jette étourdiment dans le cœur de ces prudes qui lui ont fait une si rude guerre, il est étonné d'y trouver un asile sûr. — En effet, elles ont dépensé toute leur colère et tout leur fiel contre le vice d'autrui.

🐝 Il est un commerce qui souffre à Paris tous les ans davantage, c'est celui des œillets rouges.

Beaucoup de gens, en effet, heureux de produire à quatre pas l'effet de chevaliers de la Légion d'honneur, avaient l'habitude d'orner d'un œillet rouge une des boutonnières de leur habit. — Il reste aujourd'hui si peu de gens qui n'aient pas la décoration réelle, que les bouquetières voient presque disparaître cette branche de leur industrie.

PARIS D'APRÈS LES JOURNAUX. — O Paris! ville heureuse et pleine de prodiges, — *urbem felicem et portentosam;* — ville heureuse, — car le lait et le vin coulent dans les ruisseaux de tes rues, et tu vois, chaque matin, se réaliser ce que les contes de fées ont imaginé de plus opulent, — grâce aux sergents de ville et aux commissaires de police; — ville pleine de prodiges, — car tes heureux habitants ont tous le don des miracles : — les épiciers changent l'amidon en poivre et le grès en sel; les marchands de vin métamorphosent l'eau en vin, et les laitières la changent en lait et en crème. — O Parisiens! passez votre lait au tamis, car il contient parfois des grenouilles. Il n'est pas de miracles que ne renouvellent les industrieux habitants de cette grande cité. — Les boulangers font trois pains de deux livres avec quatre livres de pain; — celui-ci sème, cultive, récolte des choux, et il vous vend du tabac. — Quel bruit dans la maison voisine! pourquoi cet homme casse-t-il ses vitres. — C'est un rival de l'autre, c'est également un marchand de tabac; il fait le sien avec du verre pilé, — et comme il a du montant, on n'en veut plus acheter d'autre. — Heureusement un de ses voisins, qui fait le sien avec de l'écorce de chêne et de l'arsenic, est allé dénoncer cet odieux abus au commissaire de police du quartier.

Une chose me donne un profond étonnement : c'est de voir l'admiration que cause au palais une plaidoirie longue, commune, diffuse, d'un français suspect, et que personne ne voudrait lire dans aucun livre;

C'est de voir que ces plaidoiries, qui durent généralement

cinq heures au palais, sont reproduites par les journaux de manière à fournir une lecture de vingt minutes, et que l'on est surtout frappé des longueurs que l'on y trouve.

M. le premier président Séguier est un homme d'esprit et de sens, qui se laisse quelquefois aller à des sorties un peu véhémentes à l'endroit des avocats.

Il y a quelque temps, les avocats ont rassemblé divers griefs qu'ils avaient contre M. Séguier.

1° A plusieurs reprises, il avait invité quelques-uns de ces messieurs à être plus brefs, — à parler de l'affaire dont il était question.

2° Un jour qu'une cause était appelée, — on lui dit qu'on ne pouvait passer outre, parce que les avocats n'étaient pas là. « Allez toujours, dit-il, nous n'en jugerons que mieux. »

3° Une autre fois, — dans une circonstance à peu près semblable, on lui dit que l'avocat de l'une des parties est absent : « Eh bien, dit-il à l'avocat de la partie adverse, nous pouvons aller en avant, vous plaiderez pour les deux. »

4° Plusieurs fois il s'était élevé contre l'indifférence avec laquelle les avocats défendent les plus mauvaises causes.

Nous avons nous-mêmes trop souvent dit ces choses et d'autres semblables, pour qu'il nous soit possible de blâmer aujourd'hui M. Séguier. — De tout cela MM. les avocats peuvent se fâcher, mais je ne vois vraiment pas comment ils feraient pour plaider le contraire. — En effet, pensez-vous que si M. Chaix d'Est-Ange était procureur général, il soit absolument certain qu'il eût refusé de soutenir l'accusation contre Édouard Donon?

— Pensez-vous que M. Hébert eût sûrement refusé de le défendre, s'il était avocat?

Il est facile de répondre : « Oui, certes, M. Hébert eût refusé de défendre; — oui, M. Chaix eût refusé d'attaquer. » Oui, mais les faits sont là.

Imaginez-moi un crime, quel qu'il soit, aussi horrible que

vous le puissiez rencontrer dans les annales judiciaires, qui n'ait pas trouvé d'avocat pour défendre le criminel.

Je me trompe, il y en a un ; — mais c'est un crime si laid, si honteux, si contagieux !... c'est le crime de n'avoir pas d'argent.

Tous les assassins qui sont condamnés — ont toujours eu un avocat pour soutenir leur innocence.

Presque tous les innocents acquittés ont toujours eu un avocat du roi ou un procureur général pour soutenir qu'ils étaient coupables et pour demander qu'on les guillotinât.

🐜 Trouvez-moi un avocat, — plaidant au palais depuis plusieurs années, — qui n'ait pas plaidé déjà ou qui ne soit prêt à plaider le contraire de ce qu'il plaide aujourd'hui.

M. un tel plaide contre moi ; — j'allais chez lui le charger de plaider pour moi, — mais mon adversaire avait un meilleur cheval et est arrivé le premier.

Ou : j'ai été arrêté en route par un embarras de voitures. — Pensez-vous qu'il aurait refusé ma cause ?

Et celui qui plaide pour moi, supposez-vous qu'il n'aurait pas consenti à plaider pour mon adversaire, si celui-ci s'était adressé à lui ?

🐜 Chaque fois qu'un avocat défend la bonne cause, il a en face de lui un autre avocat qui défend la mauvaise.

🐜 Quand la moitié des avocats défend la *veuve et l'orphelin*, c'est que l'autre moitié les attaque.

🐜 Pensez-vous que ce soient toujours les mêmes qui plaident les bonnes causes, toujours les mêmes qui défendent les autres ?

Que diriez-vous alors de ceux qui défendent toujours les mauvaises causes ? Mais il n'en est pas ainsi, — c'est le hasard qui en décide.

Je crois que le succès de ces plaidoiries de cinq heures, qui paraissent déjà si délayées et si longues lorsqu'elles sont réduites et resserrées jusqu'à former une lecture de vingt minutes, je crois que le succès de ces plaidoiries consiste en ceci : — les juges et les jurés, fatigués, assommés, engourdis par l'ennui,—tombent dans une sorte de torpeur, perdent toute énergie et toute volonté.

🐝 La police, dit-on, fait en ce moment des recherches pour découvrir les auteurs d'une mordante caricature — qui se distribue sous le manteau.

Au coin d'un tas de pavés, — un homme qui cache assez mal son visage d'une main pour que l'on reconnaisse parfaitement un visage inviolable, tend de l'autre aux passants son chapeau orné d'une cocarde tricolore, et dit d'un ton lamentable : « *Pour ma famille!* »

🐝 Il est une chose dont se plaignent beaucoup les personnes qui passent la belle saison aux environs de Paris.

A peu près toute la journée, les rives de la Seine sont couvertes de tritons si exactement nus,— que le bord de la rivière et la rivière elle-même — deviennent une promenade impossible pour les femmes.

MM. les maires des communes qui environnent la capitale pourraient facilement obvier à cet inconvénient. Il en est quelques-uns dont l'indifférence va plus loin. Il y a quelque temps, sept hommes se sont noyés, dans la même journée, à Asnières; l'un d'eux a été retrouvé tout habillé et frappé de coups de couteau, — eh bien! on n'a jusqu'ici fait aucune recherche à ce sujet.

🐝 Parmi les nombreuses affiches qui couvrent en papier aussi exactement l'extérieur des maisons que l'intérieur des appartements, — on en remarquait une jaune — qui annonçait une représentation extraordinaire au théâtre... c'est-à-dire l'église de Saint-Eustache, pour les débuts d'un buffet d'orgues sur lequel devaient s'exercer les plus célèbres, les plus prodigieux organistes de la France et de l'étranger; — quelques acteurs de l'Opéra devaient se faire entendre.

Si j'applique à une église les formules ordinairement consacrées au théâtre, — ce n'est pas que je cherche à faire des plaisanteries de mauvais goût, c'est au contraire pour venger les églises elles-mêmes du charlatanisme des gens qui en vivent, — et montrer ce qui est de leur fait, pour que les esprits superficiels n'en fassent pas retomber le ridicule et l'odieux sur la religion.

Le tort n'est pas, je crois, d'appeler une église un théâtre, mais bien d'en faire réellement un théâtre, — où l'on paye à la porte, — où l'on triple le prix des places les jours de représentations extraordinaires, — où l'on attire la foule, — non par la piété, mais par la curiosité, — où l'on appelle les chrétiens, non à prier — mais à entendre la musique, — non à assister à la messe — mais à se donner la joie mondaine d'écouter la belle voix d'Alexis Dupont.

Il est vrai qu'on ne délivre pas de contre-marques, — mais c'est un innocent moyen de faire payer deux fois le prix de leur place à ceux qui ont l'imprudence de sortir pendant les entr'actes.

Doubler et tripler le prix des places serait peu de chose les jours ordinaires, ceux qui ne veulent pas s'asseoir n'ont pas à payer des chaises dont ils ne se servent pas — et dont il serait d'ailleurs plus décent que les églises de Paris, qui sont fort riches, ne fissent pas une spéculation.

Il est à remarquer que le recueillement religieux qu'on doit apporter à l'église — est toujours interrompu cinq ou six fois par des gens qui viennent demander de l'argent, y compris celui que les prêtres viennent si singulièrement demander pour les trépassés! Mais ce jour-là, — on payait des chaises dont on ne voulait pas, même quand vint le moment où il n'y en avait plus.

L'exploitation de ces industries — qui provoquent la curiosité — seulement ont, entre autres inconvénients, celui d'attirer dans les églises des gens qui, n'y venant par aucun motif de piété, s'y livrent à des occupations plus que mondaines,

— qui nécessitent l'intervention de la police, des sergents de ville, etc.

🐝 Un spectateur, sans mauvaise intention, car il parut fort embarrassé du mot qui lui était échappé, fut tellement distrait et trompé par l'aspect qu'avait l'église ce jour-là — que, ne trouvant nulle part la chaise qu'il avait louée, il s'oublia au point d'appeler l'ouvreuse.

En manière d'intermède, M. le curé fit une quête destinée au payement de l'orgue.

🐝 Il vient de mourir en Afrique un homme que j'aimais beaucoup et qui était surtout très-lié avec Gatayes. Cette liaison nous avait rapprochés. Brave, spirituel et rempli de distinction, le marquis de Rovigo avait dans la conversation cette gaieté d'une nature particulière qui vient par accès aux gens tristes et qui leur prête tant de charmes,

Le maréchal Bugeaud a dit, dans son rapport au ministre de la guerre : « Nous avons perdu deux capitaines de spahis, MM. de Rovigo et Lachèvre, officiers très-regrettables, car ils étaient d'une bravoure et d'une intelligence éprouvées. »

Tristan de Rovigo avait d'abord été destiné à la marine. En 1831, à quinze ans, il était élève de l'école navale; à dix-huit ans il fut nommé sous-lieutenant dans les équipages de ligne. En 1834, il entra à l'école de cavalerie, et en sortit bientôt pour aller servir comme sous-lieutenant, d'abord au 11e régiment de dragons, puis au 4e régiment de lanciers. Nommé le 26 février 1840 lieutenant au 8e régiment de hussards, il demanda à servir en Afrique dans la cavalerie indigène qu'on venait de réorganiser. Depuis 1842, il a pris avec les spahis d'Oran une part très-active aux diverses expéditions dirigées par le général Lamoricière.

Le 21 janvier 1844, Tristan de Rovigo fut nommé capitaine, et il commandait un des deux escadrons des spahis d'Oran dans l'affaire du 15 juin dernier, où il a succombé.

« Cet officier, dit le journal l'*Algérie*, s'était concilié à un haut degré l'estime et l'affection de ses chefs et de ses camarades. Unissant un noble cœur et un esprit élevé à un courage intrépide, il était du nombre de ces jeunes officiers qui sont le nerf et l'avenir de l'armée d'Afrique.

» Le capitaine de Rovigo a succombé à l'âge de vingt-huit ans, dans une mêlée glorieuse pour nos armes, sur cette terre où son frère aîné a servi avec distinction comme capitaine de chasseurs, et où son père a commandé en chef comme gouverneur général. »

M. le duc de Rovigo — part pour l'Afrique, et y va chercher le corps de son frère, triste et pieux devoir.

Août 1844.

Le gouvernement représentatif. — Sur la messe en musique à l'église Saint-Eustache; tarif des chaises. — Madame Lafarge, madame Lacoste et Donon-Cadot. — Loi sur la chasse. — Réclame du baron Yvan. — L'ordre des avocats et la cour de cassation. — Les régates; prix du prince de Joinville; prix de la ville. — M. Thiers et M. Guizot. — La garde municipale le 29 juillet 1844.

Les gens crient si haut, si fort et si longtemps pour des niaiseries, que, lorsqu'il arrive quelque événement important, — on est accoutumé à leur clameur et on ne les écoute pas.

C'est l'histoire de ce berger qui criait au loup pour s'amuser, et que personne ne vint secourir lorsqu'il cria à un vrai loup qui le mangea.

Jamais on ne s'est mieux moqué de la convention dite gouvernement représentatif que dans cette circonstance.

Des incidents graves surviennent, — la paix est sérieusement menacée.

Au lieu de proroger la Chambre, — on se hâte de prononcer leur dissolution et de renvoyer les pairs et les députés chez eux.

Après quoi on va trouver moyen de conserver la paix. On est décidé à y mettre le prix.

🐝 On criera beaucoup à la dignité compromise, ce qui n'empêchera pas le cabinet d'avoir la majorité après les vacances.

Il n'y a guère aux affaires que des marchands, des banquiers, des agioteurs, — qui ne veulent pas la guerre, — mais qui aiment à faire blanc de leur épée.

Le ministère qui leur convient le mieux est celui qui les laisse crier à la dignité, à l'honneur, à la gloire, — et ne s'en émeut pas le moins du monde, et conserve la paix à tout prix.

Un ministère moins inébranlable, qu'on soupçonnerait de se laisser à la fin émouvoir par la clameur publique, ne ferait pas aussi bien leur affaire, — on n'oserait pas demander si fort le maintien de l'honneur national, on aurait trop peur de l'obtenir.

🐝 Pour faire suite à ce que nous avons dit relativement à la messe en musique exécutée à Sainte-Eustache,

Le décret du 18 mars 1806 dit : « Les églises seront ouvertes gratuitement au public. Il est expressément défendu de ne rien percevoir dans les églises et à leur entrée, *outre le prix des chaises*, sous quelque prétexte que ce soit.

» Il sera même réservé, dans toutes les églises, une place où les fidèles qui ne louent pas de chaises ni de bancs puissent commodément assister au service divin et entendre les instructions [1].

» Le tarif des chaises sera arrêté par l'évêque et le préfet, et *cette fixation sera toujours la même*, quelles que soient les cérémonies qui auront lieu dans les églises. »

🐝 Cette manie de faire des héroïnes avec des femmes qui

---

[1] Exigence à laquelle se soustraient certaines églises, en mettant au-dessus de cette place réservée : — *Banc des pauvres*, — en insultant ceux qui ne payent pas leurs chaises.

sortent violemment de l'obscurité modeste de la maison et de la famille est arrivée à un tel excès, — que je suis forcé d'ajouter quelque chose à ce que j'ai dit dans le temps au sujet des amoureux de madame Lafarge.

Qu'est-ce que madame Lacoste, innocente de l'empoisonnement de son mari, ainsi que l'a déclaré le jury?

Une jeune femme, qui, — aimant un homme de son âge, s'est néanmoins vendue — à un vieillard infirme, — et qui attendait que ce vieillard achevât de mourir dans ses bras.

Un des scandales du procès Donon-Cadot, où dans tant d'atrocités le jury n'a su trouver qu'un demi-crime, a été dans les *billets de faveur* accordés à certaines personnes pour assister à ce spectacle.

Tout cela avait tellement l'air d'une comédie, — qu'il semblerait que ce jury, consultant le goût du public, n'a pas osé donner un dénoûment sérieux.

Une circulaire du garde des sceaux essaye de prévenir désormais une pareille inconvenance; mais de toutes parts les journaux adressent au public des proclamations intéressées.

Entrez! entrez! — crie l'un de ces carrés de papier, — vous serez placés on ne peut mieux pour assister au grand procès de madame Lacoste... Nous vous donnerons les détails vingt-quatre heures avant les autres. — Renouvelez votre abonnement; — les billets et entrées de faveur sont généralement suspendus; prrrenez vos billets...

Un autre promet des gravures représentant les diverses toilettes d'Euphémie Vergès, veuve Lacoste.

Un autre donnera son portrait.

Un autre, un dessin de la maison où elle s'est cachée.

Comme ce procès ressemble un peu trop à celui de madame Lafarge, — déjà exploité, — les mêmes journaux s'ingénient à trouver des différences entre les héroïnes.

Euphémie Vergès a *les cheveux à la Ninon!*

A propos de madame Lafarge, — comme nous l'avons signalé, — on essaye de temps en temps de *tâter l'opinion publique* — au sujet d'une grâce à lui accorder.

Il y a quelque temps, elle était si malade qu'il n'y avait guère d'espoir de la sauver.

Aujourd'hui elle se porte bien; — mais on fait un éloge touchant de *sa résignation*.

Et, attendu qu'*elle est résignée* à rester en prison, on propose de l'en faire sortir.

Je ne sais guère de prisonnière qui ne se *résignerait volontiers* à ce prix.

Ne vaudrait-il pas mieux, à la rigueur, rendre la liberté à quelqu'un qui ne *se résignerait pas à la prison* — et, par conséquent, qui y souffrirait davantage?

Cette résignation ne ressemblerait-elle pas à celle des enfants qui disent : « Donnez-moi un gâteau, je n'en demande pas? »

Si l'on découvre que madame Lafarge n'a pas empoisonné son mari, il faut que, publiquement, la justice du pays lui demande grâce à genoux et lui fasse amende honorable, — et qu'elle rentre en triomphe dans son pays.

Mais, s'il en est autrement, — la résignation qu'elle peut avoir est un bonheur pour elle et non pas un mérite qui puisse effacer son crime.

D'après la nouvelle loi sur la chasse, on ne saurait apporter une trop scrupuleuse attention à ne pas commettre ce délit, — ce qui n'est pas facile.

Le gibier semble narguer l'homme et le provoquer, il n'est pas de ruse qu'il n'emploie pour se faire tuer méchamment et faire mettre le chasseur à l'amende.

A Louhans (Saône-et-Loire), un moissonneur se met à l'ouvrage avec sa faucille; — un levraut, au lieu de se sauver, se laisse atteindre par la faucille et meurt. — Le moissonneur, sa journée faite, emporte le levraut, — mais un gendarme le rencontre et l'arrête. — Il a été condamné à cinquante francs d'amende et aux frais.

❧ Les étrangers doivent croire que les Français sont un peuple perpétuellement enrhumé, — et que le père du jeune homme des *Saltimbanques* est le type le plus réel de ce peuple qui se rend à lui-même l'hommage de dire qu'il est le plus spirituel du monde. En effet, — les journaux — sont remplis, à leur quatrième page, — d'annonces de pâtes, de bonbons, etc., contre les rhumes. Entre ces pâtes, on doit en remarquer une, — qui s'appelle pâte pectorale du baron Yvan — et qui, dit l'annonce, est *approuvée* — par... devinez par qui?...

Par le baron Yvan.

En effet, si le baron Yvan a composé la meilleure pâte pectorale qui existe, c'est qu'il connaît mieux que personne et les rhumes et ce qui les guérit. — A qui donc doit-on s'adresser pour l'appréciation d'une pâte pectorale, si ce n'est à lui?

Ainsi M. le baron Yvan, questionné sur ceci : Quelle est la meilleure pâte pectorale? a répondu que c'était celle qu'il vend trois francs la boîte.

Soumettre sa pâte à une autre autorité serait reconnaître qu'il existe un homme capable de faire une meilleure pâte que la sienne.

❧ Je ne sais pas pourquoi on plaint tant les maris, et pourquoi on se moque autant d'eux quand il leur survient quelque infortune.

J'ai bien plus de pitié et de moquerie pour les amants heureux des femmes de ces pauvres maris.

Un mari un peu jaloux peut, sans coups de poignard, sans poison, sans tour du nord, sans aucun de ces moyens vulgaires du roman et de la tragédie, — sans rien risquer pour sa propre peau, — sans le moindre danger d'aucune sorte, infliger à l'homme qui s'avise d'être amoureux de sa femme plus de tourments qu'on n'en a jamais mis dans l'enfer chrétien ni dans celui des anciens.

Il n'y a pas d'homme, quelque brave qu'il soit, que le pas d'un mari ne fasse trembler. Il n'y a pas d'humiliation que ce pauvre mari ne puisse lui faire subir, pas d'insulte qu'il ne puisse lui faire endurer, pas de tortures physiques et morales qu'il ne puisse se divertir à lui imposer.

🐝 Les juges et les avocats sont fort occupés à plaider entre eux. Nous avons parlé du différend survenu entre l'ordre des avocats et M. le premier président Séguier. Voici que la cour de cassation vient d'approuver le tribunal de la ville d'Ambert, qui ne permet pas aux avocats de son ressort de plaider en moustaches. Ce procès dure déjà depuis quelque temps, — les avocats ont défendu leurs moustaches jusqu'à la fin.

Que fera la cour de cassation si les colonels de la garde nationale exigent que ces mêmes avocats montent la garde avec des moustaches.

En effet,—son arrêt s'appuie sur les considérants suivants : « Que le port de la moustache est une tenue négligée ; par conséquent une atteinte à la dignité de la justice — et un manque de respect envers les magistrats. »

🐝 Les chefs de la garde nationale — ne pourront-ils pas prétendre que la moustache fait partie de l'uniforme, — que la couper diminue l'air militaire du soldat citoyen, peut exciter la moquerie et diminuer le respect dû à l'institution ?

Malgré la guerre que nous avons faite aux avocats, et que nous continuerons à leur faire, nous n'avions pas été jusqu'à demander qu'ils fussent — marqués d'un signe, comme Caïn.

Ce n'est pas la première minutie de ce genre à laquelle la magistrature ait attaché une importance ridicule.

Voici une anecdote peu connue qui en fait foi :

En 1720, Mᵉ Gin, plaidant en la première chambre des requêtes du palais, et lisant une autorité, M. le président lui dit : « Vous lisez, et vous êtes couvert ! » Mᵉ Gin lui répondit : « Oui, monsieur, je suis couvert, et j'ai le droit de l'être, parce que c'est une autorité, non une pièce que je lis. » M. le président répliqua : « Il n'importe pas, pièce ou autorité, il faut se découvrir. » Me Guillet de Blaru, qui se trouva l'ancien des avocats qui étaient sur le barreau, prit la parole et dit à la cour : « Me Gin est dans la posture où il doit être, et où nous sommes à la grand'-chambre, quand en plaidant nous y lisons. » Sur quoi M. le président dit encore : « Continuez comme vous voudrez. » Le lundi, 8 du même mois, Me Gin plaidant encore et se tenant couvert à la lecture d'une autorité, M. le président lui dit ce qu'il lui avait dit le vendredi précédent. Me Gin répliqua de la même manière. M. le président fit lever l'audience. A celle du 9 du même mois, Me Aubry, allant plus loin, lut couvert un texte de coutume dans le livre même. Le président lui dit : « Vous lisez, et vous êtes couvert! » L'avocat ayant répondu comme avait fait Me Gin, M. le président continua l'audience au premier jour ; mais tous les avocats se retirèrent et ne voulurent pas aller plaider aux requêtes du palais.

Cependant les plaidoiries ne laissèrent pas de continuer le même jour et les jours suivants, en la grand'chambre, où, Me Julien de Prunay, Chevalier et Cochin s'étant tenus couverts en lisant les lois, les coutumes et autres autorités, un président à mortier, désavouant, comme toute sa compagnie, le procédé de messieurs des requêtes, dit en riant à l'audience : « Voilà le possessoire jugé. » En vain messieurs des requêtes voulurent-ils se restreindre ensuite à ce que les avocats fussent découverts, *du moins en lisant dans les livres à l'audience*, les avocats répondirent qu'ils ne pouvaient y souscrire et qu'ils devaient être maintenus dans leur droit ; et l'on décida définitivement à la grand'chambre, le 17, qu'*en tous temps, excepté en lisant les pièces, les avocats demeureraient couverts*.

Ajoutons que la barbe a été plus d'une fois attaquée sérieusement.

Guillaume Duprat, fils du chancelier, évêque de Clermont, qui fit bâtir le collége des jésuites à Paris, avait la plus belle barbe qu'on eût jamais vue. — Il fut forcé de s'enfuir de son église cathédrale, où il voulait dire la messe le jour de Pâques, parce que le doyen et les chantres voulaient lui couper la barbe, qu'ils prétendaient être une insulte à la majesté divine.

L'évêque Duprat, pensant que si la vue d'une barbe avait si fort offensé Dieu, il n'en eût pas donné à l'homme, s'obstina à garder la sienne; mais il eut tant de chagrin des avanies qu'il reçut à ce sujet, qu'il en tomba malade et mourut.

Un curé, possesseur également d'une fort belle barbe, fut interdit par son évêque; mais il en appela à Louis XIV, qui condamna le caprice de l'évêque — et renvoya le curé dans sa cure.

🐝 Plusieurs soldats s'étant noyés en se baignant, on a défendu à la garnison de Paris de se baigner dans la rivière. Ne vaudrait-il pas mieux faire apprendre aux soldats à nager, et donner à la natation le rang d'exercice obligatoire?

Rappelons, à ce propos, — que les trois quarts des mariniers de Paris ne savent pas nager; — que, lorsqu'ils tombent à l'eau, ils se noient, et que, lorsqu'il s'agit de secourir un noyé, c'est avec un croc de fer qu'ils le tirent de l'eau en l'accrochant par un œil — ou partout où le hasard fait tomber leur croc.

Cependant, quand on donne à un marinier l'autorisation de conduire un bateau sur la rivière, on lui fait subir une sorte d'examen. Pourquoi n'exige-t-on pas de lui qu'il sache nager, et bien nager?

🐝 La fête annuelle connue sous le nom de *régates* a eu lieu en rade du Havre le 29 juillet. La plage était couverte de nombreux spectateurs. Les régates sont des courses de bateaux, les uns à la voile, les autres à la rame.

Plusieurs embarcations montées par des Anglais se sont présentées. Ces hommes ne font pas autre chose que de jouter de vitesse, — se transportant successivement dans tous les endroits où il y a des joutes de ce genre. Ils sont semblables aux chevaux de course, — qui ne sont bons qu'à cela, — et ne valent rien ni pour la selle ni pour le cabriolet.

Néanmoins, s'ils ont remporté des prix, les marins du Havre et des environs, quoique moins *entraînés*, en ont eu leur bonne part, — et entre autres le prix principal.

Il est à remarquer que le patron anglais Coombes, auquel le pilote français Mazerat avait prêté une embarcation, sans laquelle il n'aurait pu prendre part à la lutte, — est parti sans le remercier, et a abandonné sur la grève l'embarcation, dont les avirons ont été perdus.

Ce qui doit étonner surtout dans cette fête, c'est la mesquinerie des prix proposés. Sept mille francs, dont deux mille donnés par le prince de Joinville et quatre par la ville.

Mille francs seulement donnés par le ministère de la marine!

Eh quoi! c'est par quatre-vingt mille francs qu'on donne pour les courses de chevaux, — qui, sous prétexte d'*améliorer la race des chevaux en France*, — n'ont jamais fait produire que des chevaux de course, — qui ne sont pas bons à autre chose — qu'à faire des paris ; des chevaux qu'il faut préparer quarante jours pour qu'ils courent pendant quatre minutes, et qui mourraient à la sixième. Et pour des courses de bateaux, — pour un encouragement aux marins, on ne trouve que mille francs !

Il devrait y avoir, dans tous les ports de mer, des courses de bateaux — avec des prix importants offerts par le gouvernement. — On devrait faire concourir depuis les canots des pêcheurs jusqu'aux bateaux à vapeur.

Outre les régates, qui, dans chaque port de mer, devraient réunir les marins de toute la circonscription, il faudrait, dans chaque commune des bords de la mer, dans chaque bourgade de pêcheurs, qu'il y eût une fête — et des courses de bateaux.

🐝 Malgré la sensation profonde produite par l'écrit du prince de Joinville, le gouvernement semble n'en tenir aucun compte. — On devait s'attendre à voir commander, à l'instant même où on venait si clairement d'en démontrer la nécessité, un certain nombre de bateaux à vapeur, pour lesquels on profiterait des perfectionnements apportés par la science. — Eh bien ! dans toute la France, je puis affirmer qu'il n'a pas été commandé *un seul* bateau à vapeur à hélices !

🐝 Les femmes s'imaginent que nous ayons dans le cœur, dans la tête, ou n'importe où, — un type auquel il faut absolument ressembler pour être belles à nos yeux.

Nous faisons exactement la même chose à l'égard des femmes.

Il n'est sorte de déguisement, de mensonge, qu'on n'emploie de part et d'autre pour se faire à cette ressemblance.

Chacun se revêt, pour le combat de l'amour, d'un personnage de son invention comme d'une cuirasse.

Mais souvent on arrive à se déplaire de part et d'autre sous ces traits d'emprunt, tandis qu'on se serait charmé réciproquement avec sa figure naturelle.

🐝 Je serais curieux de voir aujourd'hui — M. Thiers, ses amis et les journaux de ses amis — reprochant à M. Guizot de compromettre, par ses concessions, l'honneur du pays.

Si l'on se rappelait, en France, que M. Thiers, étant ministre, a fait rentrer à Toulon dix-sept vaisseaux de guerre français, pendant que neuf vaisseaux anglais bombardaient Beyrouth.

Que M. Thiers redevienne ministre, — M. Guizot lui fera les mêmes reproches, — et on ne se rappellera pas davantage ce que fait M. Guizot aujourd'hui.

🐝 Nous l'avons déjà fait observer, il se tue un peu trop de monde dans les fêtes publiques.

Cependant, malgré la promptitude d'une partie des journaux à accuser l'imprévoyance du préfet de police, il faut parler aussi de l'imprudence des gens qui conduisent des enfants dans une foule semblable.

Tous les journaux ont raconté les horribles accidents arrivés pendant la soirée du 29 juillet ; — presque tous ont longuement déclamé contre l'imprévoyance, l'impéritie, etc., de l'administration.

Quelques-uns à peine ont consacré deux lignes à faire mention de la belle conduite de la garde municipale au milieu de ce désastre.

Les Champs-Élysées étaient déjà pleins de monde, et une foule compacte remplissait toute la rue Royale jusqu'à la Madeleine, toute la place Louis XV, toute la rue de Rivoli, les Tuileries, le quai des Tuileries.

Une autre foule de privilégiés avait envahi, avec des billets, la berge du quai des Tuileries.

Sans compter la foule qui encombrait le quai en aval du pont Louis XV jusqu'à celui des Invalides, et même plus loin.

Le feu d'artifice tiré, toutes ces colonnes pressées se dirigèrent à la fois vers les Champs-Élysées, déjà remplis pour voir la féerique illumination.

Sur la place Louis XV, on commence déjà à étouffer quelques personnes ; mais, à l'entrée des Champs-Élysées, entre les chevaux de Marly, où le passage est très-resserré, puis à l'entrée de l'avenue Gabrielle, commencèrent les scènes terribles de cette soirée.

Des enfants, des femmes, des hommes, asphyxiés, écrasés, s'affaissèrent et tombèrent sous les pieds de la foule.

« C'était horrible, m'écrit Gatayes, de sentir des corps sous ses pieds et de ne pouvoir essayer de les ramasser ! »

Des cris déchirants partaient de tous côtés. On ne pouvait marcher dans un sens ni dans un autre, — et la foule augmentait toujours !

C'est alors que la garde municipale a montré un zèle,

une intelligence et un dévouement dignes des plus grands éloges.

Quelques gardes municipaux à cheval, — envoyés dans la foule, — prenaient sur leurs chevaux des femmes et des enfants qu'ils enlevaient à la foule.

M. le lieutenant-colonel de la garde municipale accourut sur les lieux de la scène, rassembla à grand'peine quelques gardes municipaux à pied, et lui-même mit pied à terre pour ne pas augmenter le désordre.

Ce qu'il voulait, ce qu'il fallait faire, — quoique ce fût impossible, — c'était de relever les corps gisants à terre et de sauver ceux qui n'avaient pas encore été tout à fait écrasés sous les pieds.

Il fit croiser, — non pas les baïonnettes, — mais la crosse des fusils, — et les gardes, entrant dans la foule comme un coin, ramassèrent un nombre considérable de victimes qui, sans cet acte d'intelligente vigueur, eussent infailliblement péri.

A mesure qu'on relevait un corps, on le portait au poste qui est à l'entrée des Champs-Élysées.

Là, les gardes brisèrent les vitres du corps de garde pour donner de l'air aux blessés, et, sous la direction de quelques jeunes médecins, entre lesquels j'ai appris par un journal que se trouvait mon excellent ami Alphonse Lebatard, — ils se mirent à frictionner ceux qu'on leur apportait.

Mais ce que plusieurs témoins remarquèrent encore plus que leur activité et leur zèle, c'est l'extrême décence avec laquelle ils soignaient les femmes que leurs camarades remettaient entre leurs mains ; — ce qu'on n'aurait osé attendre de soldats, pas un mot ne fut dit, pas un regard ne fut porté qui eût pu blesser un père, un frère, un mari.

On ne sait pas combien de gens les gardes municipaux ont sauvés dans cette déplorable soirée.

Lorsque la foule, moins furieuse, commençait à permettre de circuler à peu près librement, Gatayes a vu un garde à cheval

portant sur les fontes de ses pistolets deux petits enfants qu'il avait arrachés à la mort — et qui pleuraient. — Il les caressait, les embrassait, les faisait jouer avec la dragonne de son sabre, pour essayer de les apaiser; — et, leur parlant avec une naïveté touchante, — imitant pour eux le langage des nourrices, il leur disait en adoucissant la voix : « Maman va venir, elle est allée chercher du nanan. »

J'ai entendu bien des gens dire, le lendemain, qu'ils n'oublieraient jamais le colonel de la garde municipal à cheval, avec sa figure énergique, *ornée* d'un si beau coup de sabre, sa fermeté, sa douceur, sa force, son intelligence.

D'autres disaient : « Sans la garde municipale, je ne serais pas vivant aujourd'hui. »

Le pouvoir doit des récompenses à la garde municipale.

La population de Paris doit une manifestation de reconnaissance.

Pour moi, je remplis ici, avec une vive satisfaction, un devoir que la presse parisienne a, ce me semble, un peu négligé.

Septembre 1844.

Ce qu'on gagne à passer sur le pont de Rouen. — L'argent de papier. — Affaire de Maroc. — Attitude des divers carrés de papier. — M. Bugeaud et M. Grandménil. — Le prince de Joinville et M. du Buat. — La fée Grognon. — Gracieuse et Percinet. — M. Armand Bertin. — M. Félix Solar. — M. de Mackau, ministre pour tout faire. — M. de Bonald. — Les femmes, l'arsenic et les maris. — Deux perruques. — Le mort vivant. — La fille garçon. — Les morts payent les frais. — Pritchard, le comptoir et la chaire.

J'ai découvert ces jours derniers un moyen d'avoir cent mille livres de rentes et même davantage, — moyen simple et à la portée de tout le monde. Je crois devoir le faire connaître d'abord aux abonnés des *Guêpes;* ce sera, je pense, plus que suffisant pour leur ôter toute hésitation pour le renouvellement de leur abonnement qui va bientôt *expirer*, comme disent les journaux.

Comme, en revenant de Paris, je passais sur le nouveau pont de Rouen, on me réclama le péage, qui est fixé à un centime.

— Je donnai au receveur un sou, contre lequel il me rendit trois centimes et un petit rond de papier dont voici la copie exacte :

Je demandai ce que c'était que ce petit rond de papier, et l'on me répondit que c'était un centime — qui me servirait à passer sur le pont en retournant à Paris.

« Et si je ne repasse pas par ici ? » demandai-je. — Le receveur haussa les épaules, — tourna les yeux d'un autre côté, et me fit comprendre que je l'ennuyais. C'est pourquoi je mis mon rond de papier dans ma bourse et je continuai ma route.

Mais toutes sortes de pensées m'assaillirent en chemin.

Décidément, dis-je, les ponts ne se gênent plus.

Voici un pont qui a mérité, — je ne dirai pas la mort, — mais les travaux forcés à perpétuité, — aux termes des articles 132 et 133 du Code pénal.

En bonne justice, le pont de Rouen devrait être transféré à Brest ou à Toulon.

L'article 133 dit : « Celui qui aura *contrefait* ou altéré des monnaies de *billon* ou de *cuivre* ayant cours légal en France sera puni des travaux forcés à perpétuité. »

Puis, tout à coup, il me revint en mémoire l'article 136 du

même Code pénal, — lequel article 136 me déclare passible d'un emprisonnement d'un mois à deux ans ; — car, dit l'article 136 : « Ceux qui auront connaissance d'une fabrique de monnaie d'or, d'argent, de *billon* ou de *cuivre*, ayant cours légal en France, et qui n'auront pas, *dans les vingt-quatre heures*, révélé, etc., seront, pour le seul fait de non-révélation, et lors même qu'ils seraient exempts de toute complicité, *punis d'un emprisonnement d'un mois à deux ans.* »

Et il y a trois jours déjà que j'ai passé sur le pont de Rouen, et il y en aura six quand ce numéro des *Guêpes* sera déposé au parquet de M. le procureur du roi.

Voilà un pont qui pourrait me mener partout ailleurs qu'où je comptais aller en le traversant.

Et je continuai toujours ma route, en songeant à l'émission de centimes faite par le pont de Rouen.

Mais, — dis-je, — le pont de Rouen émet ses centimes au grand jour, — d'où vient que la justice tolère cet abus ? — Et, si le pont de Rouen a l'autorisation de faire de la monnaie, pourquoi n'en ferais-je pas aussi ? — pourquoi n'en feriez-vous pas ? — Pourquoi ne ferait-on que des centimes ? — Et, d'ailleurs, je ne sais pas d'état, fût-ce celui de ténor ou de danseuse, qui puisse rapporter autant que celui de découper, douze heures par jour, de petits ronds de papier valant chacun un centime

— Mais, s'écriera le pont que le Code pénal m'ordonne de dénoncer, — ce n'est pas réellement un centime, c'est une sorte de contre-marque que je livre aux passants.

— Non, pont, répondrai-je ; vous pourriez, si vous vouliez, livrer une contre-marque, — si vous étiez autorisé à percevoir deux centimes par personne, et si vous vouliez, par bienveillance, diviser ce péage en deux payements, parce qu'alors ce serait *votre chose* dont vous disposeriez.

Mais, si deux mille personnes vous ont traversé aujourd'hui, — il n'est pas exagéré de penser qu'en cette saison il y avait mille étrangers, voyageurs, etc., qui s'en retourneront par un autre chemin.

Et cinq cents qui perdront ou useront votre rond de papier.

Cela fait quinze cents centimes, — ou quinze francs, que vous avez perçus aujourd'hui de plus que ce que la loi vous autorise à percevoir.

Cela fait quinze cents personnes qui auront payé leur passage double.

De quel droit, ô pont! me donnez-vous pour un centime légal un centime à moi appartenant, — ayant cours partout, — un rond de papier qui n'a aucune valeur?.

Que diriez-vous, pont, si je vous donnais, moi, un rond de papier que je découperais, — sur lequel j'écrirais : « Bon pour un sou, »—et si je vous demandais la monnaie de mon rond de papier?

— Monsieur, me diriez-vous, que puis-je faire de votre rond de papier? — Gardez-le précieusement, — vous répondrais-je, — et, quand je passerai, si je vous donne deux sous, vous me rendrez quatre centimes et mon rond de papier, ce qui, avec le péage, fera la monnaie de mon rond. — Mais quand repasserez-vous? — Je n'en sais rien. — Mais repasserez-vous jamais? — Je n'en sais rien.

Et vous refuseriez mon rond de papier. — Cependant, si vos ronds de papier sont de l'argent, — mes ronds de papier sont de l'argent aussi, — ou bien les vôtres n'en sont pas.

Ainsi, — je soutiens que tout abonné des *Guêpes* peut découper le spécimen qui *illustre* le commencement de ce chapitre, — et le donner pour son passage sur le pont de Rouen.

Le pont de Rouen prétend qu'un semblable rond est un centime; — s'il en donne, il doit en recevoir.

Je ne sais pour lui aucun moyen d'échapper à cette conséquence.

— Vous contrefaites ma monnaie, monsieur, s'écriera le pont de Rouen.

— Quelle monnaie, répondrez-vous, celle qui est déjà une contrefaçon?

La loi ne punit que la contrefaçon d'une monnaie *ayant cours légal en France;* et votre monnaie n'a qu'un cours illégal, et n'a même ce cours que sur le pont de Rouen. — Vous ne pourrez atteindre ceux qui s'amuseront à faire des centimes pareils aux vôtres — comme faux monnayeurs.

🐝 Cependant, si quelqu'un vous apportait pour mille francs de ces centimes de papier parfaitement semblables à ceux que vous émettez tous les jours, — je ne vois pas comment vous feriez pour ne pas en accepter l'échange contre la même somme en argent.

Comment vous défendrez-vous?

Quel est le crime ou le délit du contrefacteur?

Ce sera donc une contrefaçon littéraire, — vous prétendrez que la rédaction de ce rond de papier vous appartient et que vous êtes l'auteur de ces mots :

B. P. 01 centime.

Mais avez-vous alors fait le dépôt de *votre œuvre* au dépôt de la librairie?

D'où vient que *cet ouvrage* ne porte pas de nom d'imprimeur, conformément à la loi?

🐝 Certes, j'ai plus d'une fois éclairé nos contemporains sur les vertus, le patriotisme, le désintéressement et le génie des divers carrés de papier s'intitulant organes de l'opinion publique; — mais je n'ai jamais poussé la démonstration aussi loin qu'ils viennent de le faire eux-mêmes.

Je considère comme terminée la guerre que j'ai faite à ces carrés de papier — et si le peuple « le plus spirituel de la terre » n'en est pas le plus idiot, le plus crétin, — je suis convaincu qu'il ne restera pas un seul abonné à ces honnêtes journaux, — qui ne s'imprimeront plus que pour faire entre eux l'échange de leurs feuilles — et ne serviront désormais qu'à couvrir les pots de confiture et allumer les pipes.

Nous allons, pour constater leur suicide, — relire ensemble les belles choses qu'ils ont imprimées par ces derniers temps.

Nous diviserons, comme de coutume, les journaux en deux classes : — 1° ceux qui approuvent le gouvernement *actuel*, — quel qu'il soit et quoi qu'il fasse, — c'est-à-dire qui reçoivent leur part du budget et des places.

2° Ceux qui blâment le gouvernement *actuel* — quel qu'il soit et quoi qu'il fasse, — c'est-à-dire ceux qui veulent prendre de force leur part des places et du budget.

Commençons par ceux-ci :

Le prince de Joinville est envoyé en Afrique, — les journaux annoncent que c'est une vaine démonstration qui n'aura aucun résultat. Selon ces tacticiens consommés, il n'y a qu'une chose à faire pour punir l'empereur de Maroc, c'est de bombarder Tanger.—Mais ils *savent qu'on ne s'en avisera pas,—l'Angleterre nous l'a défendu.* Cependant, c'était un coup important à frapper, — *c'était la seule chose à faire dans l'intérêt de la France*, etc., et ainsi de suite pendant cent longues colonnes.

Voici qu'un matin — le canon des Invalides annonce, selon l'usage, que la princesse de Joinville est accouchée.

Certes, si elle n'avait pas le malheur d'être princesse, on s'intéresserait à la situation de cette jeune étrangère, qui, au milieu de l'enfantement, — a à craindre encore pour son mari, qui sans doute en ce moment est exposé au canon et à la mitraille.

Mais les journaux s'indignent d'être réveillés pour cela, et, prenant leur plus belle ironie, ils s'écrient :

« A midi, le canon des Invalides est venu éveiller les Parisiens.

» On a cru à l'arrivée d'une *grande et glorieuse nouvelle*. On pensait que le gouvernement de la paix partout et toujours avait compris l'urgence de *se relever par quelque coup de vigueur*.

» *On parlait* d'une victoire remportée sur les Marocains, de la *prise de Tanger*, de Larache ou de Mogador.

» On a su, plus tard, qu'il s'agissait d'annoncer à la France que la princesse de Joinville venait d'accoucher d'une PRINCESSE ! »

C'est-à-dire donc, — journaux, — que, selon vous, ce serait *une grande et glorieuse nouvelle* qu'une *victoire remportée sur les Marocains*. C'est-à-dire, — selon vous, — que le gouvernement *se relèverait* s'il avait pris *Tanger* ou *Mogador*, et si on avait remporté *une victoire sur les Marocains*.

Est-ce tout ce que vous voulez ? — Alors vous seriez contents et fiers. — Le gouvernement aurait fait ce qui, selon vous, serait le plus grand et le plus glorieux.

Très-bien.

Eh bien! voici que précisément ce jour-là, et à vingt-quatre heures de distance, on apprend la nouvelle de *deux* victoires sur les Marocains : la bataille de l'Isly et le bombardement de Tanger.

Vous vous figurez peut-être que les journaux auront, au moins, l'esprit de faire semblant d'avoir de la bonne foi.

Vous ne les connaissez pas.

La bombardement de Tanger, une *si belle chose*, — *si utile*, — *si glorieuse*, — quand le gouvernement ne la faisait pas, — est bien changée depuis.

Écoutez les mêmes journaux :

« La *canonnade* de Tanger est une *démonstration* sans portée et sans résultats.

» On a risqué la *démonstration de Tanger* pour donner un *semblant de satisfaction* à l'opinion publique.

» Constatons la froideur et la méfiance avec laquelle l'opinion publique accueille ce *vain simulacre de force et de résolution*.

» Nous avions dit que l'Angleterre ne permettrait pas à nos marins de compléter leur victoire, etc. »

※ Mais vous aviez dit surtout, mes pauvres carrés de papier, que l'Angleterre ne permettrait pas de bombarder Tanger.

Et si l'Angleterre avait défendu de bombarder Tanger, il n'est donc pas vrai que la flotte française soit sous les ordres de l'Angleterre.

※ Les journaux ne s'en sont pas tenus là : — un bruit a couru que le prince de Joinville avait commencé le feu contre Tanger sans attendre le retour du consul anglais. — Ils ont alors crié à la barbarie, — et Tanger est devenue une ville inoffensive, etc.

Mais une seconde nouvelle est venue apprendre qu'au contraire le consul anglais était sur un vaisseau français pendant l'action :

« Nous le disions bien, s'écrient alors les journaux, le consul anglais n'a pas permis qu'on commençât le feu avant son arrivée. »

※ Mais depuis qu'on a bombardé Tanger, Tanger n'est plus qu'une ville inoffensive, mal défendue, sans importance. — Le bombardement — est un *vain simulacre;* — mais ce qui serait beau, — ce qui serait glorieux, ce serait de bombarder Mogador.

Ah! *voilà ce qu'il faudrait faire,* mais voilà ce qu'on ne fera pas : — *l'Angleterre le défend.*

※ Cependant, comme la veine est mauvaise pour les journaux, voici qu'on apprend à Paris que le prince de Joinville a bombardé et pris Mogador.

C'est vraiment jouer de malheur!

※ Après la prise de Tanger, — le prince de Joinville n'avait pas songé à envoyer aux journaux un petit article pour leur rendre compte de ce qu'il avait fait; — il s'était même permis d'écrire au ministre qu'il n'avait pas le loisir, en ce moment, de donner de grands détails.

SEPTEMBRE 1844.

Colère des journaux, qui s'écrient :

« M. le prince de Joinville dit qu'il n'a pas eu le temps, par le *dernier courrier*, de rendre un compte détaillé de ce qu'il a fait devant Tanger, et qu'il profite *d'un moment de loisir* pour s'acquitter de ce devoir.

» On ne savait pas, jusqu'à présent, que le commandant d'une expédition maritime dût, après une opération importante, attendre un moment de loisir pour rendre compte à ses chefs de la manière dont il avait exécuté leurs ordres. On demande comment le prince de Joinville, pendant les quatre jours qui se sont écoulés, depuis le 6 jusqu'au 10, n'a pas trouvé un moment de loisir pour ajouter quelques mots à la dépêche de quatre lignes arrivée à Paris le 15. »

En effet, M. le prince de Joinville voudra bien dire aux journaux à quoi il a passé son temps pendant ces quatre jours, — sinon il aura affaire à eux.

Mais le prince, qui se bat si bravement contre les Marocains, ne s'expose pas de même à la colère des journaux, il s'empresse d'écrire et de donner le détail de l'emploi de son temps.

Il espère peut-être que cette fois les journaux seront contents de lui.

Vous demandez ce qu'il a fait ? — mais précisément ce que vous trouviez si grand, si glorieux, — ce que l'Angleterre avait si sévèrement défendu... il a bombardé et pris Mogador, — il a, selon vous, vaincu à la fois les Africains et les Anglais.

Ah! bien oui, — mais Mogador n'est plus rien qu'une bicoque : ce n'est pas cela du tout qu'il fallait faire. — Les journaux envoient un plan de campagne à la fois au prince de Joinville et au maréchal Bugeaud. Voici le plan de campagne copié textuellement.

« Nous disons, nous, que M. Bugeaud n'a constaté que l'impéritie et la profonde incapacité du gouvernement français. Si les hommes aux mains desquels la France est tombée avaient eu la moindre étincelle de cette intelligence qui préside aux grandes choses, à la première agression du Maroc on aurait pris des mesures proportionnées aux nécessités. On eût porté rapidement des forces sur Tlemcen ; on eût donné à la flotte des troupes de débarquement, et en peu de semaines on eût étouffé la guerre sous un effort vigoureux. »

🐝 Aussi, pourquoi ne pas envoyer là-bas, à la place du maréchal Bugeaud et du prince de Joinville, les grands généraux qui signent les journaux? eux, au moins, ils ont *l'intelligence qui préside aux grandes choses;* M. tel ou tel rédacteur vous aurait *étouffé la guerre en peu de semaines.*

🐝 Mais qui envoyez-vous là-bas? — Sur mer, un jeune prince brave, instruit, — et aimé des marins.

Sur terre, un vieux soldat qui a donné mille preuves de bravoure et de prudence.

Ces choix paraissent bons au premier aspect ; — mais cependant la guerre se prolonge, tandis que vous aviez un moyen sûr de l'étouffer en peu de semaines.

Il fallait donner le commandement de la flotte à M. du Buat, qui signe la *Quotidienne,* et celui de l'armée de terre à M. Grandménil, qui signe la *Réforme.* — Et vous auriez vu !

🐝 Nous vous avons ci-dessus donné le plan de campagne de M. Grandménil. Je pense que vous serez heureux de lire quelques considérations neuves de M. du Buat, sur la bataille de l'Isly.

🐝 Selon M. du Buat, — la bataille de l'Isly est un combat sans importance. « En effet, dit-il, nous avions onze mille hommes à opposer à trente mille, » et « en pareil cas le nombre est plutôt un inconvénient qu'un moyen, — car le nombre ajoute au désordre après la défaite — et met obstacle à l'ensemble des attaques au moment du combat. »

Tout ceci est textuel, remarquez-le bien.

🐝 Je voudrais savoir si M. du Buat, rentrant seul chez

lui, le soir, et se voyant attaqué par trois hommes embusqués au coin d'une rue, se dirait : « Ah ! bon ! ils sont trois... Réellement ce n'est pas brave de ma part de me battre seul contre trois. Ces pauvres gens,—cela va bien les gêner dans l'attaque! »

Corneille avait dit une sottise :

« Que vouliez-vous qu'il fît contre trois ? »

Et on l'a bien vu; en effet, les Curiaces, embarrassés par leur nombre, ont été tués par le dernier Horace.—Que vouliez-vous, en effet, qu'ils fissent trois contre un?

Les journaux ont tout à fait joué le rôle que jouent certaines vieilles fées acariâtres dans ces beaux contes que j'aime tant.

Qui ne se rappelle Grognon apportant à Gracieuse un tonneau de plumes mêlées de tous les oiseaux qui volent dans l'air, et l'obligeant, *entre deux soleils*, — à avoir séparé toutes ces plumes, à avoir mis à part toutes celles des chardonnerets, — toutes celles des fauvettes, toutes celles des linots, etc., sous peine d'être déchirée en morceaux si elle se trompe d'une seule plume?

Puis, lorsque Gracieuse a accompli ce travail, grâce à l'intervention du beau page vert Percinet, — Grognon lui apporte alors un énorme écheveau de fil horriblement mêlé et si fin, que le souffle le brise ; il faut qu'elle l'ait démêlé et dévidé entre les deux soleils ou qu'elle périsse.

O fées grognons des journaux! vous êtes presque aussi amusantes que celles des contes, mais vous intéressez beaucoup moins.

D'autant que les *Gracieuses* que vous persécutez sont loin d'être des princesses plus belles que le jour et accomplies en tous points.

Ce qui me servira de transition pour arriver aux journaux ministériels et au ministère.

Il faut dire la vérité, j'ai réellement bien du malheur;

quand je m'expose à la colère de MM. du Buat et Grandménil, je devrais au moins me mettre sous la protection de MM. Armand Bertin et Félix Solar.

Si j'attaque l'opposition, il serait prudent de me rallier au ministère; mais les choses se passent de telle sorte, qu'en conscience il m'a été impossible de le faire une seule fois depuis cinq ans que mes mouches fauves se sont avisées de faire entendre leurs bourdonnements.

De sorte que je suis assez mal avec tout le monde.—Les journaux, il est vrai, empruntent aux *Guêpes* quelques passages; mais ils ont le plus souvent le soin de ne pas les citer.

Les journaux ministériels ont fait sonner bien haut la *façon honorable* dont se sont accommodés les différends survenus, à propos de Taïti, entre la France et l'Angleterre. — Ils savent cependant bien que la paix a été achetée par le gouvernement de la France, au prix d'une lâcheté, et les rédacteurs entre eux en conviennent parfaitement en causant dans les bureaux où ils écrivent le contraire.

Eh quoi! on blâme le lieutenant d'Aubigny, parce qu'il a mis trop de rigueur — dans l'arrestation de M. Pritchard, — homme *peu honorable*, — suivant les Anglais eux-mêmes, et convaincu d'avoir fomenté des troubles dont le but aurait été de faire massacrer, par les indigènes, les Français résidant aux îles Marquises!

Et ces rigueurs consistent à l'avoir empêché de communiquer avec ses complices, jusqu'à ce qu'on pût le transférer sur un bâtiment anglais!

M. d'Aubigny n'a fait que son devoir, — et si M. Pritchard avait tenté de s'évader, si M. d'Aubigny, n'ayant pas d'autre moyen de l'empêcher de renouveler ses manœuvres, lui avait brûlé la cervelle, il n'aurait encore fait que son devoir.

Après ce lâche désaveu de M. d'Aubigny, si j'avais l'honneur d'être officier de la marine royale, j'enverrais demain ma démission à M. de Mackau, — ce ministre de la marine pour tout faire, dont nous vous parlerons tout à l'heure.

🐜 « M. Pritchard sera indemnisé, en argent, des pertes que son arrestation lui a causées dans son commerce. »

Il me semble voir un voleur, pris en flagrant délit, dire au juge d'instruction : « Monsieur, voici un mois que vous me retenez en prison, — j'avais l'habitude de *faire* mes quatre foulards, l'un dans l'autre ; à trois francs le foulard, vendu aux receleurs, c'est trois cent soixante francs dont vous devez m'indemniser. »

🐜 Certes, ç'aurait été pour les deux pays un immense malheur qu'une guerre entre la France et l'Angleterre, — et nous devrions la plus grande reconnaissance au ministre qui aurait su l'éviter ; mais ce n'est pas éviter la guerre que d'acheter la paix au prix de concessions déshonorantes.

Et parmi les gens politiques qui élèvent la voix le plus haut aujourd'hui contre ce résultat, il n'en est peut-être pas un qui n'en soit enchanté, parce que c'est un coup sans doute mortel pour le ministre qu'on aspire à remplacer, ou à voir remplacer par ses amis ; leur chagrin est un mensonge et un rôle qu'ils jouent. — C'est le chagrin d'héritiers qui pleureraient bien plus et bien mieux si leur parent revenait à la vie.

Pourvu que leurs rivaux soient écrasés, peu importe que ce soit sous les ruines de l'honneur national.

🐜 Ils vous crient que c'est une infamie ; ce n'est pas qu'ils le croient, ce n'est pas qu'ils n'en fissent autant en pareille circonstance, c'est parce qu'ils espèrent que leur blâme, hautement exprimé, contribuera à renverser ceux dont ils convoitent la place.

🐜 Hélas ! en sommes-nous à ce point, que le pays n'a plus que des intérêts, — et qu'il n'y a rien au-dessus ?

🐜 Mais vous vous trompez si vous croyez avoir empêché la guerre. — Le seul moyen de conserver la paix était qu'elle fût également honorable pour les deux pays. — Il n'y a pas de paix entre un vainqueur et un vaincu.

La guerre existe entre la France et l'Angleterre.

La paix! — est-ce la paix, — que ce mouvement et ce bruit dans les arsenaux? ces préparatifs de guerre et cette défiance?

De part et d'autre, on compte ses forces et on se mesure des yeux. Le commerce des deux pays se fait la guerre par une concurrence acharnée, par des impôts, par des prohibitions.

Il semble que les navires des deux nations se cherchent, s'abordent et se coulent d'eux-mêmes sur les larges chemins des mers, — se frappant de la proue comme des béliers du front, — en dépit de leurs canons rendus muets par les intérêts d'argent.

Vous appelez cela la paix, et j'appelle cela la guerre; — ce que vous appelez une *question honorablement résolue*, c'est un germe de haine que vous avez jeté entre les deux peuples.

C'est aujourd'hui qu'il faut craindre la guerre.

S'il était autre chose que des intérêts aujourd'hui aux yeux des hommes qui sont aux affaires, — les représentants du pays devraient, à l'unanimité, désavouer le ministère. Mais ensuite... qu'y gagnera le pays? — les mêmes ambitions, les mêmes avidités sous de nouveaux noms.

Mais, dit-on, le roi ne veut pas la guerre. Et qui est-ce qui veut la guerre? — Qui veut le carnage, l'incendie, — suites de la guerre que M. Guizot a justement appelée : jeux iniques de la force et du hasard? — Qui veut la guerre, qui supplée à la justice par la poudre, au droit par le plomb et par le fer?

Mais aussi, dans la vie privée, — qui veut le duel, le duel qui rend un scélérat adroit ou vigoureux maître de la vie de l'honnête homme qu'il a déshonoré? Qui, cependant, n'a conduit son ami sur le terrain et n'a fixé les conditions et le triste cérémonial du combat?

※ Une mère qui sait que son fils a été offensé met l'honneur de ce fils au-dessus même de sa vie, elle renferme ses angoisses dans son cœur, elle feint de dormir le matin au moment d'un départ qu'elle a prévu, pour ne pas amollir son courage; et si par hasard elle a cru voir un peu d'hésitation, elle ressent une autre crainte plus poignante que celle de la mort de son fils, elle a peur qu'il ne se batte pas ou qu'il ne se batte pas bien. Elle aime mieux le voir mort que de le voir lâche et déshonoré.

Nous ne demandons pas à nos ministres de nous aimer plus que ne font nos mères.

※ Si ce ministère succombe, quel que soit le chef de parti qui sera appelé à en composer un autre, — que ce soit M. le comte Molé ou M. Thiers, ou tout autre, — il est un homme que je lui recommande instamment, c'est M. de Mackau. Voilà un homme dont aucun ministère ne peut se passer désormais, — c'est un honnête ministre pour tout faire que je proclame indispensable à tout cabinet.

※ M. de Mackau est, si vous voulez, ministre de la marine; mais, si vous avez quelque chose de difficile à faire dans les attributions du ministère de l'intérieur, — quelque chose d'impossible à exécuter dans le département de la guerre, quelque chose d'absurde ou pis encore à contre-signer aux relations extérieures, quelque chose que les autres ministres n'osent ni signer ni faire, — ne vous inquiétez de rien. M. de Mackau est là, M. Duchâtel aura la goutte, — M. Soult sera enrhumé, M. Guizot aura la migraine, M. de Mackau — prendra pendant dix minutes le portefeuille de la guerre, de l'intérieur ou tout autre, — il fera, signera et contre-signera la chose impossible ou absurde et pis encore, — puis on lui reprendra le portefeuille.

※ M Grandménil a dit dans le journal la *Réforme*, qu'il signe (le 8 septembre 1844), que le prince de Joinville n'entend rien au commandement ni à la marine. On ne peut penser sans frémir aux conséquences funestes que peut avoir, pour l'escadre française, l'impéritie du prince de Joinville, qu'on n'avait pas remarquée jusqu'ici. — Nous insistons beaucoup sur l'envoi, demandé par nous, de M. Grandménil pour remplacer le prince de Joinville dans le commandement de la flotte. — Une souscription est ouverte au bureau des *Guêpes,* pour offrir à M. Grandménil quelques boîtes de bonbons de Malte, que ce marin expérimenté emporterait avec lui,

Cette semaine, deux femmes, ayant empoisonné leurs maris avec l'arsenic, ont été condamnées par le jury, *avec circonstances atténuantes.* L'empoisonnement des maris par l'arsenic est fort répandu aujourd'hui : — le jury paraît le considérer comme une mauvaise habitude. — Qui est-ce qui aujourd'hui ne donne pas un peu d'arsenic à son mari?

M.*** a, ou plutôt avait les cheveux noirs. — Il entre chez un coiffeur pour acheter une perruque. Deux sont en étalage ; il marchande la première, qui est de la couleur des cheveux qu'il a perdus. — Il la trouve trop chère ; — mais le marchand n'en veut rien rabattre. « Et combien celle-ci? demande-t-il en désignant la seconde, qui est rousse. — Celle-ci est meilleur marché. » M. *** l'examine, l'achète, la paye, — et depuis ce temps porte des cheveux roux.

Voici un abus singulier qui a existé de tout temps dans l'administration.

Un colon d'Alger veut revenir en France, il demande son passe-port, qu'il avait déposé en arrivant ; — mais quelle est sa surprise de voir écrit dessus : « Mort à l'hôpital. »

Il pense que c'est une bévue du copiste ; il s'informe, on consulte les registres de l'état civil, on l'y a par erreur porté comme mort. De sorte qu'il ne peut revenir en France : on ne donne pas de passe-port à un mort. Il faut qu'il obtienne un jugement qui le déclare vivant et lui donne le droit de vivre légalement

Ce jugement doit être obtenu à ses frais.

❦ Pareille chose à peu près est arrivée sous nos yeux dans une petite bourgade de la Seine-Inférieure.

Une fille qui n'est pas du pays allait épouser un jeune homme de la commune ; on attendait avec impatience les papiers que la fille avait fait demander au greffier du tribunal de son pays ; — enfin, après un mois d'attente, arrive une lettre dont le timbre et les dimensions annoncent l'heureux contenu.

On brise le cachet avec autant d'empressement que d'émotion. — La jeune fille, qui ne sait pas lire, porte au maire la lettre qu'elle reçoit. — Le maire, à la lecture, paraît frappé d'étonnement. — Ce n'est qu'après une seconde lecture qu'il dit aux deux promis : « Mes enfants, il se présente un obstacle. — Encore ! monsieur le maire, cela va faire perdre bien du temps. — Mon garçon, celui-ci est plus grave et ne se bornera pas à une perte de temps. Le Code civil ne le dit pas en propres termes, mais cependant, à chaque article concernant le mariage il est question d'une fille et d'un garçon, ou d'un homme et d'une femme. — Eh bien ! monsieur le maire. — Eh bien ! M. le greffier de... écrit que Pauline ne s'appelle pas Pauline, mais bien Paul ; que ce n'est pas une fille, mais un garçon, en un mot, que ta fiancée ne peut épouser que ta sœur, — si tu veux absolument qu'elle entre dans la famille. »

Le jeune homme insiste, — et soutient que sa fiancée est une fille avec tant d'ardeur, que la fiancée rougit beaucoup.

Le maire paraît convaincu ; on récrit à ***, et, après deux ou trois lettres échangées entre le maire et le greffier, il est établi qu'une distraction de l'officier de l'état civil a inscrit comme garçon la fille qui lui a été présentée ; qu'il y a erreur ; que cette erreur ne peut être réparée que par un jugement ; et que ce jugement doit être obtenu aux frais de la réclamante.

Il y a écrit cependant dans toutes les lois, — et surtout dans les lois éternelles de l'équité et du sens commun, — que celui-là doit réparer un dommage qu'il a causé, par lui ou ses agents. Ce ne doit pas être la victime d'une sottise faite par un agent du gouvernement qui doit payer les frais de cette sottise.

C'est pourtant ainsi que la chose se passe.

🐝 L'administration des chemins de fer de Paris à Saint-Germain et de Paris à Versailles a eu une heureuse idée.

Elle a consacré aux femmes qui voyagent seules des caisses réservées où on n'admet que des femmes. Il n'y a pas besoin d'insister sur ce que cette mesure a d'utile et de convenable. — Mais il n'y a pas de ces caisses réservées sur la route de Paris à Rouen.

Ne peut-il pas arriver cependant qu'une ou plusieurs femmes se trouvent renfermées pendant six heures avec un ou plusieurs hommes ivres ou grossiers, — sans pouvoir se faire entendre, sans avoir à espérer aucun secours contre l'insulte?

🐝 Entre les histoires vraies ou fausses qui circulent sur le missionnaire Pritchard, — il en est une qui, au moins, a le mérite d'être ingénieuse et qui a quelque vraisemblance quand on songe à la nature passablement intrigante du personnage et à son double caractère de prêtre et de négociant, révélé par la diplomatie.

Il s'agit d'une nouvelle forme d'annonce, d'une application de l'Évangile au commerce des pantalons.

Jusqu'ici on avait fait imprimer ses annonces, — M. Pritchard les a prêchés du haut de la chaire.

Un navire anglais venait d'arriver à Taïti avec un chargement d'étoffes; le capitaine vit tout d'abord qu'il en trouverait difficilement le débit dans un pays où les femmes ne portent pour costume que des pendants d'oreilles et les hommes qu'un arc et des flèches.

M. Pritchard avait un intérêt dans ce navire, il ne perdit pas courage ;—il monta en chaire, il fulmina contre l'insuffisance du costume des Taïtiens; il fit un touchant éloge de la chasteté, etc.

Puis, quand il crut avoir fait une impression suffisante sur ses ouailles, il s'écria : « Mes frères, la Providence a conduit dans votre rade un navire sur lequel vous trouverez un assortiment complet, dans le dernier goût et à bon marché, — de bas, souliers, pantalons, vestes, fournitures pour les hommes ; de jupes, corsets, camisoles pour les femmes. Ceux qui n'en achèteront pas seront damnés. — *Qu'on se le dise.* »

Octobre 1844.

La mer consignée par M. Gréterin. — Un nouveau rossignol. — Comment on devient la justice et le gouvernement. — Madame Sand et un boulanger. — M. Fion. — Les drapeaux marocains. — Le roi ne veut plus être confondu avec les marchands d'allumettes chimiques. — Les chemins de fer. — Les prisonniers.

Le tribunal correctionnel de Lyon vient de rendre un jugement qui mérite de figurer à côté de certains verdicts du jury que nous avons signalés à plusieurs reprises :

Treize personnes étaient accusées d'avoir formé entre elles une association illégale.

Le tribunal a acquitté douze des prévenus et a condamné le seul Barrot comme coupable d'association avec les douze autres, lesquels n'en ont fait aucune, selon le verdict même du tribunal. — Il faut réellement avoir à un degré bien singulier la manie de l'association, car, selon le tribunal, Barrot s'est *associé tout seul*, ce que la grammaire, les dictionnaires et le sens commun prétendent impossible.

Il y a un an à peu près, j'ai eu occasion d'écrire à M. Gréterin. Je lui envoyais le récit d'une agression contre laquelle j'avais eu à me défendre de la part d'un de ses administrés. Les faits étaient avoués par l'employé, et son aveu était légalement constaté par le maire de la commune sur le territoire de laquelle ils s'étaient passés.

M. le directeur des douanes me répondit que « les faits ne s'étaient pas passés *tout à fait* comme je les lui racontais. » Cette réponse avait le double tort de n'être pas suffisamment polie et de n'avoir pas le sens commun. En effet, le brigadier de la douane et moi affirmions tous deux une chose que nous deux seuls pouvions savoir. — Où M. Gréterin avait-il pris des informations qui lui permettaient une dénégation ? — Je me creusai la tête pour deviner ce qui pouvait donner lieu à ce procédé singulier, — je cherchai en quoi j'avais pu froisser M. le directeur des douanes, — et je ne me rappelai rien, si ce n'est qu'un jour, — à la campagne, chez un ami commun, il y a plusieurs années, je lui avais gagné une ou deux parties au billard, — ce qui n'a d'humiliant que ceci, que je suis loin d'y bien jouer. — Ce ne pouvait être un grief suffisant pour justifier la façon de répondre de M. Gréterin, laquelle fut relevée en son temps comme elle le devait être.

Voici aujourd'hui qu'il se passe de la part de la douane une chose étrange et dont je voudrais avertir l'administration. Comme je n'ai pas l'intention de correspondre avec M. Gréterin, je prie les journaux de vouloir bien reproduire le présent article, en leur rappelant qu'*il ne me sera rien dû pour cela*, attendu que je n'ai pas l'honneur de faire partie de la Société des gens de lettres.

J'ai rencontré dernièrement sur la plage, au bord de la mer, une belle jeune fille qui venait de se baigner ; elle s'était rhabillée ; mais, les pieds nus encore, elle puisait un peu d'eau de mer dans un vase qui en pouvait contenir deux ou trois verres.

Un douanier descendit de la falaise et lui dit : « Mademoiselle, vous ne pouvez pas prendre d'eau à la mer. — Pourquoi ? demanda-t-elle. — Parce que c'est défendu, répondit le douanier. — Craignez-vous, dit-elle, que je ne dessèche la mer ? — Je ne crains que mon capitaine, répondit le douanier, qui nous a donné la consigne de ne laisser prendre d'eau à la mer par personne. — Mais c'est pour ma sœur, qui est malade, et à laquelle on a ordonné d'en boire un demi-verre par jour. — J'en suis désolé ; mais j'ai ma consigne. — Si vous voulez, je n'en prendrai que juste le demi-verre qui est ordonné. — C'est impossible... que votre sœur vienne boire sur la plage. — C'est bien plus impossible, elle est malade et au lit. — Alors elle se passera d'eau... »

Cela me parut si singulier, que je demandai au douanier si c'était sérieusement qu'il parlait. — Il m'affirma qu'il était défendu sévèrement aux employés de la douane de laisser prendre par personne même un verre d'eau à la mer.

Je m'informai dans la journée des causes ou des prétextes de cette étrange prohibition. On me montra une ordonnance de la douane. Cette ordonnance porte que certains boulangers de la ville prennent de l'eau de mer pour faire le pain, que c'est un moyen de n'y pas mettre de sel ; que ce sel rapportant à l'État de gros impôts, il est urgent d'empêcher les boulangers de prendre de l'eau de mer.

Cette ordonnance, exagérée par des subalternes qui veulent montrer du zèle, — arrive à défendre de puiser à la mer un verre d'eau pour un malade !

🕷 On est bien plus indulgent pour un boulanger qui vole aux pauvres une partie du pain que ceux-ci ont tant de peine à acheter — que pour un boulanger qui fait d'excellent pain avec de l'eau de mer, — et évite de payer au fisc une poignée de sel qu'il épargne.

🕷 Qu'est-ce donc que la douane ; — et les ordonnances qui émanent d'elle sont-elles au-dessus des lois ?

M. Gréterin a reçu de la loi le pouvoir d'empêcher de faire, de vendre et d'acheter du sel — autre part que dans les boutiques de l'État.

Mais sa volonté suffit-elle pour qu'on ne puisse puiser d'eau à la mer?

Nos pêcheurs sont convaincus que le poisson cuit dans l'eau de mer est meilleur qu'accommodé de toute autre façon, — et je suis bien de leur avis.

On ne leur permet plus d'emporter chez eux une cruche d'eau de mer. L'ordonnance de la douane est illégale; — l'exagération de cette ordonnance est ridicule et odieuse.

🐝 Quoi! les hommes trouveront moyen de rapetisser même la mer, que Dieu a faite si grande, si féconde et si généreuse! Quoi! on enviera au pauvre ce peu de sel que la nature lui donne pour rien, et qui ajoute quelque saveur aux tristes légumes qui forment ses repas! Jamais tyrannie plus bête et plus féroce n'a été inventée.

🐝 Dans le cas où M. Gréterin songerait à répondre que les faits *ne se passent pas tout à fait* comme je le raconte ici, — je l'avertis que je tiens preuves et témoins tout prêts, — et je l'engage à imaginer quelque formule polie, — dont aucune ordonnance de la douane ne peut le dispenser.

🐝 Aux perfectionnements apportés à la nature par les romanciers contemporains, aux œillets bleus de M. Janin, — aux chrysanthèmes bleus de madame Sand, — au camellia à odeur enivrante de M. Rolle, — à l'azalée grimpante de M. de Balzac, nous avons à ajouter une nouvelle espèce de pêcher qui fleurit dans le mois de mai, une mésange qui chante en même temps que le rossignol, — ainsi qu'un rossignol qui chante au soleil.

Ces trois découvertes sont dues à un jeune écrivain, M. Élie Berthet, qui a voulu marcher sur la trace de ses maîtres. Voici la phrase dans laquelle M. Élie Berthet a constaté la chose:

« Dans la matinée du jour dont nous parlons, le temps était magnifique. Bien qu'on fût encore *au commencement de mai*, l'année avait été précoce, et un feuillage léger couvrait déjà les tilleuls de l'avenue, tandis que les pommiers et les *pêchers* du jardin étaient *chargés de fleurs* blanches et roses, « mainte et frêle espérance. »

» Un *soleil* doux et tiède éclairait la campagne, qui exhalait les senteurs parfumées du printemps ; et, *sous ses rayons joyeux*, de petits oiseaux chanteurs, les *mésanges*, les fauvettes, les *rossignols*, élevaient de tous côtés leurs gazouillements mélodieux. »

Chaque jour les journaux de toutes couleurs enregistrent les exercices variés auxquels se livrent les marchands de Paris.

Toutes sortes de compositions vénéneuses, ou pour le moins malsaines, sont offertes, sous des noms honorables et appétissants, par ces estimables négociants à leurs concitoyens.

Quand ils n'osent pas empoisonner leurs clients, ils les trompent sur le poids et la quantité de la marchandise qu'ils leur vendent au moyen de fausses balances — ou de tout autre porcédé d'escamotage.

On ne se préoccupe pas assez d'un des côtés de ce développement de l'industrie. C'est que, grâce à cet absurde système représentatif, entièrement fondé sur l'argent que chacun paye en contributions, c'est parmi ces marchands que se recrute le pouvoir sous le nom d'*électeurs* et de *députés*, et la justice sous le nom de *jurés*.

C'est-à-dire que l'on achète le droit de gouverner le pays, ou celui de rendre la justice — en payant chaque année un tribut de quelques centaines de francs. Ne croyez pas que ce soit un paradoxe. Supposez, parmi les jurés, le plus pénétrant, le plus juste, le plus honnête des hommes, admettez-le animé d'un ardent amour de la justice ; faites ensuite que l'année prochaine il paye cinq centimes de moins à M. le receveur de son arrondissement,

Il sera rayé de la liste du jury.

🐝 Supposez, parmi les députés, le citoyen le plus dévoué à la patrie, le plus instruit dans les lois du pays, dans la politique contemporaine et les intérêts relatifs des peuples. Supposez-le encore administrateur éclairé et intègre, accordez-lui l'autorité d'une parole puissante et celle d'un nom illustre. Que demain il verse cinq francs de moins au Trésor, et il ne peut plus prendre aucune part au gouvernement du pays.

🐝 Ceux qui demandent l'abaissement du cens électoral demandent une sottise, ainsi que nous avons eu déjà, à plusieurs reprises, l'occasion de le leur expliquer.

Cela n'amènerait qu'une immense et facile corruption et ne ferait qu'élargir une mauvaise base.

Le seul mérite reconnu par la loi — est l'argent. La *seule* condition légalement indispensable pour rendre la justice et pour gouverner le pays est d'avoir une certaine somme d'argent.

Je me trompe, il faut n'être pas encore allé aux galères.

C'est ce que je souhaite aux aspirants juges et aux aspirants députés qui se livrent, en attendant, à la vente en gros et en détail de toutes sortes de denrées; — seule instruction politique qu'on ait besoin d'acquérir aujourd'hui pour gouverner la France.

🐝 Un ouvrier boulanger a adressé à madame Sand une lettre dans laquelle il dénonce un grand nombre d'abus révoltants. Madame Sand a fait imprimer cette lettre dans un journal, et elle a bien fait. On ne saurait par trop de moyens porter à la connaissance du public et de l'autorité des véritables misères dont la prolongation rendrait bien légitime la révolte contre la société.

Il est malheureux que madame Sand ait fait suivre cette lettre de quelques phrases emphatiques dont voici un faible échantillon : « Quel ouvrier ! celui qui prépare le plus nécessaire de nos aliments, l'aliment réputé le plus pur et le plus sain... ce travail qui devrait être honoré comme une fonction noble et quasi-religieuse. C'est le pain que la religion a choisi pour le symbole eucharistique... Le boulanger qui, aux fêtes de la patrie, devrait marcher derrière le prêtre dans les solennités civiques. »

Jamais une cause si juste n'a été si mal plaidée avec un si beau talent.

On ne doit pas plus aux ouvriers boulangers qu'aux autres ouvriers; il n'y a aucune raison de faire marcher le boulanger, *dans les fêtes civiques, derrière les prêtres,* etc. — Où mettrait-on alors le laboureur qui a semé, cultivé et récolté le blé?

Aux ouvriers boulangers, comme aux autres ouvriers, la société doit un travail proportionné à leurs forces, qui leur permette de vivre à l'abri du besoin, un travail suffisamment rétribué, avec toutes les garanties possibles de salubrité.

L'autorité aurait dû répondre à cette lettre par une enquête, et faire suivre l'enquête de toutes les améliorations nécessaires. Je m'inquiète peu que le peuple ait des droits politiques dont il n'userait qu'au bénéfice des intrigants qui l'exploitent; je me soucie moins encore dans quel ordre il marcherait dans les solennités civiques. — Mais chacun doit vivre de son travail, et on ne saurait trop admirer la touchante résignation de tant d'ouvriers sans ouvrage, qui ne peuvent nourrir ni leurs femmes ni leurs enfants, et qui acceptent un état social dont ils n'ont que les charges sans participer aux bénéfices.

Le conseil d'arrondissement de Rouen demande que les domestiques soient munis de livrets. — Il y a plusieurs années que les *Guêpes* ont cru apporter d'excellentes raisons à l'appui de cette demande.

Il vient de mourir à Versailles un simple jardinier, qui, sans autres ressources que le fruit de son travail, s'était permis un luxe qu'aucun grand seigneur n'a osé se donner à Paris.

J'allai pour la première fois chez M. Fion, rue des Trois-Couronnes, à Paris, par un beau jour du mois de février. — M. Fion était au jardin. — Je descendis au jardin et je fus saisi d'admiration. — M. Fion était assis sous un camellia un peu plus gros qu'un prunier, et tout couvert de ses éclatantes fleurs panachées. D'autres camellias aussi magnifiques étaient entourés d'héliotropes et de jasmins en fleurs. — Les murailles étaient tapissées de camellias en fleurs, et d'orangers, et de citronniers chargés de fleurs et de fruits qui couvraient les murs à dix pieds de hauteur. — De splendides passiflores jetaient leurs lianes et leurs fleurs d'un arbre à l'autre. — On se promenait entre les massifs d'azalées, de bruyères, de rhododendrons, de pivoines en fleurs, avec des pelouses d'hépatiques, de cyclamen, de violettes, de primevères de la Chine et de réséda, — que Linnée prétend n'être autre chose que l'ambroisie.

Et ne croyez pas que je vous parle là d'une serre comme on en voit partout, — avec d'ignobles pots à fleurs rangés, pressés sur de plus ignobles gradins, — avec des plantes étiolées ou rabougries, — malades, mourantes, exténuées.

Tout cela était en pleine terre, tous ces arbres étaient grands et vigoureux, toutes ces fleurs étaient heureuses et luxuriantes.

C'était le printemps de quelque riche jardin chinois, — à Paris, au commencement de février ; c'était une tiède température doucement embaumée. — L'hiver régnait partout, l'hiver étendait sur tout le deuil et la tristesse, — excepté chez M. Fion, — où l'on avait à la fois le printemps de tous les pays — avec toutes les splendeurs de la nature de tous les climats.

M. Fion avait recouvert un jardin tout entier de vitrages. — Réfugié dans son jardin, il ne savait l'arrivée de l'hiver à Paris que par son journal, — et quand on lui parlait de l'hiver et du froid, — il prétendait que c'était un bruit que la police faisait courir.

M. Fion était un homme fort instruit dans son art, un homme

d'esprit et un homme de goût ; — il ne croyait pas que l'égalité consistait à être tous la même chose :—tous gouvernement, par exemple. Il comparait l'État à un baudet sous lequel tout le monde montait en croupe, sous prétexte de le mieux conduire et de le soulager. — M. Fion se contentait d'être un habile jardinier, et il apportait à son art plus d'esprit et d'instruction que n'en ont, à beaucoup près, bien des gens qui aspirent à gouverner la France.

🐜 Les journaux de l'opposition qui avaient été si complétement absurdes et de si mauvaise foi au sujet de la bataille de l'Isly et du bombardement de Tanger et de Mogador—ont trouvé le secret d'aller plus loin encore au sujet des drapeaux envoyés par l'armée d'Afrique.

« Eh quoi ! s'écrie l'un, voilà donc ces drapeaux dont on fait tant de bruit ! — ils sont tout déchirés !

» Eh quoi ! dit l'autre, mais ils sont tout petits ! ce sont de belles loques ! »

Depuis quand la valeur intrinsèque d'un drapeau entre-t-elle pour quelque chose dans l'honneur de l'enlever ? Est-ce donc une guerre de pirates et de forbans que vous voulez faire faire à l'armée française ? — Qu'en comptez-vous faire de ces drapeaux ?... les voulez-vous vendre ?

Supposez un drapeau de drap d'or — grand comme une voile de navire ; —cachez le tissu tout entier sous les perles, les diamants, les émeraudes, les topazes, les rubis, les saphirs et les améthystes.

Croyez-vous qu'il vaudra la vie de tant de braves gens qui se ruent sur l'ennemi pour le conquérir ? — Et, s'il en était ainsi, l'armée ne serait plus composée de braves soldats, mais d'intrépides négociants.

O républicains ! — ô carrés de papier démocrates ! — où aviez-vous la tête quand vous avez écrit et imprimé de semblables billevesées ?

Les Romains, dont vous parlez si souvent,—les Romains, au temps de la république, exposaient leur vie pour des couronnes de chêne et de chiendent.

Tous les drapeaux qui racontent, sous le dôme des Invalides, la gloire militaire de la France, — n'arriveraient pas à valoir pour six francs de chiffon.

Je l'ai dit déjà,—je ne fais aucun cas de cette variété de l'amour de la patrie qui n'est qu'un prétexte pour haïr hautement tous les hommes qui sont en dehors de telle ou telle rivière, de tel ou tel pont,—de telle ligne rouge ou jaune tracée sur une carte.

Je sais un homme chez qui cet amour d'un pays ne se manifeste jamais que par des paroles haineuses contre tous les autres. — Voici la conversation que j'ai eue hier avec lui. — Il avait commencé de traiter les Anglais de fourbes, — les Allemands de fous, les Russes de lâches esclaves, etc., etc. Chaque peuple avait eu son lot — et avait été sacrifié aux Français ; —je voulus savoir à quoi m'en tenir sur ce fanatisme.—Je laissai tomber la conversation, et je la ramenai sur un autre sujet. « N'êtes-vous pas Champenois? lui demandai-je. — Non, répondit-il. — Pourquoi cet air dédaigneux?—Ne savez-vous pas le proverbe : Quatre-vingt-dix-neuf moutons et un Champenois? Non, je ne suis pas Champenois. — Vous êtes donc Picard? — Vous ai-je donné des preuves que je fusse hargneux et entêté? — De quel pays êtes-vous alors ? — Devinez. — C'est très-difficile : vous n'avez aucun accent... Êtes-vous Gascon? — C'est-à-dire hâbleur et fanfaron, n'est-ce pas? — Normand? — Voulez-vous dire chicaneur et un peu voleur?... merci : je ne suis pas Normand. — J'y renonce. — A la bonne heure. — Êtes-vous du faubourg Saint-Germain ?—Je n'ai pas l'honneur d'être né dans ce quartier des ailes de pigeon et des culottes courtes, de l'aristocratie dédaigneuse.—Êtes-vous né à la Chaussée-d'Antin, dans le quartier de la Bourse? — Le pays des agioteurs et des loups-cerviers ; non pas, s'il vous plaît. »

Je lui fis sans peine renier et insulter tous les quartiers de Paris jusqu'à ce qu'il m'apprit qu'il était né dans la rue d'Argenteuil, et qu'il y demeurait encore. J'espérais qu'il me ferait l'éloge de ce quartier, qu'il habitait depuis si longtemps; — mais, au contraire. il me parla de l'affreux voisinage qu'il y avait, — de la rue Traversière-Saint-Honoré et du passage Saint-Guillaume ; il s'irrita contre l'horrible population de ce quartier, contre les maisons de débauche et surtout contre certains hommes qui les fréquentent — et qu'*il voudrait voir aux galères.*

Je l'amenai à me parler de la maison qu'il habite : — le portier était un coquin, — le locataire du premier, un aristocrate qu'il voudrait voir à la lanterne, — celui du second, un vieil avare... *Ce sera bien fait quand on lui tordra le cou pour lui prendre son argent.*

Les gens du quatrième, de mauvais rapins sans sou ni maille, —qui font du bruit jour et nuit,—qui chantent et font des farces sans esprit, — qui ne payent jamais leur loyer, et qu'heureusement le propriétaire va mettre à la porte.

Je m'aperçus que toutes les vertus, la bravoure et l'esprit des Français demeuraient au troisième étage de la maison de mon interlocuteur, c'est-à-dire chez lui.

Je ne pouvais pas cependant composer les Français, ce peuple si brave et si spirituel, d'un seul individu ; — j'avisai que mon homme a un ami intime avec lequel il demeure; — c'est une amitié qui passe pour très-touchante.

Je lui parlai de son ami. « Il a de l'esprit, lui dis-je. —Oui, certes, il ne manque pas de quelque esprit. — J'ai vu, de lui, de bien jolis vers. — Lesquels ? — Une pièce sur l'absence, où j'ai remarqué une pensée... Je ne sais plus les vers... mais cela disait : « L'absence est la mort, moins le repos... » — Entre nous, cette pensée, il me l'avait volée. — C'est une idée que j'avais eue un jour, en causant... il n'a eu qu'à y coudre une rime. — On m'a conté une histoire sur vous deux : — vous auriez, un soir, rencontré une femme insultée par des bandits ; — votre ami les chargea avec fureur et les mit en fuite, pendant que vous rassuriez la pauvre femme, demi-morte de frayeur... — C'était le plus pressé... Les bandits s'étaient enfuis à notre approche, — et mon ami s'amusa à les poursuivre, je ne sais pourquoi ; — c'est un brave garçon qui a certainement toutes sortes de qualités, et que j'aime de tout mon cœur, mais ce n'est pas un foudre de guerre ; — il a un mauvais estomac, une santé usée, — et cela ne rend pas belliqueux. »

Décidément, il ne restait que mon interlocuteur auquel, de son avis, on pût appliquer les épithètes de : « Peuple le plus brave et le plus spirituel de la terre. »

Je prends trois journaux : — l'un représente le parti conservateur, — l'autre, le parti légitimiste, — le troisième, la république. Je n'ai aucune raison d'ajouter foi aux paroles de l'un, si je ne crois pas en même temps à celles des autres.

Si j'en crois un, — c'est *comme journal;* car je ne connais en bien ni en mal le monsieur qui le signe. — Si la qualité de journal est un titre à la confiance, les deux autres ont le même titre que celui-ci.

Réunissez ces gens dont parlent ces trois organes de l'opinion publique, vous verrez que c'est tout le monde, — chacun d'eux représentant une fraction du pays divisé en trois.

Réunissez maintenant les opinions qu'ils expriment les uns sur les autres, — et vous verrez la France devenue un pays de traîtres, de lâches, d'idiots, de voleurs.

Comment, avec tout cela, faire le peuple le plus spirituel et le plus brave de la terre !

Hélas ! c'est que ces phrases creuses et sonores, — ces phrases toutes faites, — n'ont pas le sens commun. — La patrie d'un cœur élevé et d'un esprit sensé, — c'est la terre ; — ses compatriotes, ce sont les hommes. Ses amis, ce sont tous les bons, tous les généreux, tous les malheureux de tous les pays.

Ses ennemis, ce sont les lâches, les traîtres, les avares, les égoïstes de tous les pays.

❦ Certes, le roi Louis-Philippe a eu raison, lorsqu'en Angleterre il s'est glorifié d'avoir conservé la paix pendant quatorze ans ;—lorsqu'il a dit qu'il espérait rendre à jamais la guerre générale impossible, il a exprimé une grande et noble ambition. — La paix est la plus belle des conquêtes. — Mais il ne faut pas se tromper sur la manière d'avoir la paix. — La paix n'est pas un commerce, il ne faut pas qu'un peuple la vende et qu'un autre l'achète. Il ne faut ni imposer ni accepter d'humiliation. — Il faut que les peuples se respectent les uns les autres. Il est une morale pour les peuples comme pour les individus : « Ne faites pas à autrui ce que vous ne voudriez pas qu'on vous fît. » Une paix mal faite, une paix vendue et achetée, — c'est une guerre qui prend du champ pour revenir à la charge avec plus d'élan et plus de fureur

❦ Ce que n'ont pu faire la religion, — ni la philosophie, peut-être un jour l'argent réussira à le faire. Les actions prises par les Anglais dans nos entreprises industrielles sont une plus sûre garantie et une cause plus réelle de la paix — que tout ce qu'on pourrait dire de juste, de sensé et de généreux. Les Anglais ne se consoleraient pas d'une victoire qu'ils remporteraient sur nous et qui ferait baisser les actions de nos chemins de fer, sur lesquelles ils agiotent comme nous.

❦ J'ai entendu chanter l'autre jour, par une jeune fille, une chanson qui commence ainsi :

> Aimable pervenche
> Ta fleur qui se penche, etc.

C'est une des sottises que la rime fait dire aux faiseurs de vers. — Il n'y a pas de fleur moins penchée que celle de la pervenche, — que dans certains pays on appelle *violette des morts*.

C'est la rime aussi qui fait dire si souvent sous les *tilleuls*, les *glaïeuls*, qui n'y fleuriraient jamais.

🐝 Nous avons parlé plusieurs fois avec une suffisante indignation d'une chose qui va enfin avoir un terme.

Le roi, disons-nous, est le compère et l'associé de tous les charlatans, de tous les marchands de bonbons obscènes et de pastilles qui ne se peuvent nommer.

Il n'est pas d'industrie ténébreuse qui n'écrive sur son enseigne : « Brevetée par le roi. » Pour le public,—brevetée veut dire *approuvée*, — et le public achète, et le public est volé.

Il faut savoir, ajoutions-nous, que *breveté par le roi* veut dire tout simplement que le fisc a reçu cinq cents ou quinze cents francs, et rien autre chose, etc., etc.; ainsi disions nous.

Nos reproches ont été pris en considération par la nouvelle loi sur les brevets, qui ordonne qu'à l'avenir les marchands de n'importe quoi qui voudront mentionner leur brevet devront ajouter : « Sans garantie du gouvernement. » — A la bonne heure ! — c'est d'autant plus louable que c'est un sacrifice. — Tous les marchands de faux orviétan, voyant que le brevet ne peut plus leur servir à duper le public, auront le plus grand soin de ne pas en prendre à l'avenir.

🐝 Voici qu'on exécute en Angleterre ce que nous demandons en France avec tant d'instance, à savoir : 1º que l'on n'oblige pas les pauvres gens à prendre les places les plus chères à force de supplices, de tortures et de dangers; 2º que les distances parcourues par les chemins de fer ne soient diminuées en réalité que pour les gens riches, c'est-à-dire que le haut prix des places ne devienne pas une distance d'une autre sorte plus infranchissable mille fois que celle que la vapeur a supprimée. — En effet, — pour le plus grand nombre de gens qui n'allaient pas de Paris à Rouen, — il y avait beaucoup moins trente lieues que quinze francs de distance entre ces deux villes.

Voici ce qu'on lit dans les journaux anglais :

« Le système des bas tarifs commence à faire des progrès en Angleterre. Les prix des places pour les voyageurs et les tarifs des marchandises du chemin de fer de Londres à Birmingham sont réduits considérablement à partir du 1er octobre. Les directeurs du chemin de fer de Liverpool à Manchester font partir un train de troisième classe avec des voitures couvertes de chacune des extrémités de la ligne. »

Ici la douane vend la mer, — les compagnies d'agioteurs achètent et vendent les chemins.

🐜 Prenez vingt jeunes gens et faites-les causer, tous ont les mêmes goûts, tous portent leur canne de la même manière, tous traitent légèrement l'amour et les femmes, tous n'aiment que les querelles, les combats, les chevaux indomptés, les liqueurs fortes, le tabac violent, etc.

Ce n'est qu'au bout de longtemps que vous découvrirez que l'un de ces jeunes gens est un garçon de douce sensibilité, qui a mis deux ans à se décider à glisser à la fille qu'il aime des vers dans lesquels il a atténué autant qu'il a pu les sentiments qui remplissent son cœur. — Cet autre aime le calme et la méditation, et son âme s'épanchera en beaux vers ou en douces mélodies. — Celui-là rêve la paix et la fraternité universelles; il prêchera et persuadera la concorde.

Croyez-vous que chacun séparément ne vaille pas le type commun sur lequel tous prétendent se modeler?

🐜 Les ministres ont entre-bâillé à la clémence le cœur du roi Louis-Philippe : *une partie* des prisonniers politiques sont rendus à la liberté.

🐜 Certes, je ne considère pas comme innocentes les fantaisies des émeutiers. Je n'admets pas que, sous prétexte d'opinions dites politiques, — conçues, non d'après l'étude de l'histoire et des intérêts réels des peuples, — mais en jouant au bilard et aux dominos, et, en buvant du café et du grog, — on aille tout à coup troubler la paix et la sécurité d'une ville, tirer des coups de fusil sur de pauvres soldats inoffensifs, — qui, parce qu'ils payent ce lourd impôt de la vie et du sang, — n'en sont pas moins des compatriotes et des frères.

Mais il est bien difficile au gouvernement de Juillet de se montrer tout à fait inflexible sur des tentatives qui n'ont besoin que du succès, disent certaines personnes, pour prendre les noms les plus honorables.

Cependant il est temps de mettre un terme à tout ceci. Puisqu'on voulait faire une amnistie, il fallait la faire complète. Une amnistie complète aurait permis au roi de dire : — « Cette paix dont je parle si bien au dehors, — je veux commencer par l'établir au dedans : — je fais grâce à tous les prisonniers politiques et j'offre la paix à tous les partis, — je les engage tous à se réunir autour de moi pour la défense et la gloire de la France ; — je fais les premiers pas au-devant d'eux, — et je leur tends la main. Ceux qui n'accepteront pas cette paix et cette alliance que je leur offre, — je ne les considérerai plus comme mes ennemis à moi, auxquels je peux et je dois pardonner, mais comme les ennemis de la patrie, envers lesquels ce sera pour moi un devoir d'être inflexible. »

Malheureusement la clémence rancunière que le ministère a imposée au roi rend bien difficile l'éloge que j'aimerais tant à faire d'un acte de grandeur et de générosité.

Il n'y a que les petites choses qu'on puisse faire à moitié ; les grandes doivent être faites tout entières. Il fallait faire grâce à tous, — et, en même temps, les aider à leur rentrée dans la société ; — penser à ceux qui sont pauvres, à ceux qui sont malades, leur montrer une voie pacifique, et y soutenir leurs premiers pas.

O prisonniers, mes frères ! soyez les bienvenus ; il en est parmi vous dont j'ai attaqué les principes et les idées ; — mais il n'en est aucun que je n'aie plaint et aimé quand j'ai songé à ceux qui gémissaient sous les verrous.

Soyez les bienvenus ; — venez partager ces derniers rayons du soleil d'automne ; — venez respirer l'air libre, le seul air qui fasse vivre. — L'air de la prison est fait de soupirs.

Tandis que les journaux parlaient des fêtes données en Angleterre au roi de France, — il est une fête à laquelle j'aurais voulu assister : — j'aurais voulu voir les prisons s'ouvrir ; — j'aurais voulu voir sortir les prisonniers — et presser leurs mains dans les miennes.

Lorsque la prison de Doullens a laissé sortir quarante-deux prisonniers, de pauvres femmes ont eu l'heureuse idée de donner des bouquets aux captifs.

Douce et sainte pensée ! — de leur faire savoir, au sortir de la prison, qu'il y a encore au dehors des fleurs et de l'amour pour eux!

Novembre 1844.

A M. Demange, épicier. — Une triste histoire. — Circonstances atténuantes à expliquer. — La paix. — Une chanson. — M. Guizot. — Les banquiers et les voyageurs. — Les partis dans les partis. — M. Berryer. — Défense de l'Être suprême. — De la critique littéraire derrière la toile. — M. Léon Gozlan. — M. de Rémusat. — Nouveaux bonbons. — M. le premier président et les avocats. — M. Bugeaud et les *Guêpes*. Pronostics d'icelles.

A M. DEMANGE, ÉPICIER. — « Le tribunal raye de la liste du jury M. Demange, épicier, qui fait observer que, n'étant né qu'en 1818, il n'a pas atteint l'âge auquel la loi l'oblige de remplir les fonctions de juré. » (*Gazette des tribunaux*, 6 novembre 1844.)

« Monsieur, vous avez repoussé autant qu'il était en vous

le périlleux honneur de rendre la justice et de disposer de la vie et de la liberté des hommes dans les moments de loisir que vous laisse le commerce de l'épicerie.

» Un jury, dans lequel plusieurs de vos confrères n'ont pas eu les mêmes scrupules que vous, vient d'émettre un verdict qui rend bien difficile la tâche que je me suis imposée — d'expliquer ceux des jugements qui peuvent étonner et scandaliser le vulgaire ; — désireux que je suis de ne pas laisser s'amoindrir chez les autres le respect profond et l'enthousiasme que tout le monde me connaît pour cette grande institution du jury.

» Voici le fait, monsieur.

» Une jeune fille, une ouvrière, avait un amant ouvrier comme elle, qui lui avait promis de l'épouser aussitôt l'arrivée de certains papiers ; — les papiers n'arrivaient pas, l'amant était pressant, la jeune fille fut crédule et faible. Elle ne pensa pas que l'homme qu'elle aimait était un lâche et un parjure ; elle n'attendit pas que la loi vînt lui faire un devoir de le rendre heureux.

» Bientôt elle s'aperçut qu'elle était grosse ; — son amant partit pour aller chercher ces terribles papiers, — puis il ne revint pas et ne donna plus de ses nouvelles. Le moment fatal arriva, et la pauvre fille mit au monde un enfant qui ne devait pas avoir de père.

» Cependant, à la vûe de son enfant, son désespoir se calma. — Elle accepta ses nouveaux devoirs avec reconnaissance ; elle promit à Dieu de l'aimer à elle seule autant que faisaient un père et une mère pour les autres enfants ; — elle se promit à elle-même de consacrer toute sa vie à cette pauvre petite créature. Mais le ciel n'entendit ni cette prière résignée ni cette sainte promesse. — La santé de la mère, usée par le chagrin et par le travail, vint trahir ses efforts : elle s'aperçut, au bout de quelques jours, qu'elle n'avait plus de lait, et que son enfant allait mourir de faim sur son sein desséché.

» Elle compta, elle supputa — si, en économisant sur ses privations, elle pourrait mettre l'enfant en nourrice... — Impossible... On lui demandait beaucoup plus qu'il ne lui était possible de gagner. — Elle pria, elle pleura, — mais en vain, — l'enfant repoussait la mamelle vide et mourait, — elle se décida à le mettre aux Enfants-Trouvés, jusqu'à ce qu'il pût se passer d'une nourrice ; — alors, elle le reprendrait, elle travaillerait pour lui.

» Elle s'adressa à un homme qu'elle connaissait, et qu'on appelait Jouglens ; elle lui conta son histoire, et lui dit en pleurant la résolution qu'elle était obligée de prendre. « Écoutez, » mon bon Jouglens, lui dit-elle, vous me rendrez le service de » porter mon pauvre cher petit enfant à l'hospice, je ne pourrai » jamais m'y résoudre moi-même, et cependant il va mourir si » on ne lui donne pas bien vite une nourrice. » — Jouglens demande de l'argent, — elle vend quelques hardes pour le satisfaire. — Il est convenu qu'à la tombée de la nuit il viendra prendre l'enfant.

» Rosalie passe le reste du jour à embrasser son trésor, qui va lui être ravi, à pleurer sur lui, — à couvrir ses langes de signes distinctifs, pour être sûre de le retrouver aussitôt qu'on pourra le sevrer ; — elle attache sur le maillot une lettre pour le directeur de l'hospice. — Dans cette lettre, elle peint avec une énergique naïveté ses douleurs et ses espérances ; — elle recommande son enfant, son enfant qu'elle aurait gardé si elle avait pu le nourrir avec son sang. — Puis le soir arrive, et Jouglens paraît ; — elle couvre encore l'enfant de baisers et de larmes ; — elle lui parle, elle lui dit *Adieu*, — elle lui dit *A revoir*, — elle le caresse encore et pleure encore ; — puis elle l'enveloppe dans le seul châle que l'avidité de Jouglens lui ait laissé, — et elle le livre à lui. Jouglens parti, il lui vient une pensée : elle pourrait voir encore son pauvre petit pendant plus d'un quart d'heure. — Elle quitte sa demeure, elle rejoint

Jouglens et lui dit : « Il fait nuit... je vais vous accompagner
» jusqu'à moitié chemin. — Je vais le porter ; — je le réchauf-
» ferai au moins contre ce sein maudit qui n'a pas su le nourrir. »
Elle le porte, — elle pleure, elle l'embrasse encore. De temps
en temps Jouglens lui dit : « C'est assez, retournez-vous-en. —
Encore un peu, mon bon Jouglens... jusqu'à cet arbre là-bas. »
Enfin Jouglens se fâche. Elle cède, elle recommence ses adieux.
« Surtout, Jouglens, faites toutes les recommandations. —
Adieu, adieu. »

» Jouglens prend l'enfant et part. — Elle tombe assise au
pied d'un arbre et pleure. — Ce n'est que bien tard qu'elle retourne à sa chambre déserte. — Elle prie, elle demande grâce
à Dieu, — elle pense que dans quelques mois elle aura son
enfant — rose et bien portant. — Elle s'endort épuisée par les
émotions.

» Pendant ce temps, que fait Jouglens, son bon Jouglens?
Jouglens est de mauvaise humuur. — Il a hâte de revenir ; —
un ami l'attend à un cabaret, — et l'heure se passe. — Rosalie,
qui a voulu l'accompagner et porter l'enfant, l'a retardé. — Il
ne sera jamais revenu pour son rendez-vous. — C'est bien désagréable. — Ma foi...

» Il jette l'enfant sur l'herbe, lui écrase la tête d'un coup
de sabot, — fait un trou dans la terre, le met dedans, le recou-
vre et piétine sur la place ; — puis va au cabaret, où son ami
l'attend.

» Le lendemain, à la pointe du jour, Rosalie est auprès de
lui, — elle lui fait cent questions auxquelles il répond avec
calme et sang-froid. Mais, le jour d'après, un berger entend ses
chiens qui se querellent, il approche — et voit qu'ils se disputent et s'arrachent les lambeaux d'un enfant qu'ils ont déterré ;
— on cause, on s'informe, la vérité se découvre : c'est l'enfant
de Rosalie. — Jouglens est arrêté — et traduit devant la cour
d'assises.

» Là, messieurs les jurés, vos confrères, le déclarent coupable, il est vrai, mais avec *circonstances atténuantes;* — il a eu tort, ils n'en disconviennent pas, — mais ce n'est à leurs yeux qu'un crime véniel.

» Pour moi, monsieur Demange, moins heureux cette fois (ou moins habile que ces messieurs du jury), je ne vois pas de *circonstances atténuantes,* même à leur verdict; et je vous félicite de n'en être pas complice.

» Agréez, monsieur, mes civilités, et permettez-moi de vous dédier ce volume, qui commence la sixième année des *Guêpes.*

» Votre serviteur, A. K. »

LA PAIX. — Heureux pays! heureux roi! heureuse France! Voici la paix assurée. Honneur au ministre qui procure à son pays tous les avantages — et qui prend sur lui la honte de certaines concessions. — Décius ne s'était que jeté dans un gouffre!... Et le peuple n'est pas à ce sujet fort reconnaissant. N'ai-je pas entendu chanter l'autre jour une chanson sur M. Guizot?

Je ne sais si je me la rappellerai très-bien... Cependant je veux la consigner ici — pour montrer l'ingratitude de ce pays. — En effet, il n'est pas de sacrifices que M. Guizot ne lui ait faits : — quand l'Empire était menacé et près de sa ruine, M. Guizot est allé rejoindre Louis XVIII à Gand pour lui donner des conseils dans l'intérêt du peuple français, — et ce citoyen dévoué s'exposait au double reproche de lâcheté et de trahison. — Il a tout bravé! — Cette fois encore, il n'a pas écouté ceux qui disaient : « La guerre est un grand malheur et une grande sottise, — mais le pays a son honneur, — et le pays préfère la guerre à une lâcheté. »

Le même grand citoyen a dit : « Je prends la lâcheté sur moi, et le pays aura la paix. » Et voilà les chansons qu'on fait sur lui! — C'est sur l'air du *Fou de Tolède,* de Victor Hugo (Gastibelza, l'homme à la carabine, etc.).

Monsieur Guizot, l'homme à la pâle face,
    Chantait ainsi :
« Quelqu'un de vous veut-il prendre ma place,
    Tribuns d'ici ?
Prenez, prenez, mais redoutez la guerre
    Et Marlboroug.
Le vent qui vient des côtes d'Angleterre
    Me rendra fou. *(Bis.)*

» Pritchard soutient de sa burlesque foudre
    Nos ennemis ;
Aux Africains l'Anglais vend de la poudre
    Et des fusils.
C'est là leur paix... que serait donc la guerre ?
    Vite, à genou...
Le vent qui vient des côtes d'Angleterre
    Me rendra fou. *(Bis.)*

» Avant la guerre, et sans qu'on se remue,
    Payons la paix
Un peu plus cher que la France vaincue
    N'eût fait après.
Pour qu'ils n'aient rien à prendre par la guerre,
    Donnons-leur tout...
Le vent qui vient des côtes d'Angleterre
    Me rendra fou. *(Bis.)*

» J'entends des sots et des brouillons prétendre
    Que nous avions
Visite ancienne et plus pressée à rendre
    A ces Bretons...
De Waterloo cette rancune amère
    Me suit partout...
Le vent qui vient des côtes d'Angleterre
    Me rendra fou. *(Bis.)*

» Victoria, Philippe, mes chers maîtres,
    Malgré mon soin,
Vous vous tendez la main, — vos peuples traîtres,
    Montrent le poing.

NOVEMBRE 1844.

Rois alliés de deux peuples en guerre,
  Je suis à bout...
Le vent qui vient des côtes d'Angleterre
  M'a rendu fou. *(Bis).*

. . . .

» Le roi disait au duc de Dalmatie :
  « Mon cher cousin,
» Pour un chapeau, pour un vieux parapluie,
  » Pour un bouquin,
» Pour rien du tout, je donne ministère,
  » Chambres... et... tout... »
Le vent qui vient des côtes d'Angleterre
. . . . »

ne laisse pas que de m'embarrasser quelquefois extrêmement, malgré l'excellente et honorable réception qui m'y a été faite et par la reine et par le peuple.

✱ Déplorons un peu l'ingratitude du peuple français, — et réjouissons-nous hautement d'avoir la paix.

O paix, fille du ciel ! — mère du commerce et de l'industrie ! — paix, — mère des doux loisirs ! paix qui...

Mais n'êtes-vous pas d'avis, monsieur Demange, que je me laisse beaucoup, en cette circonstance, emporter à réciter des phrases toutes faites ?

✱ Voyons un peu ce que c'est qu'un peuple en paix ; — voyons ce que c'est que la paix dont nous jouissons ; — voyons si par hasard elle ne serait pas un peu incomplète, et dénonçons hautement ce qu'il faudrait faire pour la compléter, car il ne faut pas que la paix avec l'étranger ne soit qu'un moyen de se battre plus tranquillement chez soi, de se livrer sans être dérangé à la guerre civile et à la guerre sociale. Voyons, promenons-nous dans la capitale de ce pays en paix. — Qu'ont commis ces malheureux, à peine vêtus, qu'on entasse par la pluie et le froid dans des voitures découvertes? — Les assassins, les parricides, les voleurs que l'on conduit au bagne, sont dans des voitures couvertes et fermées, — à l'abri des injures de l'air et de l'inclémence du temps. — Parmi ceux-ci il y a des femmes et des enfants...

Ce sont de grands scélérats, monsieur Demange : ils s'obstinent à ne donner que dix francs chacun aux banquiers auxquels le gouvernement les a vendus en leur vendant les voies de communication.

Les pauvres banquiers sont forcés de les torturer, dans l'espoir de les amener à donner cinq francs de plus. — On tâche de les exhorter par le froid, par l'humidité, par la pleurésie. — Ces moyens ne réussissent pas encore ; mais, avec un peu de patience... de la part desdits banquiers, on espère arriver. — L'hiver, dit-on, sera dur ; les médecins ont déjà constaté plusieurs maladies aiguës ; quand il y en aura quelques-uns de morts, les autres se décideront peut-être.

Dites-moi, monsieur Demange, — ne serait-il pas bon de faire la paix entre les ouvriers, les pauvres gens qui voyagent et les banquiers auxquels on a vendu ces pauvres gens et les chemins ?

🐝 Les journaux qui sont les organes des partis me donnent aussi quelques inquiétudes ; ceux-ci prétendent que le gouvernement actuel est de tous le plus despotique et le plus cruel. — A les entendre, jamais tyrans n'ont écrasé un peuple comme on écrase aujourd'hui le peuple français.

Ecoutez ceux-là : « Le parti de l'opposition prêche l'anarchie, la révolte — et un peu la guillotine. »

Il y aurait, ce me semble, quelque petite chose à faire pour compléter la paix entre les journaux et ceux qui les lisent. — Pour ceux qui les font, je suis rassuré sur la plupart d'entre eux : tout cela leur est parfaitement égal ; les journalistes sont des avocats qui écrivent.

🐝 Ce n'est pas tout : le pays est divisé en partis. — La moitié du pays traite l'autre de tyrans, de traîtres, de voleurs,

— laquelle autre moitié répond par des épithètes analogues. Mais, outre la guerre que se font les partis, chaque parti renferme d'autres partis qui ne se haïssent pas moins cordialement.

🙞 Le *National*, la *Réforme* et la *Revue indépendante*, et leurs adhérents, qui sont d'accord contre le gouvernement, — sont fort éloignés de l'être entre eux.

🙞 Les *Débats*, la *Presse*, la *Revue de Paris*, le *Globe*, et leurs amis, — qui défendent le pouvoir, ont fort à se défendre les uns des autres.

🙞 La *Quotidienne*, la *Gazette* et la *France*, — trois journaux qui servent la branche aînée des Bourbons, — se tiraillent et s'arrachent la propriété qu'ils n'ont pas, que ne peut pas et ne doit pas avoir un parti qui est rentré en France à la suite des baïonnettes étrangères, en marchant sur les cadavres de nos soldats.

🙞 M. Berryer, cet avocat qui parle avec tant de verve et d'entraînement, est fort mécontent de son parti. Il a abandonné, pour représenter ce parti à la Chambre, son métier d'avocat, qui lui aurait facilement rapporté cent mille francs par an. Le parti d'abord, en considération de ce sacrifice, indemnisait M. Berryer, qui n'a pas d'autre fortune que son talent ; mais cela est fait de si mauvaise grâce — qu'il y renoncera quelque jour.

Les amis de M. Berryer pensent qu'il finira par se faire prêtre et dominicain, — quitter la tribune pour la chaire — et plaider pour l'Etre suprême. Ce qui leur donne cette idée, c'est que M. Berryer est allé dernièrement plusieurs fois entendre M. Lacordaire, qu'il est revenu fort ému, fort animé.

« Il a dit de bien belles et de bien bonnes choses, disait M. Berryer ; mais que de belles et bonnes choses il n'a pas songé à dire ! Voilà ce que j'aurais dit à sa place... »

Et l'avocat légitimiste se levait, et au milieu de son salon refaisait avec sa verve et son feu accoutumé les sermons du père Lacordaire.

※ DE LA CRITIQUE LITTÉRAIRE. — Il ne s'agit pas pour la critique de voir si un ouvrage est bon ou mauvais, — elle ne s'en préoccupe en aucune façon.

Dans les journaux républicains, tous ceux qui appartiennent au parti sont, sans exception, des gens « de grand cœur et de grand style. » Tous ceux qui sont en dehors du parti n'ont aucun talent.

Ce qui fait que quelques personnages de bon sens s'étonnent qu'un parti qui a dans ses rangs tout ce qu'il y a d'hommes éminents en tous genres, et qui n'a à combattre que des idiots, des lâches et des crétins, — ait tant de peine à triompher de ses adversaires.

※ Dans les journaux ministériels, c'est une marche toute différente. — Les critiques qui se sont creusé leur antre au bas de ces carrés de papier reconnaissent parfois du talent aux ennemis du pouvoir, mais presque jamais à ceux qui combattent avec le pouvoir et sous les mêmes drapeaux que lesdits critiques. Cette manière différente de procéder s'explique facilement.

Les journaux républicains acceptent volontiers des soldats avec lesquels ils n'ont à partager que le combat et les promesses d'un avenir incertain. — Les journaux ministériels ne sont pas curieux de voir des recrues venir prendre leur part du butin, et s'asseoir à la table où l'on se trouve déjà serrés.

※ Pour les journaux qui n'appartiennent pas à ces opinions extrêmes, rien n'est si facile que d'y obtenir des éloges pour les gens médiocres, — parce qu'on sait que ces éloges sont sans danger; il n'y a pas de risque qu'ils donnent jamais à ceux qui en sont l'objet ni du talent, ni même de la réputation.

Les hommes de talent y rencontrent, au contraire, toute sorte d'obstacles et de malveillance. On ne s'avise pas de les louer, parce que les lecteurs prendraient au sérieux ces éloges qui ne feraient que formuler leur pensée. Appeler l'attention sur des hommes de talent, c'est faire leur renommée; — l'appeler sur des hommes médiocres, c'est faire reconnaître et constater leur médiocrité.

🙣 Outre que ces façons d'agir de la critique ne sont pas précisément fort justes, elles sont, en outre, très-maladroites. C'est ainsi que les journaux ont déjà acquis, dans la partie éclairée du pays, une déconsidération qui s'étend chaque jour.

Des gens de bon sens feraient précisément le contraire, ils seraient d'une grande et inexorable sévérité pour la médiocrité qu'il n'y a pas grand mal à décourager, et qui, d'ailleurs, ne se décourage jamais ; ils soutiendraient et même flatteraient un peu les hommes de talent qui se découragent et sont toujours prêts à douter d'eux-mêmes.

🙣 Un exemple. — La *Revue de Paris* et la *Revue des Deux Mondes* ont été longtemps, à Paris, les seuls journaux littéraires. Aujourd'hui que chaque journal est devenu une revue quotidienne, et que les journaux ont accaparé au moins tout ce qu'il y a d'écrivains de quelque talent, les revues ont beaucoup de mal d'abord à noircir leurs feuillets et ensuite à les vendre. — Les revues s'en prennent aux journaux et accablent d'injures le roman divisé par feuilletons. — Je ne défends ni ne blâme ce roman, je ne sais pas le faire et j'en fais fort peu ; — mais, si cela plaît aux gens qui achètent les journaux, je ne vois aucun mal de leur en donner. Les revues donnaient aussi des romans en quatre ou cinq morceaux, à huit ou quinze jours d'intervalle : les journaux n'ont fait qu'imiter les revues. — Il est évident que c'est tout simplement entre les revues et les journaux une querelle de boutique. Les revues ont beaucoup de mauvaise humeur. Elles attaquent et réduisent en poussière tous les écrivains qu'elles avaient autrefois loués et élevés. Ceux qui avaient tant de talent dans les revues n'en ont plus aucun au bas des journaux.

Toute la littérature reçoit les coups de férule des revues, parce que toute la littérature s'en va aux journaux, qui payent plus cher, — et d'ailleurs offrent une tribune de laquelle ils parlent à seize mille ou vingt mille abonnés, au lieu de parler à neuf, onze ou douze cents abonnés des revues, qui sont réduites à annoncer qu'elles sont rédigées par les *meilleures plumes* et par d'*illustres anonymes*, qui ne signent pas leurs articles pour *conserver leur indépendance*, — de quoi nous avons dit notre avis, — il y a déjà quelque temps.

Or, dans une des dernières discussions qui se sont élevées entre la *Revue de Paris* et le journal la *Presse*, — il fut dit, de part et d'autre, entre autres aménités, par la *Presse*, qu'elle avait accaparé tous les hommes de talent, et qu'il ne restait rien aux *revues;* — par la *Revue de Paris*, qu'elle ne faisait aucun cas des rédacteurs de la *Presse* et qu'elle était fière des siens.

Or, le matin même, — M. Dujarrier, directeur de la *Presse*, — et M. Bonnaire, directeur de la *Revue de Paris*, — se rencontrèrent chez M. Gozlan, auquel ils venaient tous deux demander un article ou un roman, je ne sais lequel.

De telle sorte que, selon la *Revue*, M. Gozlan, qui a tant d'esprit dans la *Revue*, n'est plus qu'un médiocre écrivain dans la *Presse*.

Et, selon la *Presse*, le même M. Gozlan, qui a dans la *Presse* un talent si brillant, est tout ce qu'il y a de plus éteint dans la *Revue de Paris*.

Le vrai de tout ceci est que M. Gozlan a beaucoup d'esprit partout; — que ces sottises que disent les critiques ne lui font pas plus de tort qu'aux autres écrivains de talent à propos desquels on se livre à des exercices semblables, — mais qu'elles font, en revanche, beaucoup de tort aux critiques dans l'esprit des gens de bon sens.

Ce n'est pas encore là un état de paix bien affermi.

J'ai été rétorqué, admonesté, injurié, — quand j'ai dit qu'il viendrait un jour où on brûlerait le dernier morceau de charbon de terre. De prétendus savants et de véritables ignorants m'ont fort maltraité ; j'ai inséré en ce temps-là dans les *Guêpes* quelques-unes de leurs sorties contre moi.

Voici que M. de Rémusat est de mon avis. M. de Rémusat est le ministre qui disait, lors de son entrée aux affaires : « Nous allons jouer également le même air de flûte, seulement nous tâcherons de le jouer un peu mieux. » — Ce qu'il y avait de plus piquant, c'est que M. de Rémusat, avec ses amis, n'était arrivé au ministère qu'à force de blâmer l'air que jouait le ministère précédent et de le proclamer anti-national, ainsi que l'on appelle en politique tous les airs que l'on ne joue pas soi-même. Voici ce que dit M. Charles de Rémusat :

« On se demande combien il reste de houille à brûler à l'Angleterre, combien à la Belgique, combien à la France. Tout compte fait, on leur garantit un compte raisonnable de siècles de chauffage. Ce calcul serait rassurant s'il n'était soumis à une éventualité qui déjoue tous les calculs. C'est le progrès de la consommation. Impossible de le prévoir *d'avance*; et, à voir de quel train marche la destruction utile du combustible, on se prend à craindre que nos neveux ne grelottent un jour près de leurs machines gelées. »

C'est précisément l'idée que les *Guêpes* avaient émise avec plus de développement. (*Guêpes*, — septembre 1843.)

Je prie M. de Rémusat de prendre sa part de tout ce que l'on a dit et écrit contre moi en ce temps-là.

On lit à la quatrième page des journaux :

BONBONS EUPHONIQUES. « Ces bonbons donnent à la voix force, fraîcheur et pureté. — (Les ténors vont maintenant bien abaisser leurs prétentions, puisque tous ceux qui le voudront se procureront ces trois qualités, qu'on ne trouve guère réunies dans des chanteurs qu'on paye cent mille francs par an.)

» Ils sont indispensables aux orateurs et aux personnes qui font grand usage de la parole. »

Eh bien ! il ne nous manquait plus que ce bonbon-là ;

— il me semble qu'on parlait déjà au moins assez en France; — on ne se rattrapait un peu que sur les enrouements, les rhumes et les extinctions de voix; c'était au moyen de ces infirmités qu'on réussissait à se former un auditoire. — C'est tout à fait fini. Maudits bonbons, — tous les journaux les annoncent, — et voici que, moi-même, je les annonce sans avoir même l'excuse du prix de l'annonce, — puisque ces lignes ne coûteront rien à l'inventeur.

M. le premier président et MM. les avocats se sont réconciliés au moyen d'une phrase dans laquelle M. Séguier a dit qu'il estimait *beaucoup les avocats.*

La phrase de M. Séguier n'est pas, à notre gré, suffisamment sensée. M. Séguier estime-t-il les avocats sans talent, les avocats rapaces, les avocats sans conscience, les avocats sans probité?

Il y a parmi les avocats des hommes de talent, quoique je maintienne impossible que le jugement le plus droit résiste quinze ans à la profession d'avocat, sans être au moins en partie faussé.

Il est aussi peu sérieux de dire qu'on estime les avocats, qu'il le serait de dire : J'estime les faïenciers ou les libraires, — ou les membres de toute autre profession en bloc.

Ceux d'entre les avocats qui méritent, en effet, l'estime par leur intégrité, par leur talent et par leurs lumières, doivent être bien peu flattés de cette estime à partager également avec tous leurs confrères.

Il faut ici que je cite un court passage des *Guêpes* d'il y a quatre ans, parce qu'aujourd'hui beaucoup de personnes partagent mon opinion, qui n'eut aucun succès alors et que les événements sont venus justifier. Voici ce que je disais dans le numéro de 1840 :

« Il y a un nom bien impopulaire que je vais prononcer, — un nom qui fera froncer le sourcil peut-être à mes lecteurs les plus bienveillants : c'est celui du *général* Bugeaud. Eh bien ! s'il y a un homme qui soit capable de faire prendre aux affaires d'Afrique une face nouvelle, c'est le général Bugeaud. »

Décembre 1844.

Ce qu'on peut faire d'une vieille perruque. — Un millionnaire. — Le bon Dieu de Rouen et le bon Dieu de Paris. — Les étrangleurs. — La musique ancienne et la musique moderne. — L'incendie de la rue Cadet. — Les pompiers et le peuple de Paris. — Une lettre que M. Guizot a failli signer. — Le tabac et l'amende. — Le crime de ne pas avoir cinq francs. — L'arsenic remplace le divorce.

DÉCEMBRE. — M.*** est fort avare, c'est lui qui, ayant eu les cheveux noirs, a acheté cependant une perruque rousse, parce que le coiffeur la lui donnait à meilleur marché. Cette perruque est usée, fripée, râpée, ébouriffée dans certaines parties, et, dans d'autres, presque aussi chauve que M*** lui-même. B***, qui est son parent, finit par devenir honteux de la perruque de M***, — et, après plusieurs observations inutilement faites, il prit le moyen énergique de lui offrir une perruque neuve. M*** accepte; on va chez le coiffeur. M*** cette fois prend tout ce qu'il y a de mieux, des cheveux invraisemblables. La perruque est en place et payée. B*** veut s'en aller; mais M*** reste indécis, embarrassé; il retourne dans ses mains sa vieille perruque; enfin il dit au coiffeur : « Dites-moi, est-ce qu'il n'y aurait pas moyen de faire quelque chose avec ma vieille perruque? — Si, vraiment, monsieur, répond le coiffeur. Faites-y mettre une visière, et ça vous fera une casquette. »

Un homme aujourd'hui millionnaire racontait dernièrement qu'à une certaine époque de la vie il était si pauvre et l'avenir semblait lui promettre si peu de changements dans sa situation, que, ayant un habit dont les manches étaient trop courtes, il n'osait même pas, à cause de l'invraisemblance d'un tel événement, désirer d'avoir un habit dont les manches seraient plus longues, mais qu'il se croyait moins déraisonnable en désirant d'avoir les bras plus courts.

🐝 Il y a une spéculation de librairie assez adroite, c'est celle des livres de messe. Si vous achetez un livre de messe à Rouen, et que vous veniez ensuite à Paris, ou à Châlons, ou dans tout autre diocèse, votre livre ne peut plus vous servir à rien. Ce n'est plus ainsi qu'on prie Dieu ici; ces prières étaient bonnes pour le Dieu de Rouen, pour un Dieu de province, le Dieu de Paris ne daignerait pas les écouter. Il faut dire que le Dieu de Rouen professe le même dédain à l'égard des prières faites pour le Dieu de Paris; que ces prières ne le regardent pas, et que vous pourriez les lui adresser pendant cent ans, il n'en écouterait pas un mot.

🐝 On paraît généralement à Paris sentir le besoin d'être moins étranglé. Un récent procès vient de manifester une bande qui depuis huit ans volait impunément dans Paris et jetait les morts dans le canal. D'une part, la police s'est elle-même félicitée dans les journaux officiels de son extrême vigilance; je le veux bien; mais aussi elle a trouvé son action suffisante, et sur ce point je ne suis pas de son avis. D'autre part, les journaux de l'opposition se sont écriés à tout hasard, et sans prendre la moindre information à ce sujet : « Paris *regorge* de sergents de ville ! A quoi emploie-t-on les *milliers* d'agents de la brigade de sûreté? » etc., etc. Quelques-uns ont fixé tout net et sans hésiter le nombre des sergents de ville à six cents.

🐝 La vérité est que ces six cents sergents de ville ne sont que trois cents, et que les *milliers* d'agents de la brigade de sûreté se réduisent à quarante-deux hommes.

🐝 Il est évident que les ressources de la police sont insuffisantes, et qu'il est besoin d'un service spécial établi sur une grande échelle. Il faut que la police avoue, prouve et établisse ses nécessités, il faut qu'on lui donne les ressources qui lui manquent, et qu'on prenne immédiatement les mesures nécessaires pour que cet état de choses honteux disparaisse et ne puisse plus se renouveler.

Une poignée de brigands ne peut plus s'emparer ainsi de Paris, braver les lois et la police, et répandre la terreur dans une ville d'un million d'hommes.

Mais il faut que les mesures que l'on prendra soient efficaces, et ne consistent pas en petits expédients qui n'arrivent qu'à gêner les honnêtes gens.

J'ai déjà parlé des ordonnances de police qui défendent de porter des armes, sous peine de quinze francs d'amende. Il est évident que le voleur-étrangleur qui s'expose à l'échafaud se soucie médiocrement d'avoir, en outre, à payer une amende de quinze francs, et que cette défense n'atteint que les bourgeois scrupuleusement honnêtes qui se trouvent ainsi livrés sans défense aux entreprises des malfaiteurs.

Il y a quatre ou cinq ans déjà, dans des circonstances semblables, — j'ai annoncé dans les *Guêpes* à M. le préfet de police que je ne lui reconnaissais le droit de faire de pareilles prohibitions, et d'empêcher les citoyens de veiller énergiquement à leur sûreté personnelle, qu'à prendre du jour où il aurait établi et prouvé qu'on ne peut plus être assassiné dans les rues de Paris. Je l'avertissais en outre que, tant que j'aurais un louis dans ma poche, je continuerais à porter un poignard la nuit, parce que, même en payant l'amende, cette précaution me présentait un bénéfice net de cinq francs.

Il n'est aucun habitant de Paris qui ne consente à un léger impôt pour mettre la police à même de prendre des mesures; d'ailleurs, les députés n'hésiteront pas, j'en suis certain, à voter les fonds qui seront jugés nécessaires; Paris appartient à la France, la moitié des habitants de Paris sont nés dans les départements, et les deux tiers des malfaiteurs de la province viennent s'y cacher et y *travailler*.

Je le répète, les félicitations que M. le préfet de police s'adresse à lui-même ne sont pas heureuses. Je pense qu'il a fait tout ce qu'il pouvait faire avec ses ressources présentes, mais je pense aussi que son devoir est d'avouer l'insuffisance de ces ressources, et de demander hautement les moyens d'arriver immédiatement à un résultat complet.

🐝 C'est une chose singulière de remarquer que les grands prodiges de la musique doivent être reportés à l'époque où les musiciens soufflaient dans les tuyaux d'avoine ou des tiges de roseau, ou tiraient trois cordes tendues sur une écaille de tortue.

Ille ego qui quondam gracili modulatus *avena.*
. . . .
. . . .
Orpheus viduos sonora solabatur *testudine* amores.

Alors on apaisait la fureur des bêtes les plus farouches ; alors on persuadait aux pierres de s'assembler elles-mêmes en murailles et de se cramponner solidement les unes aux autres ; alors le son d'une flûte d'*avoine* endormait Argus. Aujourd'hui qu'on a inventé et perfectionné tant d'instruments ; aujourd'hui qu'on méprise, non-seulement les musiciens des siècles passés, mais encore et surtout les musiciens d'hier ; aujourd'hui qu'il ne s'agit plus de bâtir des villes, d'apaiser des lions ou d'atteler des dauphins ; aujourd'hui on ne peut plus décider les hommes à venir seulement écouter la musique. En effet, à l'Opéra, pour que les gens consentent à être là pendant qu'on souffle dans certains instruments et qu'on frappe sur d'autres, il est nécessaire de leur montrer des danseuses décolletées par en haut et par en bas jusqu'à la ceinture, des danseuses qui n'ont de vêtements que bien juste de quoi rendre la nudité plus indécente ; des danseuses plus que nues, car elles montrent aux yeux plus encore que ce que la nature leur a donné. Il faut inventer toutes sortes de moyens et de mensonges pour persuader aux gens que tout le monde y va, sans quoi personne n'irait.

❦ Oh! le bon peuple! le grand peuple!

Je le voyais hier, à l'incendie qui a dévoré plusieurs maisons rue Cadet. — Je le voyais courir à demi vêtu, au milieu de la nuit, portant et jetant de l'eau glacée, se précipitant à travers les décombres, sous les murailles chancelantes, qui ont fini par en écraser plusieurs. Et au milieu de tous ces dangers, que de verve dans le courage et que de gaieté!

Et ces pompiers si braves, si dévoués, — lorsqu'on les voyait courir par les rues, — avec leurs vestes, leurs sangles rouges et leurs casques étincelants, — lorsqu'on les voyait courir à ce feu, où plusieurs devaient perdre la vie! — Des gens du peuple, des enfants déguenillés, auxquels ce serait bien égal de voir brûler Paris, où rien ne leur appartient, s'ils n'avaient le cœur grand et généreux, — s'attelaient aux pompes et couraient ainsi au danger, n'ayant peur que de ne pas arriver assez tôt, n'ayant peur que d'arriver les derniers; et, arrivés, ils obéissaient aux pompiers et se disciplinaient eux-mêmes. J'en ai pleuré d'admiration. Ah! si vous voyiez le peuple dans ces moments d'héroïsme, vous auriez honte, vous qui êtes au pouvoir, de ne pas vous préoccuper de ses misères; — et vous qui voulez y parvenir, vous qui vous dites les amis du peuple, vous auriez honte d'exploiter ce grand courage au profit de prétendues doctrines de liberté qui n'ont encore eu d'autres résultats que de faire mettre les gens en prison.

❦ Cessez tant de stériles débats; n'essayez pas de rendre le peuple insensé avec vos promesses de droits politiques; commencez par assurer le travail et le salaire; instruisez ensuite le peuple; vous voulez lui donner des droits politiques, pour les exploiter au profit de votre ambition, et vous lui présentez ces droits comme un chemin qui doit le conduire au bien-être; cessez ces mensonges, et soyons tous d'accord pour conduire le peuple aux droits politiques par le bien-être, par l'indépendance, par l'instruction.

Aimons-le tous, car c'est un bon peuple, c'est un grand peuple.

🐝 L'homme à la perruque rousse écrivait à un de ses amis, de retour d'un long voyage : « Enfin vous voilà de retour... venez me voir, — ce sera un beau jour... nous casserons le cou à un hareng saur. »

🐝 Il y a quelques jours, comme on présentait une vingtaine de lettres à M. Guizot pour qu'il les signât, ses regards tombèrent par hasard sur une qui se terminait ainsi : « Je suis, ou j'ai l'honneur d'être, selon l'importance de la personne, avec ou sans considération, votre serviteur, ou votre très-humble serviteur. »

On alla aux renseignements, et on apprit que l'auteur de ce chef-d'œuvre était un commis récemment installé, qui avait cru devoir copier littéralement un modèle de correspondance qu'on lui avait donné.

🐝 La régie des contributions indirectes a fait opérer une descente chez plusieurs jardiniers de Paris et des environs. Quelques pieds de tabac ont été trouvés dans ces jardins, on a dressé un procès-verbal, par suite de quoi les jardiniers ont été condamnés à l'amende.

Que vais-je devenir, grand Dieu ! quand je pense que pour un pied de tabac de Virginie que j'ai mis autrefois dans mon jardin, il en sort au printemps une cinquantaine de plantes de côté et d'autres? Sur ces cinquante pieds, j'en ai gardé cinq ou six à cause que c'est une fort belle plante avec de larges feuilles et des fleurs d'un joli rose. — Est-ce que je ne pourrai plus en avoir? Et les *petunia* aux cloches blanches ou violettes, ce sont des tabacs aussi. Comment faire? Il faut pourtant que j'aie des *petunia*.

🐝 On a beau faire de longues phrases contre l'argent, —

phrases qu'après tout l'on n'écrit que pour les vendre et en tirer de cet argent dont on médit si fort, il paraît que l'argent passe décidément avant tout.

※ Eh quoi! j'ai dans mon jardin, comme tout le monde, au moins soixante plantes qui, dans leur état naturel ou convenablement préparées, sont un poison violent. — Personne ne s'en préoccupe. — Je suis le maître de faire à ce sujet ce qui me convient. Si j'empoisonne quelqu'un, on verra bien; et, d'ailleurs, on n'a rien à me dire, — le crime ou le délit commenceront seulement avec la tentative d'empoisonnement; jusque-là on n'a rien à faire ni à voir dans mon jardin.

※ Mais du tabac, c'est bien différent! Du tabac, cela se vend : — du tabac, cela rapporte de l'argent.

Vous me diriez peut-être que le délit ne commencerait que lorsque vous auriez préparé les feuilles de tabac pour en vendre ; que vous avez du tabac comme vous avez mille autres plantes ; que vous faire payer l'amende parce que vous avez quelques pieds de tabac dans votre jardin, — c'est comme si on vous faisait payer l'amende sous prétexte que vous fraudez les droits de l'octroi sur le vin que vous pourriez faire avec le raisin de vos treilles ; — c'est comme si on vous appliquait les peines qui atteignent les fabricants de remèdes secrets parce que votre jardin renferme des plantes avec lesquelles on en fait.

※ Tout cela serait juste et pourrait être pris en considération s'il ne s'agissait que d'empoisonner vos concitoyens ; — mais, je vous l'ai dit, comme il s'agit d'argent, on ne saurait prendre trop de précautions, dût-on un peu vexer les gens. C'est ainsi qu'*on défend de puiser à la mer un verre d'eau* avec lequel on pourrait faire peut-être une pincée de sel.

Pour moi, je prétends que j'ai le droit de cultiver dans mon jardin et le tabac de Virginie et le tabac glauque, qui sont de fort belles plantes ; — je prétends que personne n'a à s'en préoccuper jusqu'au moment où je ferai avec leurs feuilles et vendrai du tabac. Je ne cache pas au fisc qu'il y en aura plusieurs pieds en fleurs cet été dans mon jardin de Sainte-Adresse, et que je ne compte pas les détruire.

🌸 Quand on commença à mettre dans l'intérieur des cabriolets publics une petite carte indiquant le tarif de ces voitures, on avait parfaitement raison ; cela évitait toute discussion et toute tromperie de la part des cochers. Mais on fit placer cette carte à droite, — c'est-à-dire du côté où se place le cocher, — c'est-à-dire derrière son épaule quand il était grand, derrière son chapeau quand il était petit. C'était absolument comme si on n'avait pas affiché de tarif. Je fis une observation à ce sujet, et, cette fois, elle fut écoutée. On ordonna aux conducteurs de cabriolets de mettre désormais leur tarif à gauche, c'est-à-dire de façon que le *bourgeois* pût facilement le consulter.

🌸 Je fus en ce temps-là extrêmement fier d'avoir contribué à détruire cet abus, — et je ne manquais depuis aucune occasion de m'en vanter et d'en tirer gloire. — Mais, hier, je me suis aperçu que je suis un aussi pauvre législateur que bien d'autres. J'avais pris un cocher gaucher, et qui naturellement se place à gauche dans le cabriolet, et conséquemment cache le tarif.

Il y a à Paris un certain nombre de cochers gauchers. Il serait tout simple que ceux-là appliquassent la carte qui indique le tarif du côté droit de leur voiture.

🌸 M. Hébert, procureur général, a dit dans un discours, qui, du reste, contient de bonnes choses :

« La guerre n'est juste *désormais*, puissions-nous dire possible, que pour défendre un droit légitime et sérieux, venger la dignité du pays, ou porter chez un peuple barbare les bienfaits de la civilisation. »

Je suis obligé de dire que je trouve « *désormais* » assez curieux. — Eh quoi! — est-ce qu'*auparavant* les guerres *sans droits légitimes* étaient *justes*? Je croyais la justice et le bon sens plus vieux que cela.

※ Avec plus de raison, il viendra un temps où on dira que cette guerre faite sous prétexte *de porter les bienfaits de la civilisation chez un peuple barbare* n'est pas *juste*, ne le sera pas *désormais*, et ne l'a jamais été. *Barbare* est joli, — il me semble que le peuple auquel on fait la guerre, en y joignant la médiocre plaisanterie de dire que c'est *pour porter chez lui les bienfaits de la civilisation*, n'aurait pas tout à fait tort de répondre : « Barbares vous-mêmes. »

※ On continue à supprimer dans plusieurs villes les *tours* destinés à recevoir les enfants trouvés. — On continue également à enterrer les enfants vivants, à les jeter dans les rivières et à les brûler dans les fours. Dans le cas où ce ne serait pas là le but qu'on veut atteindre, je pense qu'on ferait bien de rétablir les *tours*.

※ Un journal de province a annoncé qu'il prenait pour devise : *Guerre aux puissants*. Un journal de Paris a cité cette devise avec éloges.

Il y a plusieurs manières d'être puissant. On est puissant par l'argent, par la gloire, par le génie, par l'esprit, par le talent, par la beauté et par les vertus.

※ Est-ce que réellement les journaux qui prennent ou qui approuvent cette devise sont bien sûrs de n'être puissants à aucun de ces titres ?

Ce doit être quelque chose de bien charmant alors que la réunion des gens qui marchent sous un pareil drapeau, et qui trouvent fort mauvais qu'on ne leur laisse pas gouverner le pays.

※ A propos de chemins de fer, — disons que l'autorité permet encore à l'administration, par le froid, par la pluie, par la neige, de voiturer dans des voitures découvertes, les ouvriers qui vont à Rouen ou qui en reviennent, en punition du crime de n'avoir pas cinq francs de plus à donner à la compagnie.

Ladite compagnie aurait avantage à couvrir ses voitures, parce qu'elles se conserveraient ainsi beaucoup plus longtemps,

C'est une chose honteuse dont la plus grande partie doit retomber sur l'autorité qui la tolère; ce que je ne cesserai de désigner à l'indignation des honnêtes gens.

⁂ Les femmes et les maris qui s'ennuient l'un de l'autre ont décidément remplacé le divorce par l'arsenic. On en voit de nouveaux exemples tous les jours. Le jury continue à trouver que ce n'est là qu'une faute vénielle et admet invariablement des circonstances atténuantes.

Ce qui prouve qu'il vaut bien mieux assassiner sa femme que de l'ennuyer. Si vous l'assassinez, vous en êtes quitte pour les travaux forcés; si vous l'ennuyez, elle vous assassine. — Il n'y a pas à hésiter.

⁂ Je ne blâme pas que l'on soit de son pays; mais, avant tout, il faut être de l'humanité. L'esprit national des Anglais dégénère souvent en grossièreté féroce.

On écrit de Papeïti qu'un jeune élève de marine étant mort des suites de blessures glorieusement reçues, les équipages français lui ont rendu de grands et justes honneurs. M. Hunt, capitaine d'un navire anglais sur rade, a refusé de mettre son pavillon en berne, selon l'usage.

Il y a une fraternité noble et élevée entre les braves de tous les pays. — Il est fâcheux pour M. Hunt qu'il ne se croie pas membre de cette fraternité.

⁂ Le procès à propos du péage indûment perçu depuis 1827 sur les ponts des Arts, d'Austerlitz et de la Cité n'est pas une chose nouvelle. M. Gérard de Nerval, à l'époque où il m'aidait dans une tentative infructueuse pour ressusciter le *Figaro* qui nous mourut sous la plume, souleva le premier cette question, il y a six ou sept ans. Comme le journal que nous faisions faisait semblant d'être plaisant, on prit alors la chose pour une facétie.

⁂ Ce n'est pas une plaisanterie, les rats se sont emparés de la Bibliothèque royale et en mangent tous les livres. On parle de remplacer les conservateurs par des chats. — Mais que vont devenir les auteurs contemporains qui font des livres nouveaux en copiant les anciens ?

Il est une chose évidente, c'est que le pays entier se rue sur deux ou trois routes étroites qui conduisent à la fortune et aux affaires — où tout le monde se coudoie.

Deux ou trois carrières sont encombrées, — plusieurs autres abandonnées entièrement. L'agriculture, qui après tout est la source de la richesse solide d'une nation, l'agriculture est laissée aux mains des plus ignorants et des plus routiniers. C'est la cause d'un malaise social qui ne peut que s'accroître, et auquel les esprits sains pensent qu'il est urgent de remédier.

On se demande comment le roi Louis-Philippe, qui est un homme éminemment pacifique, a fait des soldats de tous ses enfants. A part le prince de Joinville dans la marine et le duc d'Aumale dans l'armée de terre, il semble qu'il aurait été facile de donner à chacun des autres fils un royaume intellectuel dans le royaume politique. Supposez un des fils du roi à la tête d'un grand établissement agricole, ce serait un bien immense pour le pays.

M. le procureur général Hébert a attaqué récemment un ridicule assez sérieux que se donne une partie de la jeune magistrature.

Quelques juges et avocats ont été remarqués dans les bals masqués et dans d'autres saturnales, dansant des galops effrénés sous des costumes peu conformes à leur profession. D'autres, et les plus sages, montent à cheval au bois de Boulogne.

Ce ridicule se remarque dans toutes les professions graves. — On n'est plus magistrat, notaire ou médecin ; — on joue les rôles de médecin, de notaire et de magistrat, — on se grime pour paraître sur la scène, — on revêt avec le costume des airs et des paroles austères.

La pièce jouée, on rentre dans les coulisses et on accroche au porte-manteau la robe et les airs refrognés, le rabat et les grandes phrases ; — on efface les rides faites au pinceau, et on se venge et se repose des sévérités qu'on a dites par les extravagances que l'on fait.

Quelques haines sourdes qui se sont depuis peu manifestées contre moi m'ont amené à faire un examen de conscience, et à chercher en quoi j'ai pu mériter l'animadversion de la plus grande partie de la presse. — Notez en passant que cela est pour moi plutôt un logogriphe qu'un souci, que je cherche à deviner pour savoir et non pour m'affliger.

Commençons par les journaux du gouvernement. Qu'ai-je fait? J'ai toujours parlé convenablement du roi « comme je devais le faire du seul homme qui ne peut pas me demander raison d'une offense. »

J'ai défendu le pouvoir chaque fois qu'il a été attaqué injustement. Quand je me suis trompé sur quelqu'un ou sur quelque chose, je me suis rétracté avec empressement et sans arrière-pensée. — J'ai renoncé à la popularité que m'eût donnée une guerre systématique faite au pouvoir. — J'ai fait justice de la mauvaise foi de ses adversaires quand ils ont eu de la mauvaise foi. — Et cependant, la plupart des journaux du gouvernement m'attaquent par le silence. Il en est un qui refuse à mes libraires d'annoncer mes ouvrages, même en payant. D'autres, s'ils coupent dans quelques journaux distraits une liste où se trouve mon nom, ou un fait qui puisse me faire quelque honneur, trouvent moyen de supprimer le nom ou d'altérer le fait.

Qu'ai-je fait aux journaux démocrates?

J'ai blâmé et attaqué leurs amis quand ils faisaient des émeutes dans la rue, mais je les ai défendus et consolés quand ils étaient en prison, j'ai demandé l'amnistie. Je me suis élevé autant qu'eux contre les prisons cellulaires, — et beaucoup plus qu'eux contre les fortifications, qu'ils veulent démolir après les avoir votées dans la fameuse coalition de la république et des Tuileries.

J'ai défendu le pain des pauvres, — et j'ai hautement réclamé tous les droits de l'humanité ; j'ai pris le parti des véritables opprimés contre les véritables oppresseurs. — Qu'est-ce qui a pu les choquer dans ma vie et dans mon caractère ? Je vis fraternellement avec de pauvres pêcheurs, les aidant de mes bras dans la tempête, de mon appui dans les injustices qu'on leur fait subir, — de mon argent, que je gagne comme eux en travaillant, dans le besoin.

Où est le malheureux ayant besoin de pain, l'opprimé ayant besoin d'appui, le jeune homme de talent ayant besoin d'encouragement, auxquels j'aie jamais fait défaut dans la mesure malheureusement trop étroite de ma faible puissance ?

« J'ai signé tout ce que j'ai écrit, j'ai écrit tout ce que j'ai signé. » Cherchez une ligne que j'aie écrite sous la dictée d'un intérêt que je ne puisse avouer hautement. Cherchez une ligne que j'aie effacée par une crainte autre que celle d'être injuste. — Et ceci n'est pas une plaidoirie d'avocat. Si quelqu'un a une assertion contraire à émettre, je la ferai imprimer dans le prochain numéro des *Guêpes*. — Et cependant les journaux démocrates m'ont attaqué plus d'une fois. L'un d'eux, dernièrement, a fait contre moi une longue diatribe parce que j'avais donné et fait donner un peu d'argent à une pauvre bourgade sans pain. — Plusieurs, dans diverses circonstances, ont fait semblant de trouver très-ridicule que je sois fier d'avoir reçu une médaille d'argent qui rappelle qu'adolescent encore j'ai retiré de la rivière un cuirassier qui se noyait.

Vingt fois ils ont préféré abandonner la cause d'un opprimé que de le défendre avec moi, même quand l'opprimé était de ceux dont ils s'intitulent fastueusement les amis.

D'où vient que je suis ainsi traité en ennemi dans les deux camps opposés ?

Est-ce parce que je n'ai jamais voulu suivre d'autre drapeau que celui du bon sens ? Est-ce parce que j'ai dit la vérité à tous et sur tout? Hélas! les hommes ne nous trouvent sages et honnêtes que lorsque l'on partage ou l'on sert leurs folies ou leurs intérêts. L'homme qui dit au charlatanisme, sous quelque forme qu'il se montre : « Je te reconnais et tu ne me tromperas pas, » celui-là doit s'attendre à devenir un ennemi public. — Heureusement que cela m'est égal.

Janvier 1845.

Les *Guêpes* en fourrière. — Comment elles sont remplacées. — Étrennes du jury. — Une manière de se défaire de ses enfants, et trois manières de se défaire de son mari. — Les chemins de fer. — Un exemple. — Le crime de n'avoir pas cinq francs. — Sur la poésie des diablotins. — Discours au roi. — M. Séguier. — M. le nonce apostolique. — S. M. Louis-Philippe et les *Guêpes* ne sont pas d'accord. — M. Barthe. — M. Halévy. — M. Villemain. — Le jury acquitté. — Excommunication de M. E. Sue. — Un mauvais ménage. — Les bals de l'Opéra. — Le mémoire de M. Pillet. — Un trafic. — Tulou grammairien. — M. Danton.

JANVIER 1845. — Lorsque ce présent mois de janvier a commencé, je me suis trouvé fort embarrassé à propos des *Guêpes*. — Eh quoi! me disais-je, tandis que tout le monde échange des compliments, des baisers et des bonbons, — aurai-je le barbare courage de lâcher mon essaim bourdonnant, et d'exposer les gens aux piqûres de mes *Guêpes*? — Sont-ce là les bonbons que je distribuerai? Tout le monde est doux, humble et bienveillant, serai-je seul âpre, sévère et vrai? — Toutes les colères sont muselées, toutes les haines tenues en laisse. — De quel courage ferai-je du chagrin à ces gens si bons, si inoffensifs et si complimenteurs? — Quel malheur que les guêpes soient si peu habiles à faire du miel!

A force de parler ainsi, à force de regarder les autres, — j'en vins à décider que je laisserais pour ce mois-ci les *Guêpes* au

chenil, — et que j'enverrais des bonbons comme tout le monde.
— Je venais de prendre cette résolution, lorsque je rencontrai dans la rue Tony Johannot, auquel je demandai s'il saurait me dessiner des papillotes et des diablotins pour remplacer mes *Guêpes* ce mois-ci; à quoi Tony me répondit qu'il n'en savait rien, attendu qu'il n'avait jamais essayé. — Néanmoins, comme il a autant de bonté et d'esprit que de talent, il entra dans une maison et me crayonna trois papillotes. Ce sont celles que j'ai le plaisir d'offrir ce mois-ci à mes lecteurs dans ce volume qui a l'air lui-même d'une papillote.

Et qui ne serait touché, en effet, et ne se sentirait entraîné par l'exemple, en voyant la mansuétude gagner jusqu'au cœur de Thémis, en entendant la loi rendre des arrêts quelque peu adoucis et sucrés, et n'oser faire un chagrin sérieux même aux plus grands criminels?

Ainsi, dans le département de Vaucluse, la veuve Rey et Cortasse, son amant, avaient pris l'habitude d'enterrer vivants les enfants fruits de leurs amours, — trois enfants, en trois ans, avaient subi le même sort. — Le jury a reconnu les faits constants, mais a admis des circonstances atténuantes.

Une autre femme fait tuer son mari par son amant. — Le jury de Lot-et-Garonne ne s'est pas montré moins indulgent que celui de Vaucluse, et a trouvé également la chose excusable.

Un autre membre de ce sexe faible et timide — profite du moment où son mari, maçon, travaille au fond d'un puits, pour l'assommer elle-même en l'accablant de pierres.

Un autre, habitant Nogent-sur-Marne, empoisonne trois enfants que son mari avait eus d'un premier mariage. — Comme les enfants trouvaient la soupe empoisonnée assez mauvaise, et refusaient d'en manger, leur belle-mère les battait jusqu'à ce qu'ils eussent vidé leur assiette, ainsi que l'a raconté celui des trois qui, par hasard, a échappé à la mort. — Le jury a trouvé là des circonstances-atténuantes!

Il est réellement fâcheux et tout à fait de mauvais goût que messieurs les assassins, étrangleurs et empoisonneurs, ne veuillent pas suivre l'exemple que le jury s'obstine à leur donner en abolissant la peine de mort, laquelle, en effet, n'existe plus que pour les bourgeois innocents, auxquels on se fait beaucoup moins de scrupule de l'appliquer depuis que cela ne revient pas plus cher qu'un simple vol.

La peine de mort vient cependant d'être infligée par MM. les banquiers de grands chemins, propriétaires du chemin de fer d'Orléans, à un ouvrier qui, après avoir couru pour arriver avant le départ, s'est placé, tout en sueur, dans un de ces wagons découverts dont on inflige la torture à ceux qui ne veulent pas donner cinq francs de plus. Le malheureux, saisi par le froid, a été déposé en route, et est mort au bout d'un jour ou deux. — La compagnie n'ayant pas voulu admettre de circonstances atténuantes pour un crime aussi grand que celui de n'avoir pas cinq francs, — et la patience des banquiers étant à bout, ils ont dû faire un exemple.

A propos de chemin de fer, celui de Versailles (rive gauche) vient de justifier le titre funèbre de *convoi*, que l'on donne aux trains de wagons. — Ceci prouve surabondamment la sottise que l'on a faite en votant deux chemins de fer pour Versailles, et aussi amène une réflexion fort simple sur les concessions de chemins de fer faites aux compagnies industrielles.

Des chemins qui se construisent en ce moment, les uns seront très-productifs, les autres le seront moins, les autres ne le seront pas. — Les compagnies propriétaires des seconds et des derniers ne pourront pas supporter les mêmes frais que celles qui exploitent les premiers. — Elles chercheront à faire des économies. — Les rails et les machines seront moins bien entretenus et moins fréquemment renouvelés. — Les mécaniciens, les chauffeurs, les conducteurs, payés moins cher, seront moins bien choisis. — On économisera tout, excepté la vie des voyageurs.

Si, au contraire, l'État avait seul construit et exploité les chemins de fer, les bénéfices de certaines lignes compensant les bénéfices moindres et les pertes de certaines autres, on aurait donné partout les mêmes soins. Mais, dans tout ce qui se fait aujourd'hui, il n'est nullement question de l'intérêt du pays; il s'agit de payer des dévouements mercenaires et des désintéressements avides, et il faut diviser tout en morceaux pour en faire des proies ou des amorces. — Ce que j'aurais peut-être dû ne pas dire aujourd'hui, que le présent volume a pour but d'envoyer aux gens des compliments et des bonbons.

Aussi bien je ne suis nullement embarrassé pour raconter des choses grandes et nobles. — Ainsi je tiens indirectement le fait suivant du colonel Ioussouf.

A cette affaire du 15 juin où fut tué le capitaine Tristan de Rovigo, un maréchal des logis, nommé Weire, vit tomber un de ses camarades blessé d'un coup de feu; il le chargea sur son cheval, et allait regagner le gros de la cavalerie, lorsqu'il aperçut le corps de son capitaine dont les Marocains voulaient s'emparer; il s'élança sur eux, se mit devant le corps et se battit seul contre tous avec tant d'acharnement et de bonheur, qu'il réussit à emporter le blessé et le mort; il y a dans ce trait de bravoure quelque chose de particulièrement noble et qui touche le cœur, et fait en même temps honneur et au soldat qui l'a accompli et à l'officier qui l'a inspiré.

J'ai signalé plusieurs fois avec regret, au commencement des années précédentes, la funeste tendance des papillotes et des diablotins — qui ont renoncé à ces pensées naïves et sucrées, — à ces rimes à la vanille, à ces distiques pralinés si connus sous le nom de *devises*.

Nous nous sommes alarmé sur le sort des auteurs de ces poésies qui perdaient leur plus grand débouché, et nous nous sommes inquiété de l'endroit où les *porterait* désormais leur *Pégase*.

— Nous pensons que les mirlitons qui se vendent l'été aux foires et aux fêtes de village ne peuvent tarder à suivre les nouveaux errements des papillotes, avec lesquelles ils ont eu de tout temps une commune poésie, — avec cette seule différence que les vers se pliaient en quatre dans les papillotes et se collaient en spirale autour des mirlitons.

Les bonbons sont devenus graves et même tristes ; ils renferment maintenant les vers les plus lamentables.

L'élégie en deuil qui *sait, les cheveux épars, pleurer sur un cercueil*, semble y avoir fixé son domicile.

La sensibilité plus que l'estomac doit imposer aujourd'hui des bornes à la gourmandise. — Je sais une jeune fille qui s'est jetée dans un couvent pour avoir mangé une demi-livre de bonbons en chocolat de chez Marquis. — Ce qui n'aurait certainement pas eu lieu au temps où les devises étaient empruntées aux œuvres de M. Aimé Martin. Mais nos alarmes pour la muse des diablotins n'étaient pas fondées ; cette muse qui habitait les papillotes et les mirlitons autrefois, comme les dyrades habitaient les arbres des forêts, cette muse a trouvé un asile honorable.

On ne la rencontre plus pliée en quatre ni imprimée en spirale, — elle s'étend à l'aise dans les colonnes du *Moniteur*, — en un mot, c'est elle qui a inspiré les divers discours que S. M. Louis-Philippe a entendus cette année. — Cette muse, prématurément regrettée, n'a rien perdu de sa naïveté, de sa candeur et de ses charmantes négligences.

C'est de quoi nous allons donner quelques exemples :

EXTRAIT TEXTUEL *du discours de M. le baron* SÉGUIER, *premier président de la cour royale de Paris.*

« Les feuilles de laurier, loin de se ternir, ressortent davantage entre celles de l'olivier. »

Cette pensée n'est-elle pas encore toute sucrée de son long séjour dans les papillotes ? ne trahit-elle pas encore la forme du vers, malgré le déguisement que lui a fait subir M. le premier président?

> Bien loin de se ternir, les feuilles de laurier
> Brillent bien plus mêlées à celles de l'olivier.

Ce distique, auquel de légères incorrections prêtent un si grand charme de laisser-aller et de négligence élégante, — ne semble-t-il pas tendre à se reformer en spirale — autour du mirliton sur lequel M. le premier président a *chanté* ce beau jour?

Ces mêmes négligences, qui ne manquent pas d'une certaine grâce autour des mirlitons, se retrouvent dans les autres discours que Sa Majesté a eu à subir.

M. le nonce apostolique a parlé d'une « *source* admirablement *soutenue* par la sagesse du roi. »

Il a dit : « *La victoire couronnée par la paix* a été remportée en mer. »

Dans une littérature plus sérieuse, on n'admettrait pas une semblable métaphore, — vous commencez, monsieur le nonce, par personnifier la *victoire* et la *paix*; — la victoire, dont vous faites une femme, ne peut plus être *remportée*.

M. le nonce, parlant au nom du corps diplomatique, c'est-à-dire au nom des ambassadeurs des divers pays, a trouvé moyen de faire dans son discours ce que j'appelle des fautes de toutes les langues à la fois, c'est-à-dire des fautes de logique.

La muse *discrète* de M. le DUC Pasquier — comme disait M. Saint-Marc Girardin dans les *Débats*, pour répondre aux gens qui demandaient quels étaient les titres de M. Pasquier au fauteuil académique, la muse de M. Pasquier s'est trahie cette fois.

Réellement — messieurs les faiseurs de discours feraient bien d'éviter les métaphores tirées des *sources*, — ces métaphores ne leur réussissent pas, — ce n'est pas une image juste ni bien jolie — que « cette source » que M. Pasquier met « *sous l'égide du* crédit public ; »

Non plus que « l'armée de terre et l'*armée de mer marchant d'un pas également sûr et rapide ;* »

Non plus que « la paix à l'instant même dictée par la victoire. »

S. M. Louis-Philippe a appelé cela dans sa réponse « *un brillant tableau* » et « *des sentiments très-bien exprimés.* »

Nous avons le chagrin de ne pas être sur ce point de l'avis du roi.

🐝 Le discours de M. Sauzet, qui est un des meilleurs, quoique un des plus longs, parle cependant d'un certain « *repos fécond qui déploie l'activité,* » etc. On dirait en français, Monsieur le président de la Chambre des députés, on dirait en français : « Un repos fécond qui enfante. »

Je n'aime pas beaucoup non plus « *ces deux grands pays qui trouvent un lien commun pour travailler,* » etc.

Comment Mgr l'archevêque de Paris s'explique-t-il « *les ports de l'ennemi réduits en cendres ?* » Un port n'est pas autre chose que l'eau, monseigneur, et c'est tout ce qu'il y a de plus difficile à réduire en cendres.

🐝 M. Barthe, premier président de la cour des comptes, a dit : « En portant au pied du trône l'expression de nos vœux et de notre dévouement, permettez-nous d'offrir à Votre Majesté, » etc.

M. Barthe et sa phrase ne sont pas d'accord. — M. Barthe veut dire que ce sont les membres de la cour des comptes qui *portent leurs vœux* au pied du trône, et la phrase veut dire que c'est le roi qui porte leurs vœux au pied du trône.

🐝 Le moins sucré des discours est celui de M. Portalis, premier président de la cour de cassation, qui a dit au roi : « Nous venons accomplir le *devoir* annuel *que nous impose* la solennité de ce jour. »

🐝 M. Halévy, qui s'est assez bien tiré d'affaire pour un

musicien, si toutefois il a fait lui-même les paroles de son discours, a eu tort de dire au roi : « Vos fils, qui sont aussi ceux de la France *par une haute instruction.* »

Je ne vois pas bien comment une *instruction*, quelque *haute* qu'elle soit, peut rendre le fils de quelqu'un.

Salut, trois fois salut, muse des diablotins et des mirlitons.

On a étrangement déjà abusé des Arabes qui sont à Paris, — je ne veux pas parler des choses très-ennuyeuses qu'on les oblige à voir et à entendre, — j'entends parler de l'exploitation qu'en ont faite les marchands de Paris, les théâtres, etc.

On a lu dans les journaux :

« Les chefs arabes ont dîné au Rocher de Cancale; — ils ont paru fort satisfaits des vins de l'établissement, et ont pris grand goût aux huîtres, qu'ils ont trouvées bien supérieures à celles du désert. »

M. Villemain, ministre de l'instruction publique, qui vient d'être atteint d'un accès d'aliénation mentale, — que ses amis espèrent n'être qu'un accès de fièvre qui se calmera facilement, — est un nouvel exemple de ce qui se voit si fréquemment parmi tous les hommes qu'une révolution a déplacés. — C'est un caractère qui n'est à la hauteur ni de l'esprit ni de la position.

On avait fini par effrayer M. Villemain sur les suites de la lutte de l'Université contre les jésuites. — Il y a quelque temps, il mande M. Quinet pour l'engager à mettre plus de modération dans le cours qu'il fait au collége royal. — M. Quinet lui ayant répondu qu'il obéissait à une conviction et qu'il ne pouvait rien changer à la ligne qu'il suivait, M. Villemain fit chercher ses deux petites filles et dit d'un air égaré à M. Quinet : « Si ce n'est pour moi, modérez-vous au moins pour ces pauvres enfants. »

On a parlé aussi des calomnies que l'on faisait circuler sur M. Villemain. — On assure que la crainte de les voir livrer à la publicité a beaucoup contribué à sa maladie. — On a parlé aussi de certaines exigences d'un employé — qui avait mis le ministre sous sa dépendance par la découverte de certains secrets et de certaines faiblesses.

M. Victor Hugo alla voir M. Villemain, qu'il aime beaucoup, — et, après quelque temps, comme il lui demandait : « Souffrez-vous? — Oui, répondit M. Villemain, beaucoup. — A la tête, sans doute? demanda M. Hugo. — Non, dit M. Villemain, plus haut... à l'âme. »

🐝 Soyez donc sévère — à une époque où S. M. le roi Louis-Philippe a donné la croix d'honneur à un certain M. Vouillon, de Londres, qui a pour état d'être couturière de S. M. la reine d'Angleterre?

🐝 Nous avons raconté l'histoire de ce chef du jury qui, sortant tout ému de la salle des délibérations, dit : « Sur mon âme et sur ma conscience, le jury n'est pas coupable! » — Voici qui vient très-bien à la suite. On lit dans la *Gazette des Tribunaux* du dimanche 8 décembre, troisième colonne, troisième ligne : « Le jury, ayant déclaré que Thiboust avait procuré l'arrestation de ses complices, a été acquitté. »

🐝 Il n'y a presque jamais que les pauvres de généreux. Les riches ne peuvent pas donner : ils ont tant de besoins, tant de superfluités nécessaires, — ces pauvres riches!

Il est impossible de ne pas être touché en apprenant que les officiers du 52ᵉ régiment de ligne, au camp de Romainville, trouvent moyen, avec leur faible solde, de donner chaque jour aux pauvres, pendant tout l'hiver, trente soupes pareilles à celles des soldats. Plusieurs autres régiments ont suivi cet exemple.

🐝 On assure qu'Eugène Sue est décidément excommunié, et qu'on a affiché sur une église de Paris un avis annonçant que seront excommuniés également tous ceux qui liront le *Juif errant*. On pense que cet interdit a été sollicité et obtenu par les journaux soi-disant religieux, effrayés de se voir à peu près sans abonnés. — Il ne manque plus que de menacer d'une nouvelle excommunication ceux qui ne s'abonneront pas à ces journaux. — Restera à fulminer une troisième excommunication pour obliger à les lire ceux qui se seront abonnés.

Toujours est-il que, assistant, l'autre soir, au Théâtre-Français, à la représentation de *Guerrero*, j'y rencontrai Eugène Sue, que je n'avais pas vu depuis longtemps, et que je le trouvai si bien portant, avec un air si prospère, que je n'hésitai pas à lui donner la main, — malgré l'excommunication lancée contre lui.

Un ménage fort connu à Paris est en train de se séparer. — Les deux époux arrangent leur séparation à l'amiable par l'intermédiaire d'un ami commun. — Dernièrement, l'ami est envoyé par le mari à la femme ; il passera par certaines conditions qu'on lui demande, mais en échange d'une autre condition qu'il impose à son tour : il a donné autrefois à sa femme une bague d'une assez grande valeur, mais à laquelle il tient surtout parce qu'elle lui avait été donnée à lui-même par un souverain étranger. — Il veut que cette bague lui soit rendue.

« Eh quoi! s'écrie la femme, vous vous êtes chargé d'une pareille commission, vous, que je croyais mon ami ! Et vous avez pu croire que je me séparerais d'un objet qui me rappelle les temps de bonheur! — car il m'aimait, alors! Non, non, je ne rendrai pas cette bague ; — c'est tout ce que je garderai de lui ; — il n'aura pas la barbarie de m'envier ce dernier souvenir. »

L'ami insiste, il comprend ce sentiment qui honore madame***, mais il faut le faire taire en présence d'intérêts aussi sérieux. — M. *** réclame la bague avec obstination; la refuser, ce serait rompre des négociations si péniblement entamées pour éviter le scandale d'une séparation judiciaire

Madame recommence ses doléances — Elle rappelle encore des jours de bonheur et d'amour ; — mais enfin l'ami persiste si bien, qu'elle est forcée d'avouer qu'elle a vendu la bague il y a plus de six mois.

◊ Une des conséquences fâcheuses de la direction de l'Opéra, devenue une entreprise, — c'est la décadence des bals masqués. Non pas que ceux qu'on y donne ne doivent rapporter beaucoup d'argent, — car cela paraît une conquête et une profanation qui amuse les gens que d'aller exécuter leurs ridicules obscénités dans le premier théâtre du monde, mais c'est que ce plaisir, qui était autrefois réellement fort attrayant à l'époque où les femmes de la société pouvaient encore y aller, est complétement détruit aujourd'hui.

La tourbe de Phrynés du plus bas étage qui se rue dans l'établissement aussitôt que les portes sont ouvertes s'explique par la baisse énorme du prix d'entrée. — Partout aux environs du théâtre on offre aux passants des billets de femme pour dix sous, sans compter que ceux qui prennent un billet d'homme ont droit, par-dessus le marché, à un ou deux billets de femme.

Il s'ensuit que les femmes comme il faut qui s'y aventurent sont étonnées du ton qu'y prennent même des homme bien élevés qui craindraient d'être pris pour des dupes en montrant trop de respect aux demoiselles venues là pour aimer dans les prix les plus doux, et qui composent la très-grande majorité de l'assemblée.

M. Léon Pillet n'a pas parlé de cette circonstance, ni de beaucoup d'autres, dans l'exposé des infortunes de l'Opéra qu'il a distribué aux membres de la commission des théâtres royaux. — M. Pillet n'a pas mentionné la plus grande et la plus réelle de ces infortunes, celle tout simplement qui engendre toutes les autres, et sans laquelle les autres signalées par M. Pillet n'existeraient pas : c'est, je le répète, d'avoir livré l'Opéra à la spéculation.

M. Pillet raconte dans son mémoire un fait dont je puis, par exemple, garantir l'exactitude. En louant une loge à l'année à l'Opéra, on a pour six mille cent francs une loge qui, si on la louait chaque jour au bureau, ne coûterait pas moins de onze mille deux cent trente-deux francs.

La nouvelle aristocratie qui s'est emparée des loges de l'Opéra profite de cette différence pour faire un assez honteux trafic. Les jours où l'on ne va pas à l'Opéra, au lieu de donner la loge à un ami ou à une connaissance, on fait venir un marchand de billets très-connu et qui s'appelle Gabriel. Gabriel achète pour vingt ou vingt-cinq francs une loge qui, prise au bureau, coûterait soixante-douze francs; puis il va la vendre quarante ou cinquante francs dans les hôtels garnis où descendent les étrangers. Ces loges, payées ainsi au-dessous de leur valeur, sont, en outre, les meilleures du théâtre, car les locataires ont eu le choix entre toutes.

Mais je parle encore là des plus fastueux, des plus prodigues d'entre ces nouveaux riches. Il en est quelques-uns qui, semblables à l'avare qui ne mangeait jamais que les mauvaises pommes, ne se permettent d'aller dans leur loge qu'aux mauvais jours, aux jours où on donne un opéra ennuyeux ou un ballet dansé par des doublures.

Les bons jours, les jours de pièces nouvelles, de représentations extraordinaires, les jours où il se joue quelque opéra à grand succès, ils vendent leur loge à Gabriel, qui alors la leur paye au prix du bureau, le locataire a encore trente-quatre francs de bénéfice sur sa loge.

Ces économies amènent les résultats que voici : un provincial, un étranger — regarde les loges avec intérêt; — il voit dans l'une une femme plus qu'évaporée, parlant haut, riant aux éclats, lançant des œillades à droite et à gauche. — Il demande à un voisin à qui appartient cette loge; — il lui apprend que c'est la loge de madame de ***. Il reporte chez lui que madame de *** est une petite femme au moins très-singulière.

Pour les habitués, — pour les Parisiens, qui connaissent les gens par leur figure, cette erreur n'est pas possible; mais on tombe facilement dans une autre. — Ces deux messieurs, connus pour des chevaliers d'industrie, et qui se pavanent sur le devant de la loge du riche banquier ***, sont donc ses amis, puisqu'il leur a prêté sa loge; ces dames bizarres qui remplissent la loge de madame *** d'airs et de mines si étranges, qui reçoivent les hommes qui viennent les voir d'une façon si extraordinaire, — sont pour le moins des connaissances de madame ***.

Rendons hommage à l'humilité de cette nouvelle aristocratie — qui craint de blesser le peuple par trop de grands airs. C'est une grande humilité, en effet, pour une femme élégante que de revenir s'asseoir à une place occupée la veille par des gens qu'elle ne connaît pas, — de remettre ses pieds sur le tapis sur lequel on a essuyé des bottes crottées, sur lequel on a craché; — d'appuyer ses mains sur le velours où se sont posées hier des mains peut-être sales.

On ne saurait croire combien les grammairiens ont inventé de fautes de français, — combien ils ont imaginé de difficultés qui n'existent pas pour eux qui ne lisent pas leurs grammaires — et qui peuvent se résoudre au moyen de la simple logique et du bon sens, sans s'embarrasser du fatras de règles créées par ces ennuyeux messieurs. — Ils sont semblables à ce chirurgien qui avait imaginé un moyen de se faire une clientèle : il s'embusquait le soir au coin de sa rue et poignardait légèrement quelque passant; — puis il se sauvait attendre dans sa maison, ornée d'une énorme enseigne, qu'on lui apportât naturellement *son* blessé à panser.

Comme on parlait dernièrement de l'incendie des orgues de l'église Saint-Eustache, — Tulou, dont tout le monde connaît la flûte, faisait remarquer avec raison que, pour obéir aux prescriptions des grammairiens et des dictionnaires qui font *orgue* féminin au pluriel et masculin au singulier, on devait dire :
« C'était *un* des plus *belles* orgues qu'on eût en France. »

JANVIER 1845.

Le ciel est gris comme une lourde coupole de plomb ; — les arbres livrent aux vents aigres leurs noirs squelettes ; à leurs pieds naissent et végètent les champignons vénéneux ; les fleurs sont mortes ; l'eau glacée est immobile entre ses rivages sans herbe. Ceux qui tiennent absolument à appeler les fontaines des *miroirs* où les *bergères* contemplent leurs *naïfs attraits* et arrangent leur *simple parure*, ceux qui ne voient dans la nature que ce qu'ils ont lu préalablement dans les livres, sont obligés de dire que leurs poétiques miroirs sont tournés du côté du vif argent. Quelques sapins, dans leur feuillage triste et sombre, donnent asile à quelques oiseaux muets et hérissés par le froid, qui se disputent affamés les fruits laissés sur les arbres sans feuillage, les baies pourpres de l'aubépine, les baies écarlates des sorbiers, les baies orange du buisson ardent, ou celles noires du troène, ou bleuâtres du laurier-thym.

Il n'y a dans l'air ni chants d'oiseaux, ni bourdonnements d'insectes, ni parfums de fleurs. Le soleil ne reste chaque jour que quelques heures à l'horizon ; il se lève et se couche dans de pâles et tristes lueurs.

Et cependant il me vient à l'esprit un souvenir de fleurs.

Vous connaissez la julienne blanche avec ses longs rameaux parfumés. — C'était une des fleurs préférées de la malheureuse reine Marie-Antoinette. Elle fut renfermée dans la plus mauvaise chambre de la Conciergerie : c'était une chambre humide et infecte. Là, dans la même pièce, un gendarme, dont elle n'était séparée que par un paravent, ne la quittait ni jour ni nuit. La reine n'avait pour vêtement qu'une vieille robe noire et des bas qu'elle ôtait, restant les jambes nues, pour les raccommoder elle-même. Je ne sais si j'aurais aimé Marie-Antoinette, mais comment ne pas adorer tant de misère et de malheur? Une femme, son nom n'est pas assez connu, une bonne, une excellente femme, trouva un bonheur et un luxe à donner à celle qu'il était défendu de nommer autrement que veuve Capet. Madame Richard, concierge de la prison, lui apportait chaque jour des bouquets des fleurs qu'elle aimait : des œillets, des juliennes, des tubéreuses. Elle changeait ainsi en parfums les miasmes putrides de la prison. La pauvre reine avait autre chose à regarder que les murs humides de son cachot. Madame Richard fut dénoncée, arrêtée et mise en prison ; mais on n'osa pas cependant la poursuivre davantage pour sa sainte idée, on la relâcha.

M. Danton, professeur agrégé de philosophie, — et chef du secrétariat au ministère de l'instruction publique, a été un peu étranglé par M. Villemain dans un des premiers accès de sa malheureuse maladie.

Cet incident a éclairé M. Danton sur les dangers d'une position qu'il avait crue jusque-là pacifique. — Il a demandé à la quitter, et a été, — pour ses étrennes, nommé inspecteur de l'Académie de Paris.

M. Villemain s'est plaint quelquefois à ses amis d'une singulière particularité de son organisation. Il ne peut se défendre contre sa prodigieuse mémoire. — Chez nous tous, d'ordinaire, les choses que nous lisons et que nous apprenons sont digérées par le cerveau, le nourrissent et s'assimilent entièrement. — Le cerveau de M. Villemain digère mal — et, si j'ose m'exprimer ainsi à la façon des médecins, — rend les aliments comme il les avait pris. Toute idée vient à M. Villemain— et souvent malgré lui—à l'état de citation. Un mot ne peut se séparer de ceux qui l'entouraient quand il l'a lu. C'est souvent pour lui une obsession et un supplice, — il voudrait peindre et il ne peut broyer ses couleurs, il fait de la mosaïque.

Du reste, cette mémoire est prodigieuse ; — il se trouvait un jour chez Victor Hugo, — au moment où celui-ci, comme cela lui arrive souvent, examinait les *devoirs* de ses fils ; — il était question d'un passage de Tacite, — non de ces passages que l'on apprend d'ordinaire, — mais, au contraire, d'un passage obscur et ignoré. — M. Villemain le reconnut par un mot, et en récita deux cents lignes de suite sans hésiter une seule fois; — il a retenu jusqu'à de longs passages des Pères de l'Église les moins connus.

📖 Quoique les *Guêpes* fassent *peu d'annonces*, — elles croient devoir porter à la connaissance de leurs lecteurs — un nouvel ouvrage de M. Maldan, l'auteur de l'*Art de rendre les femmes heureuses* — et de l'*Art d'élever des lapins et de s'en faire trois mille francs de rente*. — Nous avons parlé de ces deux ouvrages en constatant, à la honte de ce siècle cupide, que si l'*Art d'élever des lapins* a eu huit éditions, l'*Art de rendre les femmes heureuses* n'en a eu qu'une seule, qui n'est pas encore épuisée.

Le nouvel ouvrage de M. J.-L. Maldan est intitulé le *Guide des femmes de quinze à soixante ans — source générale du vrai bonheur*.

On y remarque les passages suivants :

« Entreprendre de guider le sexe, et le conduire à un but exempt de reproches, peut, à tout être éclairé, paraître difficile ; pour avoir cette hardiesse, il faut, comme moi, avoir toujours été à même de le juger dans ses mœurs et ses capacités, car nous sommes nous-mêmes cause de leur penchant au mal, par le défaut que le Français a principalement de le flatter dès qu'il l'approche.

» (Je ne vous parlerai pas de celles dont l'éducation se complète dans les pensions, j'en laisse la responsabilité à la haute société qu'elles fréquentent et à leurs institutrices ; le temps bien souvent leur prouve que la fortune et les pensions ne font pas le bonheur.)

» De dix-huit à dix-neuf ans, continuez à grandir votre garde-robe, pensez à votre mobilier ; fréquenter vos supérieures, vous faire estimer par tout ce qui vous entoure, étudier le caractère des hommes qui vous fréquentent et qui se présentent pour le motif d'établissement.

» De vingt-six à vingt-sept ans, doit être le vrai bonheur par les égards et prévenances que l'on s'empresse d'apporter mutuellement. » — Etc., etc.

L'ouvrage se trouve chez l'éditeur, rue des Marais-Saint-Germain, n° 13.

🐝 C'est une singulière chose que les vers au théâtre. — Un pauvre auteur se fatigue à aligner ses phrases en douze syllabes finissant par la même consonnance. —Quand son ouvrage est fini, le travail — le but des efforts des acteurs—est de dissimuler le travail de l'auteur, de couper les vers de façon qu'on n'entende plus les rimes ni la mesure. — En un mot, je ne puis, en conscience, me priver de ce mauvais jeu de mots,—qui me vient de lui-même : — le poëte ne fait des vers que pour que les acteurs les cassent.

🐝 Je suis allé entendre la symphonie de M. Félicien David. Je dois toujours rappeler, quand j'ai à parler de musique, que je ne suis pas musicien, et que beaucoup de qualités d'une œuvre peuvent facilement m'échapper.—Je ne juge la musique, comme la beauté, que par l'impression qu'elle produit sur moi ; — mais je ne consentirai jamais à trouver superbe ce qui m'ennuie, — magnifique ce qui m'endort.

La symphonie de M. Félicien David renferme deux morceaux qui m'ont fait beaucoup plus que plaisir : — l'un, le *Lever du Soleil*, est d'une véritable majesté,—l'autre, le *Chant de la Nuit*, je crois — « Mon bien-aimé d'amour s'enivre ! » est une des plus poétiques mélodies que j'aie entendues de ma vie ; — cela emporte dans des cieux inconnus l'esprit et l'âme, — cela vous chante toutes vos amours, — c'est la voix de tout ce que vous aimez, —femmes, fleurs, parfums ; — puis cela vous laisse rêveur, — triste et heureux, le cœur serré et les yeux humides. — Quel malheur que je n'aie pas osé m'en aller alors pour garder cette ravissante impression !

On m'a dit que cet air est un air arabe. — Si cela est, je remercie M. David de l'être allé chercher.—Il n'est pas de coursier — ni de pierrerie qui soit une aussi belle conquête qu'une belle mélodie, — et celle-là est tout ce qu'il y a de plus ravissant au monde.

Pour ce qui est des hymnes chantés en l'honneur de M. Félicien David, — comme cette fausse musique s'est intimement mêlée à la sienne,—il faut bien en dire quelques mots.— Quelques-uns des plus terribles louangeurs trouvaient dans l'exagération furieuse de leurs éloges une double volupté : — d'abord celle de prendre la gloire des autres musiciens — pour la prêter à M. David, auquel ensuite ils avaient soin, par l'épaisseur de leur encens, de faire des ennemis qui lui feraient rendre gorge — et ne tarderaient pas à exercer une réaction contre lui.

M. Félicien David est dans une très-bonne voie, — mais il n'est pas au but; — personne, m'ont dit ses amis, n'en est aussi convaincu que lui. — Mes éloges sont bien pâles auprès de ceux dont il est accablé, — mais ils sont sincères et de bonne foi; — ils ne sont faits contre personne.—Aucun talent — Dieu merci! — ne me fait de chagrin ; je les aime tous, au contraire, et je suis pour eux plein de reconnaissance.

Comme ce numéro est un bonbon — et quelque chose d'extrêmement sucré, — je ne parlerai pas des lettres qu'on a fait écrire à M. David dans les journaux — ni des procès dans lesquels on l'a jeté.

J'essayerai cependant de le consoler d'un danger que court sa musique, et qui paraît l'effrayer beaucoup, dans l'intérêt, dit-il, de sa dignité.

M. David croit que sa dignité serait complétement compromise, et peut-être perdue à jamais, si l'on faisait des contredanses sur des mélodies tirées de sa symphonie le *Désert*. Hélas! monsieur, il sera temps de vous plaindre si, à un autre ouvrage, on ne pense pas à mettre vos airs en contredanses. — Toutes les mélodies de Weber et de Rossini, — d'Hérold et d'Auber, ont été arrangées en contredanses et je puis vous assurer qu'ils n'en sont pas moins restés pour cela de très-grands musiciens. — Horreur! la chose est allée plus loin ; on les joue tous les jours sur les orgues de Barbarie — et ils en sont enchantés; je n'en excepterai que Weber et Hérold — et cela parce qu'ils sont morts.

La symphonie de M. Félicien David est très-heureusement arrangée. — Ces quatre vers qui viennent de temps en temps annoncer et expliquer la musique valent bien mieux que ces lourdes paroles que l'on accroche d'ordinaire à chaque note — comme on met un fil à la patte d'un oiseau pour l'empêcher de s'envoler.

Outre la simplicité et l'élévation, les musiciens ont remarqué dans l'œuvre nouvelle une grande connaissance des instruments et une grande adresse dans la manière de les employer.

Un M. Béfort — est venu là faire une exhibition d'une voix haute, singulière et peu décente pour un homme. — L'impression causée par cette voix, qui semble échappée de la chapelle Sixtine, — a été jusqu'à l'horreur quand M. Béfort a chanté les paroles où il joue le rôle d'une femme et où il parle de *son bien-aimé*.

Il me semble qu'une belle voix de femme, un contralto, — aurait produit une tout autre impression, — et je serais bien heureux pour ma part d'entendre ainsi chanter l'air « Mon bien-aimé d'amour s'enivre. »

Le chant original chanté en arabe — est dans les conditions de mélodie des mélopées de nos marchands de cages, — de nos marchandes de *limande à frire* — ou de *raie tout en vie*.

Il est un pays, une ravissante contrée qu'on chercherait en vain sur les flots de la mer ou à travers les montagnes. En cette contrée, les fleurs n'exhalent pas seulement de suaves parfums, mais aussi d'enivrantes pensées d'amour. — Chaque arbre, chaque plante y conte, dans un langage plus noble que la poésie et plus doux que la musique, des choses dont aucune langue humaine ne saurait même donner une idée. Le sable des chemins est d'or et de pierreries. L'air est rempli de chants auprès desquels ceux des rossignols et des fauvettes que j'entends aujourd'hui me semblent des coassements de grenouilles dans leurs marais fangeux. L'homme y est bon, grand, noble et généreux. Toutes les choses y sont au rebours de celles que nous voyons chaque jour. Tous les trésors de la terre, toutes les dignités réunies seraient un objet de risée si on venait les offrir en échange d'une fleur fanée ou d'un vieux gant oublié sous une tonnelle de chèvrefeuille. — Mais qu'est-ce que je vous parle de chèvrefeuille! Pourquoi suis-je forcé de donner les noms de fleurs que vous connaissez aux fleurs de ces charmantes régions? — Dans ce pays, on ne croit ni à la perfidie, ni à l'inconstance, ni à la vieillesse, ni à la mort après la vieillesse, ni à l'oubli, qui est la mort du cœur. L'homme n'y a besoin ni de sommeil, ni de nourriture; d'ailleurs un vieux banc de bois est là mille fois plus doux que l'édredon ailleurs, le sommeil y est plus calme et plus rempli de rêves charmants. L'âpre prunelle des haies, le fruit fade des ronces y ont une saveur si délicieuse, qu'il serait ridicule de les comparer aux ananas des autres régions. La vie y est plus douce que les rêves n'osent l'être dans les autres pays.

Hélas! en réalité, c'est un mauvais petit jardin et une mauvaise petite chambre dans un affreux quartier, quand on a dix-huit ans, quand on est amoureux, et quand celle que l'on aime y vient un instant au coucher du soleil.

LES GUÊPES.

Février 1845.

Pourquoi ce volume est dédié à M. Pied-Noir, — et ce que c'est que M. Pied-Noir. — M. Duprez. — Le chantage. — Dénombrement de la troupe de M. Pied-Noir. — Un journal très-bien écrit. — La vertu *escarpée*. — Pourquoi on construit des maisons pour les aliénés. — M. Trois-Étoiles député. — Sur les comédies de M. Empis. — Du chantage à la Comédie-Française. — Les barons de grande route.

FÉVRIER. — A M. ADOLPHE PIED-NOIR. — *Pourquoi ce présent volume est dédié à M. Adolphe Pied-Noir, et ce que c'est que M. Adolphe Pied-Noir.* — Les diverses troupes de brigands, d'étrangleurs et d'escarpes qui viennent récemment de rendre compte à la justice des méfaits commis par eux depuis une dizaine d'années, ont toutes un chef invisible et surtout insaisissable dont il a été question dans chaque affaire.

Ce chef s'appelle Pied-Noir. Ceux des voleurs et assassins qui ont voulu se mettre en dehors de la foule et du vulgaire l'ont désigné familièrement par le nom d'Adolphe. — L'opinion publique s'est singulièrement émue à propos de M. Adolphe Pied-Noir; on s'est demandé qui ce pouvait être, et les soupçons se sont arrêtés jusque sur des personnages haut placés.

Il paraît que M. Pied-Noir, homme d'action dans les circonstances impérieuses, se borne d'ordinaire à commander et à diriger, et ne se manifeste qu'à ses principaux officiers, ainsi qu'il appert de ce que la plupart de ceux qui ont travaillé sous ses ordres ne le connaissent pas et ne l'ont jamais vu. M. Pied-Noir n'est pas pour les royautés populaires; il a remarqué que, du moment où les rois se sont laissé voir, on est arrivé, par des gradations continues, à les insulter dans les journaux et un peu aussi à les guillotiner.

La spécialité dont s'est surtout occupé M. Pied-Noir est celle du *chantage*. Le *chantage* est un vol pratiqué! non plus à l'aide du poignard ou du pistolet, mais d'une terreur morale que l'on met sur la gorge de la victime qui se laisse ainsi dépouiller sans résistance. Le *chantage* a, sur l'ancien vol à main armée, l'avantage incontestable : 1° de ne pas faire encourir les mêmes peines à celui qui l'exerce ; 2° de ne pas user les gens exploités, et de les cultiver au contraire pour en tirer une récolte régulière.

Le *chantage* n'a pas été suffisamment décrit ; on s'est borné à une variété, et il y en a à l'infini. Ainsi l'armée que commande M. Pied-Noir et que l'on croit n'être composée peut-être que d'une centaine de misérables dont la moitié est aux bagnes et dans les prisons, cette armée couvre une partie de la France, et l'exploite avec une audace et un succès sans exemple. Je veux faire le dénombrement de cette armée, et rendre à M. Pied-Noir l'importance qui lui est due et qu'on lui enlève en ne le considérant que comme le chef d'une poignée de brigands honteux.

Je prie donc M. Adolphe Pied-Noir d'accueillir favorablement cette dédicace, et de me rectifier si je me trompe dans le dénombrement des forces dont il dispose.

Lorsque M. Duprez débuta à l'Opéra, il n'osa pas ne pas prendre des abonnements à divers journaux qui vivent aux dépens de la vanité des acteurs. — Un de ces journaux, plus exigeant que les autres, avait l'habitude de traiter de gré à gré avec les artistes. — Il se conformait d'ordinaire à un tarif fixé.

Pour un abonnement, l'acteur obtenait le silence sur sa vie privée et ses infirmités ; on ne l'attaquait que comme acteur. Pour deux abonnements, on ne parlait pas de lui du tout ; — pour trois abonnements, on lui donnait des encouragements ; — pour quatre abonnements, on constatait ses progrès une fois par semaine et on l'encourageait à *persévérer dans cette voie ;* — pour dix abonnements, on était loué à brûle-pourpoint. — Chaque fois que l'occasion s'en présentait, pour ceux qui ne se contentaient pas de cela, on avait encore des friandises secrètes à leur offrir ; — 1° on leur adressait chaque matin un éloge neuf et n'ayant pas servi; — 2° on écrasait leurs émules et leurs camarades.

Il en était de même pour les femmes : — tant pour parler de leur talent, — tant pour parler de leur beauté, — tant pour nier le talent ou la beauté d'une camarade.

M. Duprez se présenta donc chez le journaliste, — et, après lui avoir demandé trois abonnements à son *estimable* journal, il déposa sur son bureau un billet de mille francs. L'aristarque prit le billet, le regarda, le retourna, et dit avec un sourire :

« Allons donc, monsieur Duprez, vous pouvez faire mieux que cela. — Vous avez raison, monsieur, » répondit M. Duprez. Et en même temps il reprit le billet, le mit dans sa poche et s'en alla.

Dès le lendemain la guerre était déclarée. — Pendant plusieurs mois, Duprez fut petit, laid, commun, hideux, chanteur détestable ; plus tard, il devint grand, noble, beau, héroïque, *notre grand chanteur*, etc., etc. — Pour obtenir tant de gloire, il n'avait eu qu'à perdre une qualité : le courage qu'il avait manifesté lors de sa première visite au carré de papier.

Il en était de même quand une actrice venait payer le tribut que levait l'autocrate. « Trois abonnements ! s'écriait-il ; trois abonnements, — vous ! — Mais, mon cher monsieur, il me semble que quand j'aurai lu votre estimable journal trois fois de suite chaque matin... — Ah ! vous êtes facétieuse, ma chère enfant !... Parlons sérieusement. Voulez-vous que je me fâche ? — Mais, mon cher monsieur, je n'ai au théâtre que douze cents francs d'appointements. — Le théâtre, le théâtre, — nous savons ce que cela veut dire... Vous voulez me tromper... Est-ce que je ne sais pas que ce Russe vous donne mille francs par mois ? — Cela ne vous regarde pas. — Comme vous voudrez... Au revoir !... » Et dès le lendemain, l'actrice avait tous les jours deux lignes dans le journal : — elle était laide, — mal habillée, — ignoble, — dégoûtante. — Chaque jour *l'écrivain* reculait les bornes connues de l'injure et de la grossièreté, jusqu'au moment où la malheureuse, écrasée, salie, venait demander grâce et souscrivait aux conditions du tyran. — Par suite de quoi, dès le jour suivant, elle était belle, ravissante, chaste, adorable, etc., l'*homme de lettres* n'ayant pas plus de pudeur pour l'éloge que pour l'invective, et rendant l'un aussi hideux que l'autre. — Ce journal a excité moins de mépris que d'envie, et il se plaint aujourd'hui de la concurrence. — Dites-moi, monsieur Pied-Noir, — les gredins qui font ce métier ne sont-ils pas à vous et ne vous offrent-ils pas un *bouquet* — sur les affaires qu'ils font?

Il faut dire que les gens qui noircissent ces feuilles n'ont pas l'estime des autres journalistes, — des journalistes honnêtes. Voici ce que font beaucoup d'entre les journalistes honnêtes.

Ils exigent des loges gratis; — si on ne leur donne pas ces loges, ils déclarent les pièces mauvaises et les acteurs détestables. Ils veulent faire représenter une pièce; si on accepte leur pièce, tout est magnifique dans ce théâtre, tout le monde reçoit sa part d'éloges, jusqu'au souffleur et aux ouvreuses de loges. — Si on refuse le drame, — les comédies deviennent des parades ignobles, les tragédies des mélodrames ampoulés, les acteurs des acrobates.

Il prend à un journaliste fantaisie d'une pauvre fille qui joue, chante ou danse sur un théâtre quelconque; il commence par la louer outre mesure, puis il offre son hommage; — si ledit hommage est refusé, l'inflexible Lucrèce est accablée de sarcasmes et devient la plus détestable, la plus maniérée, la plus fatigante des actrices de Paris. Si l'hommage est accepté, — toutes ces injures reviennent de droit aux rivales et aux camarades de l'objet aimé; on harcèle le directeur qui ne donne pas et les auteurs qui ne font pas des rôles — pour la *grande actrice*, et on leur dit des injures. Toute pièce où elle n'a pas le premier rôle, et où elle n'est pas énormément applaudie, est réputée digne des tréteaux; — le directeur est alors accusé d'incapacité.

Ces procédés, il faut le dire, sont qualifiés d'enfantillages et de niaiseries par les journalistes sérieux, par les journalistes qui se font un mérite d'être plus ennuyeux et d'avoir moins d'esprit que les autres. Voici ce que sont pour la plupart les journalistes sérieux, les journalistes politiques.

Un journal, qui est *très-bien écrit*, — reçoit, sur les fonds du matériel de la marine, douze mille francs par mois. — A ce prix, il plaide tous les jours pour le *pouvoir actuel*. — Il insulte les adversaires de ce pouvoir, il leur nie le talent et la probité, il les traite de fous, de brouillons et d'intrigants. Le jour où ces adversaires si vilipendés arrivent à leur tour aux affaires, ce journal, qui n'a jamais changé d'opinion, continue à soutenir, comme d'ordinaire, le *pouvoir actuel* qu'ils sont devenus ; il adresse alors les injures qu'il leur prodiguait à ses patrons de la veille, qui ont cessé d'être *pouvoir actuel*, et sont devenus à leur tour les intrigants, les brouillons et les fous. — Le maître de ce journal est fort bien considéré, fort bien reçu partout, — et il n'est pas un écrivain qui ne tienne à honneur de lui louer sa plume.

La différence que met l'opinion entre ce personnage et celui qui exploite les acteurs ne prouve qu'une chose, — c'est que, aux yeux du monde, le déshonneur ne consiste pas dans l'infamie, mais dans le bas prix auquel on la commet. De quoi voici un autre exemple pris dans un autre ordre de choses.

Une malheureuse fille, trompée, séduite, abandonnée, se vend pour avoir du pain : cela s'appelle prostitution. — Elle est l'objet de l'horreur et du mépris universels.

Une fille déjà riche se vend à un mari plus riche encore. — N'est-ce pas se vendre que de se donner pour un avantage quelconque à un homme qu'on n'aime pas ? — Elle se vend pour avoir des chevaux et une voiture, des diamants et des châles faits du poil de certaines chèvres. — Cela s'appelle mariage de convenance ; le monde l'entoure de respect et d'égards.

D'autres journaux, monsieur Pied-Noir, ont des alternatives d'indépendance et d'obséquiosité. Ceux dont les amis arrivent aux affaires deviennent optimistes de pessimistes qu'ils étaient. La France était humiliée et trahie quand leurs adversaires étaient au pouvoir ; — elle reprend à l'instant même son rang entre les nations. Le commerce allait mal, — le voilà florissant. Le pouvoir dont on ne faisait pas partie ne pouvait faire un pas sans qu'on criât à la corruption ; — on jette aux orties une foule de vertus incommodes par leur exagération, qu'on avait arborées, non pour les exercer, mais pour en faire un embarras aux adversaires. — Les adversaires les ramassent et s'en ornent avec orgueil ; ils s'en servent comme armes offensives à leur tour. Alors les rôles sont changés : le parti qui veut arriver aux affaires harcèle sans relâche celui qui cherche à s'y maintenir. Sous prétexte de l'intérêt du pays, on compromettrait la France et son salut même, s'il en était besoin, pour renverser des rivaux qu'on ne hait que parce qu'on les envie, des abus qu'on n'attaque que pour les conquérir. Que le ministère alors propose la mesure la plus utile, la plus indispensable, la plus longtemps demandée par l'opposition, on la repoussera, on lui reprochera de faire ce que la veille on lui imputait à crime de ne pas faire. — N'est-ce pas là le *chantage*, monsieur Pied-Noir?

Et ce que vous aurez de la peine à croire, monsieur Adolphe Pied-Noir, c'est ce qui se passe parmi d'honorables représentants du pays ; — mais il faut les prendre au moment où ils aspirent à devenir honorables. A la vertu, qu'on a eu plus raison d'appeler *escarpée* (pauvre vertu !) que d'appeler *île*, — on n'arrive, dit-on, que par un sentier étroit, malaisé, plein de pierres, de ronces et d'épines ; de même on n'arrive souvent à l'honorabilité que par des chemins assez laids, — les électeurs font *chanter* le candidat : — à l'un il faut la croix d'honneur ; — à l'autre, moins platonique en ses désirs, il faut une place ou un bureau de tabac; — à celui-ci, une bourse pour son fils; — à tous un marché, un canal, — un embranchement de chemin de fer; — il en est qui se bornent à une montre d'or, quelquefois même d'argent; — ceux qui sont à la Chambre depuis quelque temps s'indignent assez volontiers quand il se présente un nouveau membre qui a eu recours à ces moyens dont ils se sont servis eux-mêmes. — La pudeur des gens va même quelquefois jusqu'à se révolter et à repousser le nouvel honorable. — Cela ressemble beaucoup à ce que disait je ne sais quel philosophe, que, dans toute grande ville policée, on construit une maison sur laquelle on écrit en grosses lettres : *Maison d'aliénés*, où l'on renferme quelques pauvres diables pris au hasard; — ce qui fait croire aux étrangers que tous ceux qui ne sont pas dans cette maison ne sont pas fous.

Mais voici M. Trois-Étoiles admis définitivement à la Chambre; il a acheté les voix des électeurs en détail, il les revendra en gros, en livrant la sienne à bon escient. Il lui faut de l'avancement dans sa carrière, des bureaux de timbre pour son cousin, des concessions de chemins de fer pour son gendre, — un privilége pour la salle de la rue Vivienne, etc., etc., etc,; — il sera hostile au ministre jusqu'à ce qu'on lui ait accordé toutes ses demandes. — Si elles sont un peu fortes, le ministère essayera de tenir bon; mais, à la veille d'une question importante, où la majorité paraît incertaine, la veille d'une peur, on s'assurera son concours au prix qu'il y met. — N'est-ce pas encore là le *chantage*, monsieur Pied-Noir?

Un écrivain employé à la liste civile — profite de sa position pour faire accorder certains avantages à la Comédie-Française, locataire, comme on sait, du roi des Français et assez souvent en retard pour payer ses termes. — De temps en temps on lui fait remettre ses loyers; mais toujours à ce moment-là on voit reparaître sur l'affiche quelque comédie de M. Empis. Vous *chantez* donc aussi, — ô comédiens français !

Un convoi modeste et simple s'arrête à une église, — les distractions, les inconvenances de toutes sortes viennent insulter à la douleur des amis qui accompagnent le corps d'un ami qui s'en va. — Le fils du mort se plaint, — un sacristain furieux lui répond, dans une sorte de *Père Duchêne* catholique, — que le convoi commandé n'est que de telle ou telle classe, — que la décence et le respect ont un tarif particulier, et que pour le prix on n'en peut faire davantage. (Voir les *Guêpes* de mars et d'avril, — il y a deux ans.) — N'est-ce pas là encore du *chantage*, — ô monsieur Pied-Noir ?

La loi sur les chemins de fer est une monstruosité, elle livre à des banquiers les voies de communication, — et leur donne par-dessus le marché les voyageurs — comme on vend en Russie une terre avec ses paysans. — Cette loi a établi pour les chemins de fer un tarif trop élevé ; car, nous l'avons dit, ce qui empêche les gens de voyager, c'est l'argent plus que la distance : la plupart des hommes possèdent plus de temps que d'argent. — On est à cinquante-quatre lieues du Havre, mais ce ne serait rien si l'on n'en était pas aussi à vingt-cinq francs. Quoique ce tarif soit trop élevé, ces barons de grande route s'y trouvent à l'étroit ; — ils veulent décourager ceux qui prennent les places inférieures ; ils les exposent à toutes sortes de dangers, les condamnent à toutes sortes de supplices pour leur faire donner cent sous de plus. Ils les font voyager dans des voitures découvertes, par la pluie, par le froid, — si augmenté encore par la rapidité de la marche. Beaucoup d'accidents graves, de maladies et même de morts, — ont été l'effet de cette honnête spéculation. En voici un nouvel exemple :

Le samedi 18 janvier, — un médecin envoie à Mantes, par le chemin de fer, un jeune clerc d'avoué ; — il est saisi par le froid et par l'humidité dans les vagons découverts, il revient avec une fièvre ardente, et se met au lit, où son état inspire des inquiétudes pendant plusieurs jours. — Le médecin, qui est mon parent et mon ami, n'attend qu'une dénégation de l'administration pour se nommer et donner toutes les preuves de ce que j'avance ici. Répétons que l'administration trouverait une notable économie à couvrir ses voitures, qui se conserveraient ainsi plus longtemps, ce qui prouve que c'est uniquement un supplice infligé à ceux qui ne veulent pas ou ne peuvent pas prendre des places plus chères. — Comment appelez-vous ce genre de trafic, monsieur Pied-Noir ?

Nous avons déjà signalé les tromperies, les fourberies de tous genres auxquelles se livrent à Paris les honnêtes marchands qui, à mesure que ces fourberies leur ont rapporté assez d'argent, deviennent successivement la *justice*, sous le nom de jurés, et le gouvernement sous le nom d'électeurs, et peut-être de députés. Les tromperies sur le poids et sur les qualités ne suffisent plus, on mêle des substances vénéneuses aux produits que l'on débite ; peu importe que l'on empoisonne ses concitoyens, si l'on gagne un sou de plus par livre sur ce qu'on leur vend. — Ce qui leur sauve quelquefois la vie, c'est qu'on les vole sur le poids de poison qu'on leur livre.

🐝 Une industrie plus innocente, en ce qu'elle n'est qu'un vol, vient d'être dévoilée : — jusqu'ici on n'avait mêlé la chicorée qu'au café en poudre, — c'était un véritable chagrin pour MM. les épiciers ; — heureusement qu'un d'eux, plus ingénieux que les autres, vient de combler cette lacune : au moyen d'un moule, il confectionne, avec de la chicorée en poudre mouillée, du café en grains parfaitement imité, qu'il mêle au véritable café. — Vos gens n'auraient pas inventé celle-là, monsieur Pied-Noir.

🐝 Il faut le dire hautement, ce temps-ci a quelque chose de déplorable : — c'est l'accroissement des besoins individuels ; — tout le monde veut avoir et surtout montrer du luxe. Le plus nécessaire autrefois, c'était le pain, — aujourd'hui c'est une volaille truffée, — on crie après les corrupteurs ; — mais allez au marché acheter du poisson, vous n'en achetez pas si personne n'en apporte. — Les corrupteurs sont engendrés par les gens qui veulent être corrompus. Du reste, c'est le fonds et l'essence du gouvernement dit représentatif, — pour lequel on sait la modération de mon enthousiasme. On en est arrivé à reculer singulièrement les bornes du juste et de l'honnête, et à les placer dans un horizon souvent brumeux. Ainsi, à part même ces choses prévues par les codes et désignées à l'avance sous des noms peu flatteurs ; à part ces actions faites par des gens qu'on appelle des honnêtes gens, et auxquels vos gens à vous, monsieur Pied-Noir, qu'on appelle avec raison des voleurs et des brigands, n'oseraient pas toujours s'associer, il est facile de voir quelle confusion règne sur les limites du juste et de l'injuste, du vrai et du faux, de l'honnête et du déshonnête, du devoir et du droit.

Je vais néanmoins arrêter ici la forme un peu dogmatique et systématique de mon discours, — et faire une coupure à mon cadre. Il s'agit, presque avant tout, de ne pas ennuyer mes lecteurs, et d'ailleurs, si je multipliais trop les exemples de vols dans toutes les classes de la société, je n'aurais plus de place pour d'autres choses que je veux dire dans ce volume. — Enfin, je ne veux pas trop qu'on s'aperçoive tout à fait du côté sérieux qu'ont les piqûres de mes insectes bourdonnants. — Nous allons donc continuer à causer au hasard ; j'appellerai votre attention, monsieur Pied-Noir, chemin faisant, si l'occasion s'en présente, sur les faits qui peuvent vous intéresser ou venir à l'appui de ce que j'avance, à savoir, que ces bandes de seize, de vingt et de quarante voleurs que l'on prend de temps à autre, et dont vous êtes toujours le chef, ne sont que de faibles détachements, des fractions inappréciables d'une grande bande de trente et quelques millions d'hommes qui *travaillent* en France dans le même genre.

L'ACADÉMIE FRANÇAISE. — Je suis allé à l'Académie pour mes lecteurs, — et jamais vertu n'a été aussi immédiatement récompensée. — Je ne m'y suis pas ennuyé un instant ; — j'ai remporté intacte la résignation dont je m'étais muni et dont je n'ai pas eu à me servir.

La salle des séances est beaucoup trop petite et plus que médiocrement ornée. — Le bureau, entre autres choses, — je ne sais s'il n'a pas un nom plus noble, — le bureau, en bois peint, présente aux yeux une imitation libre d'acajou véritablement pénible. — Un des princes qui assistaient à la séance devrait bien offrir à l'Académie un autre bureau : celui-ci est misérable et m'a touché de compassion.

Il y a à Paris des misères de ce genre qui me choquent particulièrement. Les chambres au Palais de Justice, par exemple, manquent de majesté — et même de convenance. J'y voudrais voir une richesse sévère et calme. Le mesquin est aussi loin de la simplicité que le clinquant et l'oripeau ; la simplicité est toujours noble.

Il était facile de ne pas coller sur les murs de la plupart des chambres au Palais de Justice — ces affreux carrés de papier bleu, — faits évidemment pour être originairement des devants de cheminée.

Il en est de même du musée de peinture du Louvre. — Tous les ans, à l'époque de l'exposition, on tend une toile verte sur les anciens tableaux, puis on met les tableaux nouveaux pardessus la toile ; mais ce que je trouve hideux, c'est cet appentis, ce hangar, — cette espèce de long garde-manger — accroché aux flancs du Louvre, qu'il déshonore en formant une nouvelle galerie.

Revenons à l'Institut. — Je n'aime pas les assemblées où il n'y a pas de femmes ; — je ne comprends plus très-bien pourquoi on parle, pourquoi on écrit, pourquoi, en un mot, on cherche de la gloire, — quand je n'ai pas des femmes devant les yeux ; — lorsque dans la fleur de ma vie j'ai rêvé des couronnes, ce n'est jamais sur ma tête à moi que je songeais à les mettre. Aux séances de l'Institut les femmes sont en grand nombre, et mes regards y étaient agréablement enchaînés.

M. Saint-Marc Girardin prit la parole et prononça ce qu'on est convenu d'appeler l'*éloge* de M. de Campenon ; dans cet *éloge* le récipiendaire s'attacha surtout à démontrer la parfaite médiocrité de son prédécesseur : — il vanta les qualités de son cœur et son excellent caractère. C'est une euphonie inventée par les femmes qui disent d'une autre femme, pour signifier qu'elle n'est ni jolie ni bien faite : « C'est une bonne personne ; » — M. Saint-Marc Girardin a la voix la plus stridente et la plus fatigante qu'il soit possible d'entendre ; — cette voix, son geste, ses paroles, — tout cela produisait un désagréable mélange — d'avocat, de pion et de député. Je lui dois cependant personnellement de la reconnaissance pour avoir fait applaudir à l'Académie une phrase de moi qu'il a bien voulu patronner en la prenant sur son compte,—et en disant de M. de Campenon ce que j'avais dit de moi-même dans les *Guêpes*.

« J'étais très-pauvre alors, je ne suis pas beaucoup plus riche aujourd'hui, et je n'en suis ni honteux... ni même fier. »

C'est du reste là un bien petit vol,—monsieur Pied-Noir, et je n'en parle que pour remercier deux ou trois journaux qui ont bien voulu reconnaître et réclamer ma phrase, — et aussi pour dire que j'ai été fort aise de voir cette phrase se produire devant cette belle assemblée en habit tout brodé de feuillage, en castor neuf et en gants blancs ; elle avait ainsi très-bon air, et je lui ai trouvé des beautés que je ne lui avais pas soupçonnées quand elle était tombée de ma plume.

Lorsque M. Hugo a pris la parole pour répondre au récipiendaire, tout le monde a éprouvé un sentiment de bien-être en entendant remplacer la voix aigre d'un homme immortel par une voix grave, sonore et sympathique. Le discours de M. Hugo a été jugé par tous plein de pensées élevées et d'images magnifiques.—Les compliments adressés au récipiendaire ont été mêlés d'une ironie dédaigneuse qui n'a échappé à personne et qui a rencontré beaucoup de complices. M. Hugo a ramassé les débris de M. de Campenon, immolé déjà par M. Saint-Marc Girardin, et il a encore trouvé place pour quelques coups à porter sur cette gloire déjà si déchiquetée par l'orateur précédent. M. Girardin avait loué Campenon d'avoir été vertueux, M. Hugo l'a loué d'avoir été heureux.

Une partie seulement du discours de M. Hugo n'a pas exercé sur l'auditoire la même séduction que le reste,—malgré la grâce et l'élévation du style; — c'est lorsqu'il a déploré le sort que la société a fait aux femmes, et qu'il a réclamé pour elles des droits et une part plus large dans la vie.—De tous temps, en France, les femmes ont eu le pouvoir et les choses; les hommes, les titres et les noms; les femmes ont tout fait; les hommes n'ont été que leurs éditeurs responsables.—Toute gloire, comme tout bonheur, vient des femmes, et je trouve leur part très-belle. N'est-il pas plus beau d'inspirer des vers que d'en faire? C'est donc bien ennuyeux le ciel, qu'on a tant de peine à empêcher les dieux de venir barboter dans la fange des rues?

On a remarqué que M. Hugo, qui va être pair de France, et M. Girardin, qui, grâce à une coalition dont il faisait partie, se croyait à la veille d'être ministre de l'instruction publique, ont tous deux proclamé le calme et la sérénité de cette assemblée, *où ne pénètrent pas les préoccupations politiques.*

Il paraît du reste que, de l'usage de faire l'éloge des académiciens morts, il ne reste plus que le nom, la chose est tombée en désuétude. Cela *s'appelle* toujours un *éloge*, mais *c'est* un dénigrement peu dissimulé.

Je n'assistais pas à la séance où M. Mérimée a fait l'éloge de Nodier, ce charmant écrivain que je regrette de n'avoir pas connu, mais dont j'ai lu les discours. — M. Mérimée a été très-sec dans ses louanges.—M. Étienne a annoncé que, comme ami intime du défunt, il savait sur lui des détails qui avaient dû échapper à M. Mérimée, et, à ce titre, il a dénigré Nodier plus intimement. J'ai cependant retenu trois jolies pensées : — deux sont de M. Mérimée ; — la troisième, citée par M. Étienne, est de Nodier lui-même : elle joint à la grâce une grande noblesse de cœur.

M. Mérimée veut peindre Nodier, qui, se croyant plus facilement proscrit, parce que c'était pour lui un prétexte excellent d'errer par les montagnes, dit : « Il croyait fuir les gendarmes et poursuivait les papillons. »

« Il ne pouvait voir la pauvreté, dit encore M. Mérimée, sans s'y associer au point de devenir pauvre lui-même. »

Celle de Nodier est adressée à M. Étienne, fugitif alors et malheureux : « Mon cher ami, lui écrivait-il, il vient de me naître un nouvel enfant, je pourrais lui donner un patronage riche et puissant, mais j'aime mieux un ami malheureux ; je vous prie d'être son parrain. »

Ni M. Étienne, ni M. Mérimée, n'ont fait mention de deux ouvrages importants de Nodier, le *Roi de Bohême et les sept châteaux*, *Remarques sur le Dictionnaire de l'Académie*. — Cette rancune a été jugée mesquine et de mauvais goût.

A propos de circonstances atténuantes, en voici deux exemples nouveaux. Dans le département de Lot-et-Garonne, la femme Marès empoisonne son mari avec de l'arsenic. — Le jury admet des circonstances atténuantes, — parce qu'il est maintenant établi que l'arsenic remplace le divorce pour les femmes qui ont des maris ennuyeux.

Chevreuil propose à sa maîtresse de se tuer ensemble : elle y consent. — Il l'étouffe avec un masque de poix. — Pour lui, il n'ose pas et change d'idée. — Les jurés l'avaient condamné à mort ; — mais le roi a pensé que cette peine, destinée à expier le crime, était insuffisante pour la lâcheté ; — il a commué la peine de Chevreuil en celle des travaux forcés.

Je voudrais bien ne pas faire comme font les journaux au sujet des questions politiques de quelque importance. Par exemple, ils ont parlé pendant un mois de l'affaire Pritchard.— Puis l'affaire revient maintenant à la Chambre,— et ils répètent tout ce qu'ils en ont dit.

Les *Guêpes* se sont expliquées nettement sur ce sujet — lorsqu'il en a été question pour la première fois;—il n'est rien survenu qui doive me faire changer d'opinion.— La France ne doit pas d'indemnité au consul Pritchard. Un de nos concitoyens est accusé d'un crime ou d'un délit; on l'emprisonne ; — son emprisonnement porte à ses affaires et à son crédit un coup mortel. — Trois mois, six mois de prévention se passent, — le prévenu est enfin jugé et acquitté. —. Le président ne lui dit pas seulement qu'il en est fâché, et ordonne simplement qu'il soit mis en liberté, *s'il n'est détenu pour autre cause*. — C'est ainsi que les choses se passent, — je n'entends pas dire par là qu'elles aient raison de se passer ainsi; — mais enfin, il paraît qu'on n'a rien pu inventer de mieux jusqu'ici en *faveur du peuple français*, comme disent les crieurs des rues en vendant le discours du roi.

—Il y a cinq ans et plus que j'ai, pour la première fois, demandé une réparation pour les prévenus reconnus innocents. Si M. Pritchard se trouvait dans ce cas, si, après information, il avait été constaté qu'il n'avait jamais ameuté les naturels contre les Français, je trouverais parfaitement équitable qu'il fût indemnisé du temps qu'on lui aurait fait perdre, et de l'avanie de l'emprisonnement. — Je ne dirais pas : « Il ne faut pas faire pour M. Pritchard ce qu'on ne fait pas pour les Français ; » je dirais : « Il faut faire pour M. Pritchard ce qui est juste, et ensuite faire pour les Français ce qu'on aura fait pour M. Pritchard. » — Mais loin de là : non-seulement il a été reconnu que M. Pritchard a été un instrument de haine contre nous, mais encore tous les documents qu'on a recueillis depuis n'ont fait que constater de nouvelles intrigues et de nouvelles machinations.— Donc on ne doit pas d'indemnité à M. Pritchard, parce qu'on n'a rien à réparer envers lui ; —cette indemnité, n'ayant rien à réparer, est des-

tinée à acheter quelque chose, ce quelque chose est la paix ; quand on achète la paix, il faut l'acheter souvent, la payer plus cher chaque fois, — et finir par la guerre ; — mais alors on fait la guerre avec désavantage, — avec les bras et non avec le cœur, — parce qu'on n'a plus à défendre son honneur, qui est perdu.
— Sur ce projet le ministre a escamoté un vote avec une grande audace.

Je parlais tout à l'heure de réclamations que j'ai faites sans résultat. Cela me remet en mémoire que j'ai été plus heureux dans une autre circonstance, en ceci seulement que mon observation a obtenu un résultat ; mais je doute fort que le résultat soit bon. Voici la chose : je m'étais élevé souvent contre la complicité apparente du roi avec les marchands d'orviétan et de bonbons honteux, — le public n'étant pas éclairé à ce sujet, et ignorant que breveté du roi veut dire simplement qu'on a versé à certaine caisse une certaine somme pour que l'on puisse, en cas de contrefaçon, faire constater la priorité d'une invention quelconque.

Breveté par le roi voulait dire, pour le public, — approuvé par le roi ; — pour approuver il faut connaître, et, dans cette opinion, le roi était forcé d'user de choses bien singulières et de goûter d'étranges préparations. — Il était de la dignité royale de faire cesser ce quiproquo, et les lecteurs des *Guêpes* savent que nous en avions donné le conseil ; — c'était même un devoir de probité. — C'est bien assez que la douane partage le bénéfice des mélanges que font les marchands de vins — sans que l'on fasse la part du roi dans les gains des trafiquants les plus bizarres.

On a fini par prendre ces observations en considération, et on a imaginé de faire ajouter sur toutes les enseignes à ces mots : — *breveté du roi*, ceux-ci : *sans garantie du gouvernement.*

On est allé trop loin : il n'est pas vrai que le gouvernement ne doive pas une garantie aux gens qui ont payé un brevet ; —

on leur doit la garantie et la protection contre la contrefaçon et contre tout empêchement qui pourrait être apporté à l'exploitation de leur brevet. De plus, que signifie cette phrase? n'est-elle pas au moins ridicule? — Le *roi* brevète — et le *gouvernement* ne garantit pas. Qu'est-ce que le gouvernement? — le ministère sans doute? Alors ce ne serait pas respectueux. Est-ce le roi lui-même? il serait plus court et plus clair de dire simplement : *sans garantie*. Il aurait été mieux, je crois, en toute façon, de dire : *breveté du roi contre la contrefaçon*, ce qui serait la vérité.

Je vous ai raconté, dans le temps, à quels excès peut se porter un homme qui a de l'huile à vendre. Voici maintenant un marchand de savon qui n'est pas plus modéré. Jamais l'*intimé* n'aurait osé prendre son chapon de si loin. Ne perdez pas de vue, je vous prie, en lisant ce prospectus, qu'il s'agit simplement de *savon*.

SAVON CHINOIS. (Prospectus.) — Pendant des milliers d'années, tout ce qui concerne l'empire chinois, son histoire, ses lois, ses coutumes, *ont été* pour le monde civilisé de l'Europe et de l'Asie, couverts d'un voile impénétrable. En vain diverses entreprises ont eu lieu de temps en temps dans tous les siècles pour pénétrer dans ces provinces, soit à travers les vastes régions et les déserts de la Tartarie, soit directement par mer.

(Et tout cela pour aller chercher le véritable savon chinois; — car, jusqu'à la découverte, on n'a jamais été réellement propre et on ne s'est pas véritablement lavé les mains.)

Mais toutes ces entreprises ont été trompées par la jalousie vigilante des *despotes* qui ont successivement gouverné (odieux despotisme, en effet, de vouloir qu'excepté les Chinois tout le reste du monde eût les mains sales), agissant toujours selon la loi immuable (promulguée il y a plusieurs siècles par leur législateur Confucius) qui défend aux étrangers de résider ou même de visiter temporairement ce pays (dans la crainte qu'on n'emportât le fameux savon); quelque chose a pu cependant être recueilli par ces premiers efforts, en commençant par le célèbre voyageur vénitien Marco-Polo, suivi de certains missionnaires, et finalement par l'ambassade anglaise de sir Georges Staunton. Mais ces légères connaissances ainsi obtenues servirent seulement à démontrer l'immensité des trésors (et des savons) cachés et non révélés, tandis que d'autres nations se soumettaient volontairement à être traitées avec dédain par les *gouverneurs arrogants* de cet empire, qui se déclarent pères du soleil et de la lune, et dieux vice-gérants sur la terre (et seuls possesseurs du savon chinois).

Le commerce de thé, permis à Canton aux étrangers barbares (ainsi qu'ils les appellent), ne nous donnait pas occasion d'acquérir les connaissances désirées, puisque marchands et autres engagés dans ce commerce étaient un peu mieux que des prisonniers, confinés dans un même bâtiment à l'une des extrémités de la ville, entourée par une haute muraille.

Nous avons pensé qu'il était convenable de faire précéder *l'objet principal* dont il s'agit de ce court extrait de ce qui est connu sur la Chine pour *préparer le lecteur* à donner *une juste valeur aux difficultés rencontrées pour obtenir le précieux secret que nous avons maintenant à relater.*

C'était une remarque de sir Georges Staunton et des gentilshommes attachés à son ambassade pendant la seule visite qui leur fut permise à Péking, siége et capitale de l'empire, que les Chinois du plus haut rang, avec qui ils communiquaient, avaient la peau d'*une texture* particulièrement douce. Un jour une question fut adressée à un haut mandarin pour en connaître, s'il était possible, la cause, et si cette particularité était naturelle ou le résultat de quelque traitement spécial. Tout d'abord il avoua que naturellement leur peau était même plus rude que celle des Européens accoutumés au travail manuel le plus rude, mais que cette douceur particulière qu'ils avaient tant admirée était la conséquence de l'usage qu'ils faisaient chaque matin pour leurs ablutions et dans leurs bains d'un *savon* dont il ignorait lui-même la composition. (Savon étonnant, en effet, qu'un savon qui change la texture de la peau!)

Il ajoutait que la fabrication n'en était permise que dans un petit nombre des principales villes de l'empire, étant expressément réservé à l'usage du céleste empereur lui-même, des dames de sa cour et des plus hauts magistrats ; — que ce secret était seulement connu de quelques individus, ayant été transmis de père en fils, de génération en génération. Par suite de la dernière guerre entre l'Angleterre et la Chine, et de la prise de Ningpo, où était le siège de l'une des manufactures impériales de savons, les Anglais en prirent possession, et un de nos amis obtint enfin, à force d'un beau présent pécuniaire, le secret si longtemps gardé, et dont nous sommes les seuls possesseurs ; et, pour être bref, nous l'avons nommé : SAVON CHINOIS. *Sous le patronage du céleste empereur.*

(Voilà bien les hommes ! L'empereur s'appelle céleste empereur depuis qu'on a son savon ; — quand il ne voulait pas le donner, c'était (voir plus haut) un *despote* et un *gouvernement arrogant*. Les marchands de savon ne valent pas mieux que les hommes !)

La nouvelle mesure prise par M. le ministre de l'intérieur relativement aux employés de ses bureaux n'a pas eu leur assentiment. Il y avait une sorte de prescription acquise à l'abus qui s'était établi graduellement de ne venir que fort tard aux bureaux et de s'en aller de bonne heure. On a murmuré, mais il a fallu se soumettre. On arrive aujourd'hui ponctuellement à neuf heures, et on signe la feuille de présence ; mais comme on n'a pas eu le temps de déjeuner, presque en arrivant on se met à faire une cuisine que son odeur trahit au loin. — On fait cuire des côtelettes et rôtir des boudins, — après quoi on élabore son petit café. — C'est ainsi que tout le monde est satisfait, le ministre et les employés. — L'heure enlevée au loisir n'est pas cependant conquise pour le travail. Le ministère de l'intérieur ressemble à certaines heures à l'établissement essayé par M. de Botherel.

✣ Nous avons parlé déjà de M. Jasmin, le coiffeur-poëte auquel S. M. Louis-Philippe a donné une montre avec des breloques en graines d'Amérique. M. Jasmin est retourné à sa boutique d'Agen, où il rase ses pratiques et les étrangers qu'attire la curiosité de voir un homme aussi justement célèbre. Mon frère Eugène m'écrit que comme il passait dernièrement par Agen avec un de ses amis, ils allèrent se faire raser chez M. Jasmin, lequel se mit à la besogne tout en leur récitant ses vers en patois dont ils ne comprirent pas un mot. Ce que comprit bientôt l'ami de mon frère, qui s'était exposé le premier au fer du poëte, c'est qu'il reçut une magnifique balafre à la joue. Mon frère, qui a été soldat, et n'avait pas peur d'un coup de sabre, n'osa pas affronter le rasoir de M. Jasmin et remporta sa barbe à Bordeaux.

Le blessé fut encore obligé de payer les frais de la guerre. — Il refusa, il est vrai, d'acheter les œuvres que lui offrit M. Jasmin; mais il fallut payer trente sous un pain de savon qui en valait bien huit.

✣ M. Dupin, comme on sait, ayant appelé M. Clausel *Calpurnius*, — M. Clausel revint à Paris, et lui expliqua que ces façons de parler sont bonnes entre avocats qui jouent un rôle; — que, dites à un soldat, elles avaient un inconvénient qu'il était bon que M. Dupin connût une fois pour toutes..... Cependant l'affaire s'arrangea.

M. Dupin dit qu'il avait appelé, il est vrai, M. Clausel Calpurnius; mais qu'il ne s'agissait là ni de Calpurnius ni de M. Clausel. Depuis ce temps tous les efforts de M. Dupin ont été tournés vers l'abolition du duel; tout cela est fort bien, nous en avons dit notre opinion en temps et lieu; — mais si vous voulez supprimer le duel, — il faut aussi supprimer l'offense qui le rend nécessaire, — il faut que cette offense soit punie de façon à le rendre presque impossible, — et aussi à satisfaire la vengeance de l'insulté. Je ne m'aperçois pas qu'on y songe beaucoup. Exemple :

M. Kataër a plaidé contre M. Mascarelli, et il a perdu ses procès ; — il le rencontre un jour sur le boulevard, et il l'insulte grossièrement. M. Mascarelli feint de ne pas l'entendre, et, pour se mettre à l'abri, à la fois, des injures de son adversaire et de sa propre colère, il quitte le boulevard et entre dans le passage des Panoramas. M. Kataër l'y poursuit, et, à bout d'invectives, il lui crache au visage.

M. Mascarelli respecte les lois, — et défère M. Kataër aux tribunaux. — Les tribunaux écoutent le récit des faits, et condamnent M. Kataër à dix francs d'amende au profit du trésor! Il paraît que ces scènes de violence affligent beaucoup le trésor, car, en ce cas-là, on lui offre toujours une fiche de consolation; le trésor satisfait, on peut penser à M. Mascarelli, et on estime que, pour deux cents francs, il peut permettre qu'on lui crache au visage ; — que c'est un bon prix, — un prix honnête, qu'il faut être raisonnable, — et qu'il faut vendre bon marché si l'on veut vendre beaucoup ; — que si, après cela, M. Mascarelli n'est pas content, c'est qu'il n'est pas raisonnable ; — ainsi il a été jugé par messieurs les juges de la sixième chambre.

Eh bien! il y a bien des gens qui, en cas pareil, — auront soin de faire leurs affaires eux-mêmes. — Je vous le dis, en vérité, ce n'est pas ainsi que vous empêcherez le duel.

🐝 Une lettre de Madrid du 17 janvier annonce que le baron de Meer vient d'être nommé grand de Castille, sous la dénomination de *vicomte de la Loyauté*. Nous avons déjà remarqué ce qu'il y a d'économique dans des titres métaphysiques. Nous remarquons aujourd'hui la singulière hiérarchie qui existe entre les diverses vertus ou qui sert d'apanage à la nouvelle grandesse espagnole. Nous avons vu Espartero duc de la Victoire. — La victoire est duchesse, — la loyauté n'est que vicomtesse. — Il serait curieux de savoir quels titres ont la chasteté, le désintéressement, la sobriété, le courage, le dévouement, etc.

❦ S'il est un gouvernement singulier, c'est le gouvernement électif, — comme celui, par exemple, sous lequel nous vivons. Les grades inférieurs nomment aux grades supérieurs; les électeurs qui sont censés moins éclairés, apprécient les éligibles, qui sont censés l'être d'avantage et choisissent parmi eux. — On n'a pas encore osé appliquer ce système à l'armée, où ce ne sont pas encore les soldats qui nomment leurs officiers. — (J'ai toujours peur, quand je dénonce ainsi quelque idée bien saugrenue, de ne faire que l'indiquer aux novateurs.)

❦ Toujours est-il que les femmes ont accepté depuis longtemps une tyrannie de ce genre en fait de parure, — et qu'elles se sont soumises au joug des bossues avec une abnégation dont je ne les croyais pas capables.

Les femmes contrefaites, difformes, informes ou seulement énormes ou maigres, ont imaginé de s'enfermer et de se ficeler dans des choses connues sous le nom de corsets. — Les unes ne remplissent pas cette boîte, qui a à peu près la forme normale d'une femme, elles comblent les vides par du coton. Les autres ont de quoi la remplir, mais la totalité de leurs charmes n'est pas convenablement répartie, et lesdits charmes sont exposés à un peu de confusion, on les divise alors de la manière la plus avantageuse possible dans les divers compartiments qui composent le corset. La masse générale ainsi divisée a l'air d'une femme, mais comme l'eau a la forme de la carafe qui la contient : quand on ôte le corset, c'est comme si on brisait la carafe, — l'eau reprend son niveau. — Certes, c'était beaucoup déjà que d'avoir ainsi complété ou corrigé la nature ; — mais ce n'était pas suffisant. — Si les femmes trop grosses ou trop maigres, bossues ou mal faites, avaient seules adopté les corsets, elles auraient perdu même l'admiration des gens nombreux qui ne s'aperçoivent pas de ces choses-là. — Elles ont persuadé à toutes les autres femmes qu'il fallait cacher leur taille et leurs charmes naturels dans les mêmes boîtes, — de telle sorte que, pour paraître une femme bien faite, il ne s'agit plus que de remplir lesdites boîtes *n'importe* comment.

Quelques femmes, ayant la jambe mal faite ou trop grêle, — ont trouvé chez les hommes un exemple tout prêt. Depuis longtemps déjà les bancals et les cagneux ont caché les jambes des autres aussi bien que les leurs sous les larges étuis du pantalon remplaçant la culotte courte. — Elles ont établi que la décence obligeait *toutes* les femmes à dissimuler leurs jambes au moyen de fourreaux pareils. — Elles n'ont pas encore réussi, et on voit encore quelques jolies jambes par les rues, mais chaque jour voit diminuer le nombre des récalcitrantes.

Tout ceci n'est que la préface de ce que j'ai à dire à propos des jupes démesurément longues que les femmes ont adoptées depuis quelque temps. — Les jupes longues ont, il est vrai, une sorte de grâce majestueuse qui ne messied pas à certaines femmes ; mais cela cache les pieds. — Il est évident que les premières robes longues ont été portées par des femmes qui avaient de grands et gros pieds. — D'abord elles ont adopté timidement ce costume, — puis elles ont commencé à dire que cela était *comme il faut*, que cela était *bien porté*. — Les autres femmes l'ont cru, et ont caché leurs jolis pieds sous ces longues jupes destinées à cacher les gros pieds de leurs rivales.

Je n'aurais cependant rien à dire contre les longues robes, parce que, malgré les efforts des unes, et grâce aux efforts des autres, elles laissent voir le pied de temps en temps. — C'est très-agréable de voir plus rarement un vilain pied ; c'est plus agréable d'en voir un joli qui a l'air de se cacher ; — le pied passe à l'état de beauté secrète ; — c'est presque une faveur que de le connaître. — Mais, avant tout, la propreté qui est un devoir chez les hommes, est une vertu chez les femmes,

— et une vraie vertu ; non pas de ces vertus que tout le monde nie chez les autres, que tout le monde prétend avoir et que personne n'a ; — non, c'est une vertu indispensable. — Eh bien ! — les robes longues ne peuvent être portées que par les femmes qui ne sortent que dans une voiture à elles ; mais celles qui sortent à pied, celles qui sortent en omnibus et même en fiacre, — affligent les regards du spectacle le plus révoltant.

Le luxe et la richesse vont bien aux femmes, — c'est même pour les leur donner qu'ils ont véritablement du prix, — et j'aime bien ce mot d'un amant à sa maîtresse, qui regardait une étoile : — « Oh ! ne la désirez pas, je vous en prie, je ne pourrais pas vous la donner. » Quelle douce et ravissante occupation que de réunir autour d'une femme aimée — les diamants et l'or qui se cachent au centre de la terre, — et les perles qui dorment au fond des mers, — et de faire venir de tous les points de la terre les ouvrages les plus merveilleux ! — Pauvres poëtes que nous sommes, qui ne pouvons donner que des fleurs et des vers !

Toujours est-il qu'il est quelque chose au-dessous de la pauvreté, c'est la tentation non réussie de paraître riche. — Quelle que soit sa position, une femme d'esprit ne trahira jamais de pareils efforts ; — elle ne poursuivra pas le luxe, elle le dédaignera. — Elle sera simple, — elle n'imitera pas les femmes qui vont en voiture, elle trouvera d'aller à pied une manière si élégante, que les femmes en voiture en seront jalouses. La sotte porte des diamants faux, la femme d'esprit qui n'est pas riche ne porte pas de bijoux, et celles qui ont les plus beaux diamants s'aperçoivent qu'ils ne servent qu'à l'encadrer et à la faire ressortir ; — elles s'en irritent et disent que c'est prétentieux.

Une autre invention qu'ont eue certaines femmes que la nature a ébauchées avec précipitation, c'est de se gonfler les hanches avec une telle exagération, que ce n'est pas même l'imitation de quelque chose de vrai ; — les femmes bien faites ont eu la sottise de suivre cette mode, — qui cache à la fois les formes qu'elles ont et celles que n'ont pas leurs rivales plus habiles ; — toutes portent des formes fausses.

🐝 C'est encore un genre de vol, monsieur Pied-Noir, — il faut l'avouer, — et ensuite on se plaindra de l'inconstance des hommes ! La femme que l'on obtient ressemble si peu quelquefois, — grâce à ces mensonges odieux, — à la femme que l'on a désirée, que ce serait une réelle infidélité à celle-ci que de continuer à aimer la première.

Pendant que nous sommes sur ce chapitre scabreux, nous devons, pour tout dire et pour être juste, constater une réaction qui s'opère quelquefois contre les bossues, les grêles et les obèses.

🐝 Qu'une jolie femme surmonte d'un chapeau jaune les boucles ruisselantes de ses cheveux noirs, — les autres femmes attribuent sa beauté et son succès à ceci qu'elle a un chapeau jaune, — et toutes vont mettre des chapeaux jaunes, fussent-elles blondes comme madame la duchesse d'Aumale. Le jaune devient à la mode ! — Qu'une femme bien faite imagine de porter des manches justes qui dessinent les contours de ses bras, il n'est pas une sauterelle qui se prive de porter des manches justes et d'affliger les regards — par les plus tristes maigreurs.

Je suis, monsieur Pied-Noir, votre serviteur, A. K.

FIN DU CINQUIÈME VOLUME.

TABLE DES MATIÈRES

1843

AOUT. — Deuil et fêtes un peu trop mêlés. — Les récompenses de la vertu et les récompenses du vice. — Une grande révélation sur M. Eugène Sue. — Espartero considéré comme abonné. — Les morts payent l'amende. — M. le préfet de police et les affiches. — L'œillet bleu. — Un savant. — On sait enfin à quoi s'en tenir sur les dents des musaraignes. — Les journaux et les épiciers. — Un aubergiste de Trouville et M. Ancelot. — Un Journal légitimiste, gastronomique et religieux 1

SEPTEMBRE.—La reine d'Angleterre en France.—L'air le plus pur selon M. Ancelot.—La justice.—MM. Michelet et Quinet.- -Le chemin de fer de Rouen .— Une arrestation.—Faillites.—Le marquis de la Fuite.— Une amende de soixante centimes.—Deux électeurs.—Circonstances atténuantes.—Discours latins.—Diverses classes de journaux.— *Panem et circenses*.—Travailler pour gagner sa vie n'est p s un état.—M. Vivier chez MM. Zimmermann et Adolphe Adam.—aTitre métaphysique et dons.—Polémique.—Lundi 4 septembre.. 13

OCTOBRE.—L es fortifications.—Hommages que les *Guêpes* se rendent à elles-mêmes.—Tu l'as voulut Georges Dandin.—Révolution parlementaire dans le conseil municipal de Lille.—Une galerie de tableaux. — Le comité viticole. —M. de Lamartine.—La gélatine. —La douane,—Compte rendu. 34

NOVEMBRE. — Une tempête dans un verre d'eau. — La nouvelle montagne en travail. — Abus de la prérogative royale. — Toasts et discours. — Plus rien. — Quelques annonces, dont l'une tout à fait immodeste. — Un plaidoyer. — Comme quoi la contrefaçon sera à l'avenir prohibée dans les endroits où on ne la fait pas. — Les artisans poëtes. — M. Pâquet. — Une lettre de Belgique. — Observations. — Un préfet marchand de paniers. — Réponse à une réponse de M. Gréterin, directeur des douanes. 45

DÉCEMBRE. — Le livre du marquis de Custine. — Accord du roi de France, de l'empereur de Russie, de M. de Custine et des *Guêpes*. — La Seine mise en bouteilles. — Une envie de femme grosse. — Circonstances atténuantes. — Le gouvernement représentatif est enfin une vérité. — Hautes destinées d'un serpent. — Conseils audit serpent. — Justice rendue à M. Guizot. — M. G. de Saint-Gervais. — M. Ancelot. — Madame Doche. — Madame Roland. — La duchesse d'Orléans et les fleurs. — La régie des contributions indirectes et la Charte constitutionnelle. — Un duel manqué. 64

1844

JANVIER. — La famille Arago. — Les journaux. — Améliorations et élévations des conditions. — Du serment politique. — Nouvelles études de mœurs. — L'Université et le clergé. — Trois variétés de latin de cuisine. — Les fortifications de Paris. — Sur la guerre d'Afrique. . . . 86

FÉVRIER. — Un ostensoir à vendre. — Les claqueurs. — Saint Adhémar. — La *Réforme* et les *Guêpes*. — Les révélations de M. Madier de Montjau. — La direction des Beaux-Arts. — L'École buissonnière. — Le fisc. — M. de Salvandy. — Trois fauteuils de l'Académie. — Le serment. — Flétrissures réciproques. — De Paris à Rouen par le chemin de fer, impressions de voyage. — Le ruisseau. 100

MARS. — Les incarnations de M. Graeb. — Fabrication d'un ancêtre. — Comme quoi les *Guêpes* l'avaient bien dit à la reine Pomaré. — Une omelette atténuante. — La statue de Rossini. — Les boucheries illustrées. — Le chevalier de la Légion d'honneur malgré lui. — Un voyage de S. M. Louis-Philippe au mont Saint-Michel. 125

AVRIL. — Le printemps. — Les marchands de vin. — Une réclamation. — Buste de M. Guizot. — Une confession. — Musée du Louvre : MM. Gudin, Crépin, Thomas, Couture, Alfred Dedreux, etc. — Lettre de Swift en 1720. — Une histoire à propos d'un vaudeville. — De quelques abus. — Administrations des chemins de fer de Rouen et de Saint-Germain. — Les marchands d'hommes. — M. Chereau. 158

TABLE DES MATIÈRES. 319

MAI. — Le jardin du Luxembourg. — Un mariage spirituel. — M. de Strada. — M. Soult. — Une commande du gouvernement. — Un créancier de l'État au ministère des finances. — Un homme de lettres décoré. — Les pions et les bedeaux. — M. Ledru-Rollin et M. le ministre de la marine. — M. Bourgogne. — Une séance de l'Institut. — A M. *** . 156

JUIN. — M. Buloz. — La *Revue de Paris* entre dans une nouvelle voie, bon voyage. — Un essai peu hardi fait par l'administration du chemin de fer. — Impôts sur le luxe. — Le roi de France représenté par des chevaux. — Sur la brochure du prince de Joinville. — Mésaventure du lieutenant Petit. — Dictionnaire français-français. (Suite). . . . 174

JUILLET. — Affaire Donon-Cadot. — Les avocats. — Les jurés. — Les circonstances atténuantes. — M. Hébert. — Me Chaix d'Est-Ange. — Un fratricide. — Une idée ingénieuse de l'administration des chemins de fer. — Autre idée non moins ingénieuse de la même administration. — Moyen de s'en préserver. — Un moyen nouveau de fumer quand on n'a pas de cigare. — La dotation du duc de Nemours. — Un synonyme. — Un trait d'impartialité. — M. A. Dumas. — Les œillets rouges. — Paris d'après les journaux. — Une messe à Saint-Eustache. — Le marquis Tristan de Rovigo. 185

AOUT. — Le gouvernement représentatif. — Sur la messe en musique à l'église Saint-Eustache; tarif des chaises. — Madame Lafarge, madame Lacoste et Donon-Cadot. — Loi sur la chasse. — Réclame du baron Yvan. — L'ordre des avocats et la cour de cassation. — Les régates; prix du prince de Joinville; prix de la ville. — M. Thiers et M. Guizot. — La garde municipale le 29 juillet 1844. 199

SEPTEMBRE. — Ce qu'on gagne à passer sur le pont de Rouen. — L'argent de papier. — Affaire de Maroc. — Attitude des divers carrés de papier. — M. Bugeaud et M. Grandménil. — Le prince de Joinville et M. du Buat. — La fée Grognon. — Gracieuse et Percinet. — M. Armand Bertin. — M. Félix Solar. — M. de Mackau, ministre pour tout faire. — M. de Bonald. — Les femmes, l'arsenic et les maris. — Deux perruques. — Le mort vivant. — La fille garçon. — Les morts payent les frais. — Pritchard, le comptoir et la chaire. 211

OCTOBRE. — La mer consignée par M. Gréterin. — Un nouveau rossignol. — Comment on devient la justice et le gouvernement. — Madame Sand et un boulanger. — M. Fion. — Les drapeaux marocains. — Le roi ne veut plus être confondu avec les marchands d'allumettes chimiques. — Les chemins de fer. — Les prisonniers. 229

NOVEMBRE. — A M. Demange, épicier. — Une triste histoire. — Circonstances atténuantes à expliquer. — La paix. — Une chanson. — M. Guzot. — Les banquiers et les voyageurs. — Les partis dans les partis. — M. Berryer. — Défense de l'Être suprême. — De la critique littéraire derrière la toile. — M. Léon Gozlan. — M. de Rémusat. — Nouveaux bonbons. — M. le premier président et les avocats. — M. Bugeaud et les *Guêpes*. — Pronostics d'icelles............ 245

DÉCEMBRE. — Ce qu'on peut faire d'une vieille perruque. — Un millionnaire. — Le bon Dieu de Rouen et le bon Dieu de Paris. — Les étrangleurs. — La musique ancienne et la musique moderne. — L'incendie de la rue Cadet. — Les pompiers et le peuple de Paris. — Une lettre que M. Guizot a failli signer. — Le tabac et l'amende. — Le crime de ne pas avoir cinq francs. — L'arsenic remplace le divorce 259

1845

JANVIER. — Les *Guêpes* en fourrière. — Comment elles sont remplacées. — Étrennes du jury. — Une manière de se défaire de ses enfants, et trois manières de se défaire de son mari. — Les chemins de fer. — Un exemple. — Le crime de n'avoir pas cinq francs. — Sur la poésie des diablotins. — Discours au roi. — M. Séguier. — M. le nonce apostolique. S. M. Louis-Philippe et les *Guêpes* ne sont pas d'accord. — M. Barthe. — M. Halévy. — M. Villemain. — Le jury acquitté. — Excommunication de M. E. Sue. — Un mauvais ménage. — Les bals de l'Opéra. — Le Mémoire de M. Pillet. — Un trafic. — Tulou grammairien. — M. Danton............. 272

FÉVRIER. — Pourquoi ce volume est dédié à M. Pied-Noir, — et ce que c'est que M. Pied-Noir. — M. Duprez. — Le chantage. — Dénombrement de la troupe de M. Pied-Noir. — Un journal très-bien écrit. — La vertu *escarpée*. — Pourquoi on construit des maisons pour les aliénés. — M. Trois-Étoiles député. — Sur les comédies de M. Empis. — Du chantage à la Comédie-Française. — Les barons de grande route. . . 292

FIN DE LA TABLE DU CINQUIÈME VOLUME.